打造中国农业领域的航母

——新时期农垦改革发展理论与实践

王守聪　主编

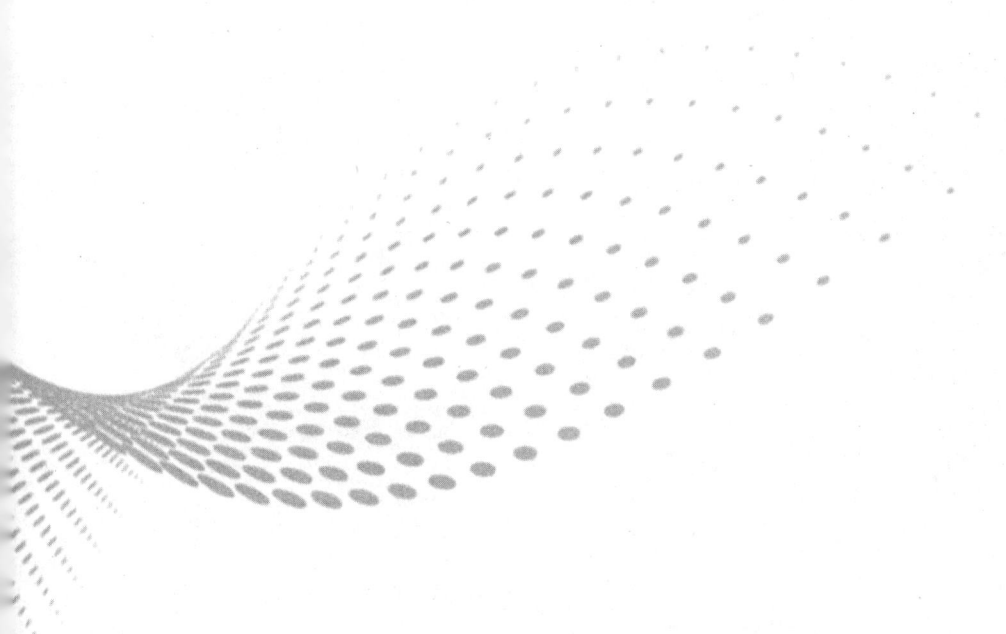

中国农业出版社

U0670603

编 委 会

主　　编：王守聪

副 主 编：何子阳　冯广军　胡建锋　彭剑良　叶长江
　　　　　路亚洲　秦福增

编著人员（按姓氏笔画为序）：

王　进　王林昌　石　磊　石晓燕　叶亚芝
刘云菲　刘琢琬　李红梅　李继峰　李梓正
李　静　陆雅丽　陈永红　陈伟忠　陈炫汐
陈晓彤　陈　晨　武新宇　林建明　明　星
周业铮　周　峰　单绪南　赵　蕾　段雅婕
桂　丹　徐兆权　卿文博　唐　冲　梅东海
崔新民　康永兴　彭　艳　彭　程　程泽南
傅帅雄　臧云鹏

编 者 的 话

2015 年 11 月 27 日，中共中央、国务院印发了《关于进一步推进农垦改革发展的意见》，24 年磨一剑。文件明确了新时期农垦战略定位，改革发展思路、目标、重大举措和政策安排。这是凝聚了我国农垦改革发展理论和实践创新成果的重大部署，是农垦深化改革加快发展的顶层设计，是开启农垦率先基本实现农业现代化、率先全面建成小康社会的新征程的密钥。2016 年，习近平总书记在黑龙江视察时对深化国有农垦体制改革作出了重要指示：要以垦区集团化、农场企业化为主线，推动资源资产整合、产业优化升级，建设现代农业的大基地、大企业、大产业，努力形成农业领域的航母。党中央的决策部署和总书记的重要指示，为农垦改革发展指明了方向，规划了路线，是新时期农垦事业的根本遵循和行动指南。

经过多年的创新性实践，全国农垦系统取得了令人瞩目的成绩，预示着中国农业领域的航母正在起航。整建制集团化发展的垦区正在加快推进体制机制转换，继续增强垦区集团整体实力；农场属地管理垦区超过 30 家的区域性现代农业企业集团组建完成，正在发挥着前所未有的功能；150 多家国有农场完成了公司制改造，为农场企业化改革提供了可复制的模板；以"政府搭台企业唱戏"的"联合联营联盟"机制依托市场化运作模式推动了中国农垦种业、乳业、辣木、融资租赁等领域的合作与发展。同时，农垦已在 42 个国家（地区）成立了 106 个境外企业，累计投资超过 250 亿元，在境外建立了比较稳固的农产品生产加工基地。

当前，农垦改革发展的大政方针已定，战略部署已明，当务之急是只争朝夕地抓紧落实，特别是要站在全局和政治的高度抓好农垦改革发展任务的落地。为此，需要从理论和实践层面深刻认识农垦战略定位和农垦改革重大举措，比如，如何从经济学理论的角度认识农垦的市场地位？农垦经济与市场经济是一种什么样的关系？国有性质的农垦经济在中国特色农业经济体系中处于什么位置，它与其他经济成分的相互关系和相互作用是什么？为什么新时期农垦在农业现代化建设和经济社会发展全局中具有不可替代的作用？为什么说农垦全产业链是新型城镇化的创新模式？西方发达国家在保障国家粮食安全方面有哪些经验可以借鉴？……回答好这些问题，必将有助于深刻领会中央精神，增强深化农垦改革发展的紧迫性和自觉性，加快打造中国农业领域的航母的进程。

编　者

2017 年 8 月

目　　录

编者的话

目　录

第一章

农垦事业的产生发展及其理论基础

历史上，国有农业在多种经济成分并存的经济体制中，始终发挥着不可替代的市场调节作用，最主要的包括提供公共产品和弥补市场失灵。中国共产党领导的现代农垦事业进一步将提供公共产品的范围从保障军粮供应扩展到对农村农业的示范带动。为了适应新形势和新要求，新时期农垦进一步在提供公共产品、弥补市场失灵以及增强经济稳定性方面，做出了更具创新意义的示范。

国有农垦经济在市场调节方面的作用，不仅暗合了现代农垦"不与民争利"的传统，而且以其鲜明的组织化特征使之比其他经济成分拥有更高的效率。这就使得中国特色农业经济体系具有市场调节和国家调控的双重效用，具有强大的生命力。

第一节　古代屯田的市场调节功能与组织化特征

中国的屯田事业历史悠久，远在秦汉时期就有了移民垦荒，至汉武帝时创立了军屯。军屯，是出于保障军粮供应的目的，由独立的管理系统在非战时组织士兵进行耕作的农业生产形式。据史书记载，为了彻底解决匈奴侵扰问题，汉武帝先后发动了河南、河西、漠北三大战役，获胜之后，命60万将士屯田于河西走廊，以保边疆的长治久安。这就带来了一个难题，如何长期地、有效率地保障军粮供应？屯军之前，边疆的粮食供求关系处于平衡状态，屯军却将打破这一平衡。

解决供求失衡的办法无非有三：一是政府出资在当地购买。这一办法并不可行，边疆地区的粮食生产能力有限，短时间内无法解决大规模新增供应的问题。二是政府募集农民到边疆种粮以增加供应。这种办法可行，但缓不济急，因为移民有一个过程，而且，此办法存在履约风险的问题，可以作为军粮供应的补充，但难以起到保障作用。三是从内地运粮。实际上，屯田产生之前，用的就是这种办法，但是费用极其昂贵，据清朝时期的有关统计，从江南运送价值 1 两的粮食到西域，运输成本高达 30 两，更不用提 2 000 年前的汉朝了。而经过数年征战，当时中央财政十分乏力，连战士的军饷发放都成问题①，即使有私商愿意运粮，政府也没有购买力。作为公共产品，军粮供应本来也可以由私商承担，但当成本超过财政能力之后，私商便不再问津。

因此，屯田就成为比从当地购买更现实、比移民种植更有保障力、比从内地运粮更节约更有效的军粮供应方式，这也成为屯田产生的历史诱因。而屯田的产生不仅解决了公共产品的供应问题，而且因其与生俱来的组织化特性，使这种方式的效率高于其他供应方式。

从汉武帝在渠犁（今新疆中部尉犁县）设置屯田校尉开始，屯田就有了军事化的组织特征。屯田校尉相当于地方行政体系中郡一级的武职，受九卿之一的大司农和西域最高军政长官西域都护的双重领导。屯田校尉之下设军事组织机构：下设曲，曲设曲侯，曲下为屯，设屯长，屯管二什，什设什长，什下设伍，有伍长，管理 5 名士兵。这套体系与郡县制下的编户齐民体制②相仿，不同的是"屯"这个环节，在编户体制中为"里"。根据《说文解字》解释，屯代表聚集的意思。反映出军事组织的机动性。曹魏屯田在民屯中也设置"屯"，为后代所沿用。

军事化管理的组织化特征，是屯田保障军粮供应的基础。有人把军事屯田视为一种超经济强制③，强调的是士兵作为劳动力对组织的依附关系。其

---

① 司马迁《史记》卷 30《平准书》："其明年（元狩四年，即公元前 119 年），大将军、骠骑大出击胡，得首虏八九万级，赏赐五十万金，汉军马死者十余万匹，转漕车甲之费不与焉。是时财匮，战士颇不得禄矣。"中华书局，1982 年版，第 1428 页。

② 古代郡县制的行政体系自上而下为三公—九卿—郡—县，县以下通过乡、亭、里等自治组织与五人一伍、二伍一什的编户制度对接。

③ 超经济强制是马克思提出来的。马克思受 19 世纪中古史家的影响，认为封建时代是一个普遍依附的时代。这时的财产关系，附带有政治的和社会的附属物，没有采取纯经济的形态。一般说来，超经济强制包括自然血缘关系，自然地缘关系，人身依附奴役关系，政治和行政强制，军事和暴力强迫关系等。

实从组织理论角度来看，屯田的组织化特征恰恰是其高效的基础，它比普通自耕农具有更好的保障力。

在效率方面，有学者①通过对唐代屯田的费用和效益的量化分析认为，唐代屯田生产成本低于同等条件下的和籴②费用，比之长途转运所费，财政、经济效益均较突出。这一点从史书和出土文物上也可以得到印证。

西汉文帝时晁错上书说"农夫五口之家，其服役者不下二人，其能耕者不过百亩，百亩之收，不过百石③"。可知自耕农平均亩产一石。而据居延新简第四农部的屯田绩效核算简④显示，屯田亩产为 1.18 石，比普通自耕农亩产高 18%。

分工协作和科技应用的超前性，是屯田效率高的主要原因。根据居延汉简所示，屯田的士兵大致分为三类：田卒、治渠卒、守谷卒。

水利兴修是保障粮食增产的重要措施，但这样大规模、大投入的公共产品，恰恰是大地主所不愿投入、小农又无力投入的水利设施。据《史记·河渠书》记载，著名的漕渠、河东渠、龙首渠、辅渠、灵轵渠等，均是调遣数万乃至数十万士兵修建，使得数十万顷良田得以灌溉。屯田部队在负责种植的田卒之外单独设立治渠卒负责水利兴修，提高了土地的产出效率。

粮仓也是一项必备的大型农用设施。根据区域和职级，屯田部队依次设立都尉仓、侯官仓、部仓，形成由点到面、逐级铺开、布局谨严的仓储体系，以保证军粮的储存、转输和发放。屯田部队设立专门的守谷卒负责军粮的储存、保管、发放。

此外，由于公共产品的性质和组织化特征，先进的种植技术首先会在屯田部队推广。如汉代赵过发明的代田法⑤，亩产量好的可超出传统耕作二石，在京城做过试验之后迅速推广到西北边郡乃至居延城的屯田。

---

① 孙彩红《唐代屯田、营田费用与效益的量化分析——以官营粮食生产为中心》。
② 政府出资向百姓征购粮食。
③ 此处的"石"为小石。
④ 简文："第四长安亲，正月乙卯初作，尽八月戊戌，积二百口〔廿〕四日，用积卒二万七千一百卅三人。率日百廿一人，奇卅九人。垦田卌一亩卌四亩百廿四步，率人田卅四亩，奇卅亩百卌四步。得谷二千九百一十三石一斗一升，率人得廿四石，奇九石。"（72E.J.C.1 号文书）简上的"石"为大石，田卒人均收获量为 24 大石，合 40 小石。34 亩产 40 小石，亩产 1.18 小石。
⑤ 代田法，西汉赵过推行的一种适应北方旱作地区的耕作方法。其具体做法是，在长方形的一亩地面上（汉制横一步纵二百四十步为一亩，一步六尺，每尺约合今市尺七寸）作三甽三垄，甽宽深各一尺，垄宽与甽同，甽垄相间，每年更换位置一次，故名代田。

第二节　古代国有农业经济的演变及其市场功能

屯田是古代国有农业经济的主要形式之一，但不是全部。除了屯田，国有农业经济还表现在公田（或称"官田"）的经营上，它与屯田提供公共产品的市场功能不同，国有农业经济还具有弥补市场失灵的作用。

先秦时期，我国实行井田制[①]。领主组织奴隶在国有土地上进行生产，国有农业经济一统天下。但是，随着铁质农具和牛耕技术的广泛应用，生产力大为提高，一家五六口人已不满足于仅仅耕种不足 30 亩地[②]，开始向未开垦的土地进军，于是土地私有制萌芽了。

公元前 356 年，商鞅变法，"废井田，开阡陌""民得买卖"。井田制彻底被废除，土地私有制迅猛发展，整个国民经济由国有农业经济一统天下的局面向多种经济成分并存的经济形态转换。在这样的经济形态中，以土地私有制为基础的自耕农和大地主，积极性均大为提高，市场活力迸现，加之西汉初期的轻徭薄赋政策，出现了"文景之治"的繁荣局面。据《史记》描述，武帝即位前的七十年间，国库里积累的钱多得数不清，存放的粮食太多，有的已经腐烂了。[③]

但是，国有农业经济并未就此消亡。实际上，作为一种有效的市场调节手段，国有农业经济历代不绝。国有土地最多的明代，国有耕地面积占全国耕地面积的 15%[④]。即使在土地私有制最为发达的宋代，国有土地仍有 6 万多顷[⑤]。清代初年，仅两湖、两广、川、陕、黔几省的屯田就在 1 000 万亩以上。[⑥]

---

① 西周时期，把土地分隔成方块，形状像"井"字，因此称作"井田"。井田属周王所有，分配给庶民使用。井田共分九块，每块面积百亩，折合今天约 29 市亩。分配给八家耕种，中间一块为公田，周围八块为私田，八家先通过集体劳动耕种公田，之后各自耕种私田。采取"籍田不税"的办法，即通过八家共耕公田的方式，向土地所有者缴纳劳役地租。《礼记·王制》："田里不鬻，墓地不请。"即土地不得买卖。

② 《周礼·地官·小司徒》："乃均土地，以稽其人民，而周知其数，上地，家七人，可任者也者，家三人；中地家六人，可任也者二家五人；下地，家五人，可任也者家二人。"

③ 《史记·卷三十》。

④ 据《明史》记载，洪武二十六年，全国土地官田占七分之一。

⑤ 宋神宗丰五年，宋官方统计，461.655 6 万顷田中，官田 6.339 3 万顷，占 1.37%。包括学田、职田、屯田、营田。

⑥ 李埏、武建国《中国古代土地国有制史》，云南人民出版社，1997 年 1 月第 1 版。

国有农业经济何以存而不亡？这主要是因为完全自由的市场经济存在失灵的现象。在古代农业经济方面，主要体现为愈演愈烈的土地兼并。

土地兼并是土地私有制的一个直接后果。土地兼并有利于土地占有者的财富增值。大土地所有者通过买卖获得大规模土地后，再租给无地和失地的农民，可以坐享国家税收和地主地租之间的差额。新朝的建立者王莽曾经说道，汉朝名义上是三十分之一的低税率（即 3.33%），但是土地被大土地所有者占有之后，种地的农民实际上承受的地租高达 50%[①]。

从微观经济学的角度看，土地兼并达到一定程度，就会造成不完全竞争的土地租佃市场。具体表现为地主的行为可以影响地租价格，使地租价格超出土地的边际收益[②]。

人地矛盾是我国古代农业生产的基本矛盾。据梁方仲编著的《中国历代户口、田地、田赋统计》一书统计，人均耕地紧张程度十分明显[③]，在有记载的年份中人均 0～10 亩的年份占 41% 以上。

土地兼并进一步加剧了土地集中度，佃户为求土地耕种，竞争非常厉害。地主出于利润最大化原则，乘机将地租提得特别高。宋代以后，"划佃增租""夺佃增租"等现象经常出现。地主为了使地租增加到最高额，就缩短租佃期限，让佃客互相竞佃。或者在新佃客租佃土地时，地主乘机加租，再赶走旧佃客，把地租抬到最高限度。如租佃孔府土地的曲阜农民，需要引荐、担保等手续并交纳一笔相当于三四亩产量的手续费[④]。

当交完地租所剩已不能保证生存的时候，农民自然会选择脱离土地成为流民。流民积少成多，最后演变成农民起义，颠覆政权。这就是历史学家总结的土地兼并——农民起义——改朝换代的交替循环。

不少学者把土地兼并称作我国历史上不可根除的顽疾。从经济学角度看，这正是要素市场失灵的表现。为了弥补市场失灵，国有农业经济的调控作用应运而生。政府主要通过平均地权和安置流民两个途径重新配置土地资

---

① 《后汉书·王莽传》："汉氏减轻田租，三十而税一，常有更赋，罢癃（注：疲惫衰弱）咸出，而豪民侵凌，分田劫假。厥名三十税一，实什税五也。"

② 增加一单位产品的销售所增加的收益。

③ 有据可查的人均耕地年份共 51 年。其中超过百亩的仅有一年，即隋炀帝大业五年（609 年），121.37 亩。之下最高为唐玄宗开元十四年（726 年）的 34.78 亩，最少的是光绪十二年（1887 年），为 2.41 亩。30～40 亩的共 4 年；20～30 亩的共 10 年；10～20 亩的共 15 年；0～10 亩的共 21 年。

④ 《孔府档案》。

源和劳动力资源，使被抑制的需求得以释放，市场恢复运行效率。

汉武帝时期实行假田制①、赋民公田②、限民名田③，王莽时期实行王田制④，东汉时期实行度田制⑤，两晋时期出台占田令⑥，北魏至唐中期颁行均田制⑦，两宋时期还曾经试行"计口授田"⑧和"公田法"⑨。这些国有土地制度的形式各不相同，但用意都在均田。

除此之外，历代政府还通过行政性移民来配置劳动力。如汉文帝和汉武帝时期的三次大移民，由政府出资护送不下 120 万人徙民实边；明朝以强制手段将人口密集地区的人口迁徙到土地荒芜的地方，比如将江南的富户和无地农民迁至今安徽凤阳一带，总数不下 1 100 万人；清初由湖南、湖北、广东等地迁入四川的移民及其后裔达到 600 多万人，占当地总人口 60％以上。之后陆续将山东、河北及北方各地的移民大批迁入东北，至清末，移民累计超过 1 000 万人。

国有农业经济的调控并不能完全解决土地兼并的内在冲动，只是在其达到失灵的状态时予以缓解，呈现出活力与调控交融、此消彼长的运行状态。

第三节　光华农场的建立及示范带动作用的创新

光华农场，是中国共产党设立的第一个国营农场，该农场成立于 1939年冬天，直接起因是中共中央为干部设立保健农场，但它同时也是延安大生

---

① 徙民实边，设立田官，借官田于民，收取"假税"。

② 国家按一定的标准授田给失去土地的编户农民，除此之外还有赐民公田。

③ 限制私人占有土地的数额的主张。汉武帝时，土地兼并非常严重，大地主和广大农民间的阶级矛盾极为尖锐，为巩固封建统治，安定社会秩序，董仲舒提出限田主张。

④ 王田制：王莽掌权后，根据古书上记载的井田制度，于公元九年颁布了一道著名的诏令：今更名天下田曰"王田"，即废除土地私有制，实行土地国有制，私人不得买卖。

⑤ 汉光武帝刘秀于公元 39 年下召度田。用清丈耕地，按等级、名分限制占有的办法来限制豪强、地主和官僚们兼并土地的措施。

⑥ 公元 280 年，西晋太康元年，统一中国后便在全国推行占田令。鼓励垦荒，发展农业经济，保障国家税收。抑制土地兼并。

⑦ 北魏孝文帝太和九年颁行，至唐中叶最终废弛。历时五朝三百年，是井田制之后的重要土地制度。背景是土地兼并严重，造成流民四起，税收奇缺，经济窘困，政治危机严重。具体做法是将无主土地按人口数分给小农耕作，土地为国有制，耕作一定年限后归其所有。

⑧ 宋太宗赵光义时期，太常博士直史馆陈靖建议计口授田招募流民复业。但因阻力大未能推行。

⑨ 宋理宗景定四年颁布公田法。回购三分之一超过规定的土地，设立官庄，招民承佃。遭到朝野反对。

产运动的产物。

延安大生产运动的目的与古代军屯田十分相似，都是通过内生的方式增加供给，平衡供求关系。但是，光华农场的创新之处在于，对周边农村群众的示范带动作用，这一思想使之迥异于古代屯田，并被后来的农垦建设所吸纳与延续。示范带动农民群众，帮助其提高生产力，共同富裕，在经济学看来是一种公共产品。光华农场之所以能开这样一个先河，与中国工农红军的建军思想密不可分。

1927 年秋，毛泽东率领秋收起义部队进入井冈山，由于大革命失败后敌人的残酷镇压，革命处于低潮，毛泽东通过总结经验认识到军民关系的重要性。1928 年底的古田会议上，毛泽东明确地提出，红军不同于雇佣军，它的宗旨是全心全意为人民服务。

20 世纪 30—40 年代，陕甘宁边区农业生产力极其低下，农具落后，耕作技术传统，老百姓缺乏科学知识，疏于田间管理，生产长期处于落后状态。据当地县志记载，一等地亩产仅 60 斤，不及河北、河南、山东等邻省的一半，二三等地才 30 斤。

抗战爆发后，八路军 4 万多人进入陕甘宁边区建立根据地，1938 年初，八路军发展到十余万人，边区承担着沉重的物质和经费负担。在这种条件下，只有两条路可走，一条是通过边区和非边区之间的自由贸易，解决粮棉供应问题；另一条就是想办法提高边区生产力，激活边区经济的内生循环系统。抗战进入相持阶段后，国民政府开始克扣军饷并对边区实行经济封锁，特别是皖南事变后，停发了八路军军饷，截扣外部捐款和物资，边区经济单靠自身生产力难以保持供求平衡。当时提高生产力的办法有两个，一是通过增加劳动和土地等生产资料，扩大种植面积提高粮棉总产量，主要的做法是开荒，比如开发南泥湾；二是通过增加科技投入，提高单位面积产量，进而提高总产量。光华农场就是这方面的代表。1940 年，光华农场改为试验性农场，主要从事农业科学试验。

光华农场成立后，设立了农艺、园艺、森林和畜牧兽医等四个组，按业务分工进行农作物、园艺作物的选育和栽培技术的试验，牛、羊等畜群的饲养管理、繁殖育种和疫病防疫工作。

光华农场从几十种谷子品种中挑选了狼尾谷、干捞饭、红期限等几个高质量品种，分 4 个不同播种期播种，最后判定狼尾谷产量最高，每亩地比其他品种多收 100～160 多斤，而且适应性很强。1943 年由绥德分场在附近各县推广，不久就推广到整个边区。1946 年，据边区 17 个县的不完全统计，共种植 1 万多亩，平均增产 10％。后来又推广到晋绥解放区。

此外，光华农场还引进了白秆黄粳糜、马齿玉米以及汉花、洋花、斯字棉等棉花品种，还有美国白皮马铃薯、荷兰种奶牛、沙能奶山羊等优良品种。光华农场选育的优良品种之所以很快能在边区广泛得到普及应用，它的宣传推广示范功不可没，其主要方式包括举办展览会、编写小册子、报纸宣传等。1941 年，光华农场举办了产品展览会，向群众推广试验品种和相关技术。后来这一模式被其他解放区借鉴。

由于国民党政府的封锁，边区军民穿衣成为问题，边区政府 1941 年开始提倡种植棉花。光华农场的技术人员每年都要赶着毛驴或者背着行李到延长、固临、延川、清涧、绥德一带棉区了解棉花种植情况，摸索出了一套诸如整枝、打叉、早打顶芽、合理中耕施肥和防治蚜虫等栽培技术，提高了棉花产量。另外还汇编了《怎样种棉花》《棉花打卡图》等宣传册，供边区军民学习。光华农场还在《解放日报》上发表一些宣传兽医知识的文章，介绍有关治疗注意事项，深受群众欢迎。

经过光华农场的努力，边区粮食产量逐年提高，1944 年达到 200 万石，自给自足已经绰绰有余。

作为农场而言，光华农场实际今已不存，但是经过对光华农场历史的考察和分析，我们可以得出结论：光华农场不仅具有提供军粮军需的传统功能，由它所开创的示范带动农村农民的思想，日益成为当代农垦不同于其他系统的重要功能。

第四节　黑龙江农垦的规模化探索与组织化变革

宁安农场，是北大荒上第一批建立起来的农场之一，原名"松江省国营第一农场"，是松江省人民政府主席冯仲云派场长李在人带领十几名干部和工人，于 1947 年 6 月收集日伪遗留下来的破旧拖拉机和农具在尚志县一面坡创建的，1949 年迁至宁安县建场，改名为"松江省宁安机械农场"。同期建设的赵光农场，是全国第一个国营机械化农场。第一批农场的建设，为支援解放战争、发展农业增加粮食生产、建立巩固的东北根据地发挥了重要作用，同时通过农业机械化实现了规模化经营。黑龙江垦区国营农场的建设，以机械化规模化为根本，把昔日北大荒变成了北大仓。为反映中国人民解放军官兵开发北大荒的艰苦创业精神，我国的电影工作者还以赵光农场事迹为素材，拍摄了电影《老兵新传》。

根据规模经济理论，企业产品绝对量增加时，其单位成本下降，即扩大经营规模可以降低平均成本，从而提高利润水平。

摆在黑龙江垦区面前的问题十分严峻：一个是在人多地少的农场搞规模化生产，如何从组织创新上解决剩余劳动力的问题？这一点对于广大的农村来说具有较大的启发和示范意义。另一个是如何通过组织化变革将个人的积极性与组织的效率融合在一起，形成更大的生产力？

对于第一个问题，黑龙江垦区在友谊农场五分场二队进行了试验。友谊农场是 1954 年苏联政府援助建立的大型机械化谷物农场，五分场二队共有 348 名职工，耕地 18 000 多亩*。史料记载①，1978 年二队从美国迪尔公司引进了一套先进的农业机械，将原有直接参加田间作业的 236 名农业工人精简为 20 人，人均耕地面积由原来的 63 亩增加到 971 亩。当年实现人均生产粮豆 21 万斤，劳动生产率比历史最高水平的 1957 年高两倍半，比 1977 年高 13 倍多。五分场二队也因此有了国营农场中的"大寨"的称号。

被精简出来的 287 名劳动力，抽出 156 人建立新队，共开荒 16 000 亩；其余 131 人为年龄较大职工和病残人员，组成副业生产队，饲养牲畜、种植蔬菜瓜果等经济作物。

五分场二队在粮豆产量、上缴利润、劳动生产率、商品率等多项指标上连续多年居全国之最，显示出规模化经营的魅力。之后，垦区在二队基础上开展了 100 个机械化生产队试点，取得了良好的示范效果。

在第二个问题上，黑龙江垦区进行了同样宝贵的探索。如何在取得规模效应的同时提高个体的积极性成为问题的关键。黑龙江垦区的办法是通过组织化变革提高综合效率。一共分为三个阶段：职工激励阶段、大农场套小农场阶段、大农场统筹小农场阶段。

---

* 亩为非法定计量单位，1＝1/15 公顷。

① 冷泉．农业机械化引起的几个问题——从友谊农场五分场二队试点谈起 [J]．经济管理，1979 (4)．

在职工激励阶段，国有农场统一经营，国家对农场、农场对职工通过产品产量、质量的控制，采取浮动工资、超额分利、"包、定、奖"、承包制等经济责任制进行激励，以提高个体的积极性。中间虽然受到人民公社时期"一平二调"①和兵团时期②"平均主义"的影响，但总体来讲取得了较好的成效。1965—1967年是黑龙江垦区粮食增产的三个高峰年。1967年粮豆平均亩产121千克，垦区赢利8 700万元。

1984年，中共中央发布《关于农村工作的通知》，提出国营农场办家庭农场。1985年家庭农场在垦区全面推开，当年共试办各类家庭农场13.6万个，参加职工21.5万人，占垦区总数的70％。③伴随着家庭农场的出现和推广，黑龙江垦区逐步建立起"大农场套小农场"统分结合的双层经营体制。家庭农场拥有充分的经营自主权，个体积极性发挥到极致。而国有大农场则负责"五统一"④，二者的有机结合，创造了新的农业生产力。

"大农场统筹小农场"，是《中共中央、国务院关于进一步推进农垦改革发展的意见》中提出的，将是黑龙江垦区改革探索的新模式。

第五节　华南垦殖局"集中力量办大事"的最佳诠释

"请橡胶专家和技术专家前来工作，到北纬二十二度来站队！"这是首任华南垦殖局局长叶剑英元帅1952年春天在广州向上千名科研师生发出的动员令。

天然橡胶，是轮胎和传送带的主要原料，是现代经济的基本战略资源之一，具有极为重要的经济与国防价值。其中，巴西三叶橡胶树经济价值最

---

① 指在新中国盛行一时的农村基层组织"人民公社"内部所实行的平均主义的供给制、食堂制（一平），对生产队的劳力、财物无偿调拨（二调）。

② 1968年6月，沈阳军区党委据中共中央"六·一八"批示成立沈阳军区黑龙江生产建设兵团。兵团成立时，共接收国营农、牧、渔场93个，合编为5个师（辖58个团）、3个独立团。1976年2月兵团撤销，改为黑龙江农垦总局。

③ 本书编委会. 黑龙江垦区发展简史［M］. 哈尔滨：北方文艺出版社，2002.

④ 统一实施农业规划、统一土地承包制度、统一实施农作物种植模式、统一规划建设农业基础设施、统一提供公共技术推广服务。

高，但是，三叶橡胶树的生长有着极为苛刻的条件。1980 年第 15 版的《大英百科全书》这样记载："橡胶树仅仅生长在界线分明的热带地区——大约赤道南北纬 17 度以内。"我国陆地最南端为北纬 20 度，按照西方观点，我国根本没有三叶橡胶树生长的可能。

1950 年 6 月，朝鲜战争爆发。1951 年 5 月 18 日，联合国通过提案，要求成员国对中国实行禁运。禁运名单中，天然橡胶赫然其上。由于外部人为因素导致的供求关系失衡，延安时期是粮食，而这一次则是在中国无法生长的橡胶。

经过前期调研，发现海南岛在中华人民共和国成立以前有过种植巴西天然橡胶的历史。于是，根据国际环境和战略需求，中央决定大面积种植橡胶。1951 年 11 月，在广州成立了华南垦殖局，叶剑英兼任华南垦殖局局长，他带领科研团队在北纬 22 度的高州县发现了 3 株橡胶树，证明了以此往南都可以种植橡胶树。华南垦殖局提出 1952 年必须完成开荒 500 万亩的艰巨任务，其中仅海南岛上就要拓殖 200 万亩。

摆在华南垦殖局面前的问题是：如何搞到种子？又如何培育高产种苗？

为了在科研上实现突破，中央在全国范围内集中科研力量，很快形成了一支"尖刀"。中央一声令下，伴随着两师一团的解放军 2 万多指战员南征和 30 多万各地民工南下，1952 年 1 月，橡胶研究筹备委员会成立，叶剑英任主任委员，中国农业科学院首任院长丁颖和著名学者李沛文任副主任委员，华南垦殖局副局长李嘉人等 17 人任筹备委员。委员会内设育种、繁育、栽培管理、土壤肥料、垦殖、病虫害、割制胶、教育、调查设计等 9 个研究组，全面开始了橡胶研究工作的组织、指导、调查等各项活动。

同时，中央高教部就全国高等院校农林系的师生参加橡胶宜林地的勘测和规划建立国营农场的工作发出通知，中山大学、武汉大学、金陵大学、岭南大学、山东大学、南京农学院、湖北农学院等 14 所大专院校的 1 000 多名师生报名参加。

1952 年 3 月，我国向苏联发出了提供技术援助的请求，苏联方面陆续派来了 80 多名专家。但是，生活在北温带和北寒带的苏联专家根本没有见过橡胶树，据来自南京农学院的刘松泉回忆，苏联专家要求中国教授选出高产母树，用树冠枝芽进行芽接繁殖无性系。但是吃了 3 年苦，实验了 8 年，全部失败。最后还是经过我国科研人员的努力，培育出了 6 年生橡胶树基部取芽芽接技术，引起世界关注。

针对讲师以上的教师，华南垦殖局决定，以广西桐油研究所和重庆工业试验所橡胶组为基础，筹建华南特种林业研究所，下设 4 个研究组，定编 61 人。1953 年上半年，华南特种林业研究所增设到 10 个研究室，编制扩大至 234 人。1954 年 4 月，华南特种林业研究所在广州沙面成立，李嘉人兼任所长。后来名播四海的"两院"（华南热带作物研究院、华南热带作物学院）正是由华南特种林业研究所发展壮大起来的。

除此之外，还成立了许多研究站、育种站、观察站和试验场。在海南儋县，依托华侨留下来的几大胶园，成立了那大（联昌）橡胶研究站，着手田野采样和研究。1953 年，在海南又成立了万宁、石壁、那大橡胶优良母树观察站，1954 年，再建立粤西（徐闻）试验站，广西（龙州）试验站、广州燕塘试验场，以及海南加茂、那大、万宁橡胶树育种苗圃（后改为保亭、大岭、大丰育种站）。1956 年，粤西垦殖分局在 1955 年成立的徐闻、高州育种组的基础上，建立了徐闻、化州育种站和阳春试种点，海南垦殖分局增设了文昌和南俸两个育种站。

华南垦殖局的建立和发展充分表明，在市场失灵的情况下，农垦有着"集中力量办大事"的体制优势，可以通过科技攻关等手段，快速提高生产力。

第六节　新疆生产建设兵团的体制探索与发展

新疆生产建设兵团是全国唯一实行党政军企合一体制的垦区。

1954 年 12 月，经中央西北局和中央军委总参谋部批准，"新疆军区生产建设兵团"正式成立，下辖 8 个农业师（后发展为 10 个农业师）43 个农牧团场。1975 年 3 月，兵团建制被撤销，成立新疆农垦总局。1981 年 12 月，中央政府决定恢复兵团建制，名称由原来的"中国人民解放军新疆军区生产建设兵团"改为"新疆生产建设兵团"。1990 年 3 月实行计划单列，受中央政府和新疆维吾尔自治区双重领导。

从组织化角度看，新疆生产建设兵团随着形势的变化，通过不断的调整和创新，融合了各种体制优势。

由于承担着维护新疆稳定、保障国家边防安全的战略任务，新疆生产建设兵团建立之初隶属于新疆军区，实行完全的军事化管理。1981 年恢复兵团建制后虽然不再隶属于军区，但仍保持着兵团-师-团-连的军事编制。这一体制类似于古代的屯田军。

同时，新疆生产建设兵团的另一重要任务是开始正规化国营农牧团场的建设，由原军队自给性生产转为企业化生产，并正式纳入国家计划。这就要求兵团在原军事编制的每一层级设置采购、生产、植保、销售、国资管理等职能部门，成为集农业、工业、交通、建筑、商业于一体、造承担经济建设任务的国有大型企业，受到市场经济规律的约束。

改革开放后，受到市场经济的冲击和挑战，新疆生产建设兵团体制中存在的问题逐渐显露出来。据 1982—1985 年担任兵团党委书记、政委的郭刚回忆：

1990 年之前，兵团受新疆维吾尔自治区和农业部双重领导，一方面，农业部是一个专业部，兵团许多事业都超出了农业部职权范围，得不到国家计划财政应有的支持；另一方面，自治区只管收税，不承担财务责任，兵团新建项目却要经自治区批准。兵团进入市场的农副产品，都要交自治区经营，自己无权经营，得不到流通环节的效益。价格政策实行双轨制以后，兵团农副产品完全以国家规定的计划价卖给国家，而生产这些产品的农用物资，却要以高价从市场购进，以致产品销售价与成本形成倒挂，形成恶性循环。[①]

为了解决这一问题，1987 年 10 月，在中央即将召开十三大之际，兵团向中央提出了计划单列的要求。1990 年 3 月，国务院批准新疆生产建设兵团实行计划单列。兵团获得了物资分配权、经营销售权、外贸出口权等，为兵团体制注入了新的生命力。

但新疆生产建设兵团虽设立了自己的行政机关，可以自行管理内部的行政事务，却没有工商、税收等职能，这就导致了社会管理职能和财政来源脱节的问题。

这并不是兵团甚至不是农垦特有的现象。中华人民共和国成立以来，国家建设了许多油田、矿山、林区、垦区等，这些地区大多处于荒山僻岭、戈壁荒原、深山老林，经济发展水平很低，地方政府无力顾及这些地区的社会管理和公共服务。为了开发和建设的需要，这些职能大多由当地的石油、矿

---

① 郭刚《新疆兵团计划单列前前后后》。

山、森工、农垦企业自行承担。但是这些企业没有税收权，只能依靠自身的利润办社会，在一定程度上加深了政企不分。为了解决这一问题，这些地区逐步建立了一些"企政合一"的城市，如大庆市、克拉玛依市、伊春市等。

1974年，兵团参照"企政合一"模式正式向中央提出设立石河子市，1975年批准成立县级市——石河子市，"师市一个党委，政企分设"，被称为"石河子模式"。"石河子模式"为兵团创造了一种由"屯垦戍边"到"筑城强边"的新形式。它一方面为搞好兵团辖区内的社会管理和公共服务提供了财政来源；另一方面也为政企分开提供了条件。

2003年，基于"石河子模式"的经验，中央又批准成立了五家渠、阿拉尔、图木舒克市。目前已达到9个"师市合一"城市，根据规划，兵团近期和远期拟建市约16个。

与此同时，"师市合一"还衍生出"团镇合一"。1999年，经民政部和新疆维吾尔自治区政府批准，石河子总场成立了北泉镇人民政府，仿照"师市合一"体制实施"团镇合一"管理。

第七节　农垦国有农业经济发展的理论基础

通过分析古代屯田在国民经济中的地位和作用，考察和论证新中国农垦三大发源地建设历程及其在国民经济中所承担的经济功能，我们可以得出以下三点结论：第一，多种所有制并存的混合经济不仅是对历史经验的总结，而且具有理论上的合理性。第二，在混合经济中国有农业经济具有调节作用，其调节性主要表现在对市场失灵的弥补作用，如提供公共产品、平衡供求关系、稳定经济发展等方面。第三，在弥补市场失灵方面，国有农业经济具有更高的效率。

"混合经济"，是西方主流经济学派之一新凯恩斯主义经济学[①]对新古典

---

① 新凯恩斯主义继承了原凯恩斯主义的基本信条，在三个命题上保持一致：①劳动市场上经常存在超额劳动供给；②经济中存在着显著的周期性波动；③经济政策在绝大多数年份是重要的。但是新凯恩斯主义并不是对原凯恩斯主义的简单因袭，而是认真对待各学派对原凯恩斯主义的批判，对原凯恩斯主义的理论进行深刻反省，同时吸收并融合各学派的精华和有用的概念、论点，批判地继承发展了凯恩斯主义。

经济学①借鉴和批判之后提出的著名概念。

新凯恩斯经济学认为，市场存在失灵现象，在这种情况下市场无法自动恢复平衡。其代表人物之一保罗·萨缪尔森在其《经济学》一书中认为，不完全竞争、外部效果、不平等、周期性经济波动是四种失灵现象，需要政府适当干预。国家机构和私人机构应共同对经济实行控制，但是，国家对经济的调节和控制更为重要。

新凯恩斯经济学的另一位代表人物约瑟夫·斯蒂格利茨，则从西方微观经济学的核心部分入手，论证了福利经济学第一定理和第二定理②的非现实性。他认为，在信息不完全、市场不完备、竞争不完全的条件下，市场机制不会自己达到帕累托最优③。因此，他主张政府干预，并且不限于萨缪尔森提出的四种情况。

关于混合经济及国有农业经济的调节作用，在我国古代经济思想中也早有所论述，具体地体现为两种不同观点的表述和争论。

司马迁，著名的历史学家，一位持有自由经济观点的学者。他在《史记·货殖列传》中将人好财利的天性高度概括为"天下熙熙，皆为利来；天下攘攘，皆为利往"。为发家致富之人立传，对其大加褒扬，并将其比作封君，称为"素封"。每个人尽量使自我利益最大化，就会自动协调所有人的经济活动。④ 因此，他提出无为而治的"善因⑤论"的经济政策主张。

另一部可能成书更早⑥的政治经济学巨著——《管子》，书中认为，市场

---

① 新古典经济学，对应于早期的，俗称：第一代新古典派经济学；对应于始于 20 世纪 70 年代的俗称：新古典派经济学第二代；对 20 世纪 80 年代以后发展起来的一个新流派即：新兴古典经济学；以及 20 世纪末开始的第四次综合。

② 福利经济学第一定理指出，每一个完全竞争的经济都能够带来帕累托效率；第二定理指出，每一种具有帕累托效率的资源配置都可以通过市场机制实现。若这两个定理成立，则政府干预的范围将被局限在上述狭隘的范围之内，市场将把大部分事情做好。正是福利经济学最终完成了对市场机制会导致帕累托最优的论证。

③ 帕累托最优，也称为帕累托效率，是指资源分配的一种理想状态，假定固有的一群人和可分配的资源，从一种分配状态到另一种状态的变化中，在没有使任何人境况变坏的前提下，使得至少一个人变得更好。帕累托最优状态就是不可能再有更多的帕累托改进的余地；换句话说，帕累托改进是达到帕累托最优的路径和方法。帕累托最优是公平与效率的"理想王国"。

④ 《史记·货殖列传》："故待农而食之，虞而出之，工而成之，商而通之。此宁有政教发征期会哉？人各任其能，竭其力，以得所欲。故物贱之征贵，贵之征贱，各劝其业，乐其事，若水之趋下，日夜无休时，不召而自来，不求而民出之。岂非道之所符，而自然之验邪？"

⑤ 因，"依、顺着"的意思。

⑥ 据郭沫若考证，《管子》成书时间为战国至西汉时期。

经济存在"自利利他"的现象①，但个人的自利行为并不是必然地有利于社会，也常常损害他人利益与社会利益，出现市场失灵现象，特别是随着资本的积聚与集中，市场就会出现大资本垄断操控市场，通过物价波动掠夺人民财富的现象。②因此，管仲认为，对市场当中资本自利利他行为，国家应无为，不要干扰，此之谓"兴利"；对于资本损人利己，危害社会行为时，国家应该通过宏观调控手段适当干预，这所谓"除弊"。汉武帝重用桑弘羊，采取屯田、限田、移民、官山海、禁山泽等措施，均是"管子"宏观经济调控思想的具体运用。

司马迁，也并非完全忽视和否定市场失灵现象的存在。除了"善者因之"的主张之外，他还说："其次利道之，其次教诲之，其次整齐之，最下者与之争。"道之、教诲之、整齐之、与之争，同样是行政干预手段，只不过管仲表述得更为具体些罢了。

综合中西方经济学理论，我们可以很清楚地看到，市场经济基于人性的自利特征，拥有基本的、本能的活力，忽视或扼杀这一点，不仅不符合事实，也会被实践证明失败。但同时，也需要客观看待市场本身的缺陷，机械地认为市场可以在失灵情况下自行恢复平衡，只是一种理论上的假设。古今中外的经济危机以及对危机的处理都是最好的脚注。

新时期农垦不仅是对古代屯田经验的沿袭，也是对现代农垦精神的继承和发扬，在中国特色农业经济体系中发挥着不可替代的调节作用，有着坚实和深厚的理论基础。

新时期农垦是国家在市场经济条件下实现资源优化配置的重要措施，是社会主义市场经济资源配置的客观要求。中国特色社会主义资源配置制度创新的核心是科学认识和正确处理政府与市场关系。通过分析基本国情和生产力发展水平的客观事实，实现了社会主义基本制度与市场经济的有机结合，重塑了资源配置活动主体，改进了资源配置信息系统，强化了资源配置动力

---

① 《管子》侈靡第三十五："商人于国，非用人也，不择乡而处，不择君而使。出则从利，入则不守。国之山林也，则而利之，市尘之所及，二依其本，故上侈而下靡。而君臣相上下相亲，则君臣之财不私藏，然则贪动枳而得食矣。"

② 《管子》揆度第七十八："今则不然，民重而君重，重而不能轻。民轻而君轻，轻而不能重。"此段大意为："现在则不是这样，由于市场虚假繁荣，商人控制了市场。商人贵卖，国家跟着贵卖，物价上涨了不能使之下降；商人贱卖，国家跟着贱卖，物价下降了不能使之上升回归合理价格。"

机制，丰富了资源配置方式，使市场配置资源的决定性作用逐步显现。

市场决定资源配置要求更好地发挥政府作用。由市场决定资源配置，强化和扩大了市场作用，但并不是弱化和消除政府的作用，而是强调市场和政府的有机结合。一方面，发挥政府监管市场、建立和完善现代市场体系、弥补市场失灵、引导企业科学发展的作用；另一方面，增强政府对宏观经济的调控，确保经济总量平衡，促进重大经济结构协调和生产力布局优化，减缓经济周期波动影响，防范区域性系统性风险，稳定市场预期，实现经济持续健康发展。

社会主义市场经济改革必须坚持以公有制为主体方向。党的十八大提出加快完善社会主义市场经济，首先强调的就是"完善公有制为主体、多种所有制经济共同发展的基本经济制度，完善按劳分配为主体，多种分配方式并存的分配制度"，强调"推动经济更有效率，更加公平，更可持续发展"。

十八届三中全会进一步指出了"必须毫不动摇巩固和发展公有制经济，坚持公有制的主体地位，发挥国有经济主导作用，不断增强国有经济活力、控制力、影响力"。

国有经济普遍存在于我国和西方发达资本主义国家，有着丰富的理论依据。主要包括：国有经济提供公共产品理论，在提供公共产品领域出现市场失灵的情况下，需要政府通过国有经济形式承担提供公共产品和准公共品的职能；国有经济存在于自然垄断行业理论，在大多数国家经济发展进程中，自然垄断行业国有经济的占比均较高；国有经济有利于国家进行宏观调控的理论，国有经济作为国家所有的经济成分，能够更好地实现政府的经济职能，在市场经济中政府建立国有企业可以实现市场机制自身不能达到、而政府也难以用其他的间接干预手段来实现的某些社会政策目标，更加有利于国家进行宏观调控；国有经济有利于国家安全和实现国家战略目标的理论，是依托国有企业有利于控制国家经济命脉，有效应付突发事件和重大经济风险，为建立和发展国家战略性产业和有力地支持高技术产业的成长，为此各国政府都建立了一批国有企业作为先行者，强化国家战略产业核心竞争力；提升国有经济经营效率的理论，需要遵循社会主义市场经济规律，建立健全现代企业制度，以规范经营决策、资产保值增值、公平参与竞争，以提高企业效率，增强企业活力，承担社会责任。

十八届三中全会提出，"国有资本、集体资本、非公有资本等交叉持股、相互融合的混合所有制经济，是基本经济制度的重要实现形式""允许更多国有经济和其他所有制经济发展成为混合所有制经济"。混合所有制经济体制模式的提出和发展，是我国在发展壮大社会主义市场经济过程中的重大理论突破。

混合所有制经济有两重含义，宏观层面指混合所有制结构，微观层面指混合所有制企业。所有的理论和政策论述表明，优化我国农业资源配置必须在遵循市场经济规律的前提下，发挥政府的宏观调控、政策引导与改革驱动作用，明确国有经济在农业现代化建设中的战略地位，推进土地、劳动力和资金等要素在各类新型农业经营主体之间有序流动，发挥国有经济的带动作用，不断提升我国农业的竞争力。

新时期的农垦则是国家有效调控市场、实现资源优化配置的主要载体。农垦作为国有农业经济的骨干和代表，作为中国特色农业经济体系不可或缺的重要组成部分，需要进一步强化其在全国现代农业发展中的战略地位，按照国有经济改革的理论要求，通过建立健全现代企业制度、推进股份合作和混合所有制发展，不断提升农垦的经营效率与活力，提升农垦对现代农业产业的控制力与影响力。特别面对国际农业垄断寡头的垄断格局，更要发挥国有农业企业的主导作用，着力培育我国的国际大粮商，强化农业产业的国内资源整合集聚和跨国布局。农垦因其国有的属性、集团化的发展模式、较高的组织化程度必将是国际大粮商的首要选择。

第二章

农垦国有农业经济的历史性变革

　　《中共中央 国务院关于进一步推进农垦改革发展的意见》首次提出"中国特色农业经济体系"这个概念。此概念并非指完全自发状态下的混合农业经济体系，也并非古代混合农业经济的自然延续，而是以公有制为主体、多种经济成分共同发展的农业经济体系。从一般系统论的角度看，"中国特色农业经济体系"是一个包括要素子系统、运行子系统、环境子系统在内的有机整体。在要素子系统中，包含农户家庭经济、农民合作经济、农村集体经济和国有农垦经济；运行子系统分生产体系、经营体系、产业体系；环境子系统包括外在于前两个体系同时又对其施加作用的政策体系和法律体系。

　　中国特色农业经济体系是通过环境子系统不断向要素子系统输入能量，限制、调整、鼓励某些要素的基本特性，并获得这些要素的反作用力，共同影响运行子系统的轨迹，最终改变整个体系的运行目标。以统购统销、家庭联产承包责任制、加入世贸、中央农垦改革发展文件发布为时间节点，中华人民共和国成立 60 多年的历史为我们提供了观察和研究中国特色农业经济体系运行规律的四个阶段。经过观察和研究发现：

　　第一，作为更大体系的国民经济体系的发展方向、重点，先天决定了作为子系统的农业经济体系的发展方向和重点，其基本运行规律统一于大系统的运行规律之下。

　　第二，作为环境子系统主要成分的政策，始终是推动体系运行的主要力量。整个体系并不总是处于自发状态，而是自发状态与干预状态并存，不同要素在外力作用下不断碰撞、融合。

第三，追求个体效率和组织效率融合起来的综合效率始终是中国特色农业经济体系追求的最高目标。在不同的历史时期，受到不同因素的影响，个体效率与组织效率呈现出此消彼长的状态，但是作为左右体系整体目标的环境子系统，始终保持了追求综合效率的目标。

第四，农民的两个积极性[①]是体系中最基本的两种力量。但是个体经济的积极性是第一力量，劳动互助积极性是第二力量。第二力量须以第一力量为基础。

第五，国有农垦经济作为多种经济成分中的主导成分，其主导性主要体现在弥补市场失灵方面。就农民个体经济而言，国有农垦经济主要通过可见的方式，使得农民体会到个体效率之外因分工和规模化而产生的额外效率（即组织效率），并且能够以创新的形式，引导农民的组织化。

第六，作为中国特色农业体系中重要的要素之一，农村集体经济组织在改革开放后，其法律地位、功能作用与村民委员会、农民专业合作社形成交叉，客观上受到一定程度的弱化。但是其社区性和综合性的特点，既弥补了村民委员会行政化的缺点，又对目前农民合作经济所缺乏的公共事业和公益事业做出了弥补，与国有农垦经济相得益彰。国有农垦经济在规模化经营和全产业链经营方面对其有较大示范作用。

第七，农民专业合作社是农民的自发组织，在产前合作上比较成功，降低了农民的种养殖成本，但是由于缺乏组织化内核，产中和产后的合作比较薄弱。国有农垦经济的全产业链特征对其有较大示范空间。

第一节 "统购统销"[②]：国民经济大系统重塑农业经济

统购统销是中华人民共和国成立后中国特色农业经济体系发生的头等大

---

① 个体经济的积极性和劳动互助的积极性。

② 中华人民共和国初期的一项控制粮食资源的计划经济政策。1953 年 10 月 16 日，中共中央发出了《关于实行粮食的计划收购与计划供应的决议》。所谓"计划收购"被简称为"统购"；"计划供应"被简称为"统销"。后来，统购统销的范围又继续扩大到棉花、纱布和食油。

事。它由国民经济大系统优先发展重工业的国家战略所决定。优先发展重工业战略向农业经济体系提出了供应粮食和资金的双重要求。一方面，工业发展使得城镇人口大量增加，这些人不生产粮食，但必须保证有饭吃；另一方面，发展重工业耗资巨大，仅仅依靠苏联的 22 亿美元贷款远远不够，必须从农业向重工业转移资金。具体办法就是俗称的"剪刀差"①。

根据时任中央农村工作部部长的邓子恢的讲话，当时的粮食产需是基本平衡的。但是由于私商和富裕农民的囤积居奇和待价而沽，使得粮食供求不平衡。1952 年 7 月 1 日到 1953 年 6 月 30 日，全国上市粮食 348 亿斤，国家和供销社收购了 69.9%，私商收购 30.1%。1952 年冬，江西吉安上市的稻谷全部被私商买走；江苏徐州黄豆收割时，南北私商蜂拥而至，一个叫王雨农的私商一次性就抢购了 50 万斤*②。市场机制的作用还导致价格波动，"当时私商活动频繁的地区，粮食市价一般高出牌价 20%到 30%。"③

中央研究了八种办法④，最后选定既掌握粮食实物又稳定价格的统购统销。根据统购统销的要求，农业经济体系的环境子系统在流通环节和生产环节同时动手，首先限制了私人粮食加工企业和销售企业，要求其根据国营工商企业的要求进行代销。在生产环节，则通过"国家需要、农民够吃、余多多购、余少少购、不余不购"的原则，把余粮尽可能掌握在国家手中。

政策针对不同的系统要素采取了不同的措施。统购统销文件规定⑤，农民在征购之外的余粮可以自由存储和自由使用，而国营农场则除了"依据国家规定的用粮标准计算留下口粮，饲料用粮外，余粮应全部卖给国家粮食部

---

① 剪刀差是指工农业产品交换时，工业品价格高于价值，农产品价格低于价值所出现的差额。因用图表表示呈剪刀张开形态而得名。剪刀差一词源于 20 世纪 20 年代的苏维埃俄国。这个词首见于托洛茨基在俄共 8 大上（1919 年）的发言。

* 斤为非法定计量单位，1 斤＝500 克。

② 薄一波. 若干重大决策与事件的回顾：上卷［M］. 北京：中共中央党校出版社，1991.

③ 薄一波. 若干重大决策与事件的回顾：上卷［M］. 北京：中共中央党校出版社，1991.

④ 只配不征（农民没意见，但城里粮食紧张，农民可以不卖给你粮食）、只征不配（城市人没意见，但农民会把卖粮的钱再去城里买粮食）、原封不动（必乱无疑）、临渴掘井（先自由买卖，等没办法了再搞征购）、动员认购（无异于强迫命令）、合同预购（丰产好办，如果不足，预购了农民也可以不卖）、各行其是、统购统销。

⑤ 《政务院关于实行粮食的计划收购和计划供应的命令》（1953 年 11 月 23 日发布）。

门"①。这一政策上的区别，体现了国营农场对于国家战略安排具有更好的服从性，相比农民的自发性，更利于征购。

和农民相比，国营农场交售的粮食虽然总量上所占比例较小，但是职均数量高于农民的人均数量。1952 年，全国征购粮食 596 亿斤，农民人均 118 斤，国营农场上交 9 200 万斤，职均上交 256 斤，是农民平均数的 2.2 倍。1957 年，全国征购粮食 1 016 亿斤，同期全国乡村人口为 5.03 亿人，平均每人交售粮食 202 斤。1957 年国营农场向国家交售商品粮豆 4.81 亿斤，职均上交 1 091 斤，是农民平均数的 5.4 倍。国营农场这方面的优势，对于鼓励农民将余粮卖给国家发挥了示范作用。

从实际情况来看，统购统销是卓有成效的。1954 年 9 月，粮食部部长章乃器说，1953 年 7 月至 1954 年 6 月粮食年度，粮食收购数比上一年度增加了 77.78%，1954 年 6 月底以前的库存比上年同期增加了 51%。1954/1955 年度，计划收购 879.53 亿斤，实际征购 1 078 亿斤；1957/1958 年度，计划收购 847 亿斤，实际征购 920.11 亿吨。②

粮食征购以超出计划的形式得以实现，不仅保障了城镇口粮、军粮、出口，而且稳定了价格，为优先发展重工业战略提供了物质基础。另外，据统计，1953—1981 年间，国家通过价格剪刀差的方式从农民手中筹集工业化资金共 7 000 多亿元③，这些资金帮助中国建成了独立的、门类齐全的重工业体系，为改革开放后国民经济发展奠定了物质基础。

但是，由于实际征购中部分地区出现了不顾实际而征购"过头粮"④ 和强迫命令的办法，挫伤了部分农民交售粮食的积极性，他们不仅对国营农场的示范作用视而不见，而且反过来强化了个体经济的积极性，开始与政策强烈抵抗。生产队、生产小队普遍一致瞒产私分，深藏密窖，站岗放哨，进行反抗，保卫他们的产品。正如毛泽东 1959 年 2 月 28 日在郑州会议上所提到的："一个是瞒产私分，一个是劳动力外逃，一个是磨洋工，一个是粮食伸手向上要，白天吃萝卜，晚上吃好的……"作为环境子系统，政策在接收到

---

① 见 1957 年 10 月 26 日，农业部、粮食部、公安部《关于国营农牧场粮食统购统销的联合指示》。
② 杨继绳《统购统销历史回顾》。
③ 薄一波. 若干重大决策与事件的回顾：上 [M]. 北京：中共党史出版社，2011.
④ 因国家对粮食产量的估算和统计失实、失真，导致征购数量超过实际应征额。

这些信息之后，也进行了调整，于1955年实施"三定"方案[①]，并于当年"三定到户"。虽然"三定到户"的政策为大多数农民所拥护，但定产、定购和定销数量的确定毕竟涉及千家万户的切身利益，是一项极为复杂的工作，需要数十万基层干部去完成，由于基层干部当中存在的不理解和抵触情绪，仍有不少地方伤害到农民的个体积极性。

以上情况更连锁影响到农民参加互助合作运动的热情，这一危害影响之深远，从改革开放后农民纷纷选择"包干到户"可见一斑，那时，农村集体经济弱化，出现了非退一步不能前进的局面。

第二节　农业合作化：从追求效率到实现控制

以1953年实施统购统销为分水岭，我国农业合作化运动分为前后两个时期。

1953年之前，农业经济体系的环境子系统对于要素系统的影响仅限于提倡和推动互助合作的组织效率。1943年11月，在《组织起来》的讲话中，毛泽东明确指出合作社能够提高产量的事实[②]。并且深刻地认识到，单凭个体农民的积极性，无法摆脱贫困。合作社是帮助农民摆脱贫困的一个最有效的政策。1951年，毛泽东在批评"互助组不能生长为农业生产合作社"的观点时认为，西方资本主义在其发展过程中，有一个工场手工业阶段，即尚未采取蒸汽动力机械，依靠工场分工而形成新生产力的阶段，中国的合作社依靠统一经营形成的生产力，去动摇私有基础，也是可行的。[③]

这一观点，与西方古典经济学理论不谋而合。关于合作经济的组织化可以带来分工和专业化，进而提高生产效率的问题，亚当·斯密曾有详细的论

---

①　"定产"：根据粮田单位面积常年产量，作为计算国家粮食购销任务的基础；"定购"：根据粮食定产数量，扣除农业税和农民自用的种子、饲料和口粮，计算出农民一年应有的余粮数量，然后按余粮的一定比例确定国家对农民的购粮数量，由农民在收获后按照国家规定的牌价交售给国家；"定销"：就是评定农民的缺粮数量，国家按照销售牌价给予供应。

②　"今年边区有许多变工队（变工队是中国农村旧有的一种劳动互助组织，其一般是由若干户农民组成，通过人工或畜工互换的方式，轮流为各家耕种，按等价互利原则进行评工记分，秋收后结算），实行集体的耕种、锄草、收割，收成比去年多了一倍。"

③　王贵宸. 中国农村合作经济 [M]. 太原：山西经济出版社，2006.

述。他认为，一个孤立工作的工人，一天也生产不出 20 枚针，但是经过适当的分工，一人一天可以制造 4 800 枚针，是前者的 240 倍。[①] 曾经有研究者认为，工场手工业的不同工序具有时空一致性，但农业生产具有季节性，不同工序时空不一致，因此否认农业存在工场手工业阶段。[②] 但是，亚当·斯密并不这样看待问题。他认为，效率的产生并不在于工序的一致与否，而在于分工使工人的业务减少到十分简单的程度，这必然增强其熟练程度；其次，分工使工人省去了在另一地点、使用不同工具进行的工作，节省了大量时间；第三，分工使劳动简化、方便，是机器产生的基础。

中国共产党认为，农民在土地改革基础上发展起来的生产积极性，表现在两个方面：一方面是个体经济的积极性；另一方面是劳动互助的积极性。农民对于个体经济的积极性是不可避免的，并且在一个相当长的时期内，还将大量存在。对于农民个体经济的积极性的尊重，使得 1953 年之前的农民合作化运动坚持了自愿原则。这一时期，农业生产互助组和初级社发展也是比较快的。1950 年，全国共有互助组 272.4 万个、参加农户 1 131.3 万户（占总农户比例为 10.7%）。1952 年，互助组达 802.6 万个，参加农户 4 542.3 万户（占总农户比例为 39.93%），分别比 1950 年增加 195%、302%。1950 年初级合作社只有 19 个，参加农户只有 218.5 户。1952 年，初级社达到了 3 644 个，参加农户达到 59 028 户，占全部农户的 0.1%。[③]

---

① 《国富论》："一个劳动者，如果对于这职业（分工的结果，使扣针的制造成为一种专门职业）没有受过相当训练，又不知怎样使用这职业上的机械（使这种机械有发明的可能的，恐怕也是分工的结果），那么纵使竭力工作，也许一天也制造不出一枚扣针，要做二十枚，当然是绝不可能了。但按照现在经营的方法，不但这种作业全部已经成为专门职业，而且这种职业分成若干部门，其中有大多数也同样成为专门职业。一个抽铁线，一个人拉直，一个人切截，一个人削尖线的一端，一个人磨另一端，以便装上圆头。要做圆头，就需要有两种不同的操作。装圆头，涂白色，乃至包装，都是专门的职业。这样，扣针的制造分为十八种操作。有些工厂，这十八种操作，分由十八个专门工人担任。固然，有时一人也兼任两三门。我见过一个这种小工厂，只雇用十个工人，因此在这一个工厂中，有几个工人担任两三种操作。像这样一个小工厂的工人，虽很穷困，他们的必要机械设备，虽很简陋，但他们如果勤勉努力，一日也能成针十二磅。从每磅中等针有四千枚计，这十个工人每日就可成针四万八千枚，即一人一日可成针四千八百枚。如果他们各自独立工作，不专习一种特殊业务，那么，他们不论是谁，绝对不能一日制造二十枚针，说不定一天连一枚针也制造不出来。他们不但不能制出今日由适当分工合作而制成的数量的二百四十分之一，就连这数量的四千八百分之一，恐怕也制造不出来。"

②③ 王贵宸. 中国农村合作经济 [M]. 太原：山西经济出版社，2006.

1950—1952 年，粮食总产量增幅达到了中华人民共和国成立之后的最高时期，分别为 16.74%、8.75%、14.09%。

1953 年之后，为了"统购"的需要，环境子系统以政策的形式，对要素系统施加力量，一方面强化国营农场的示范作用，另一方面加速合作化运动。1953 年 2 月，中共中央在《关于农业生产互助合作的决议》再次提出"国营农场应该推广"，"每县至少有一个至两个农事试验场性质的国营农场"，并提出了具体的示范方式：一方面用改进农业技术和使用新式农具这种现代化农场的优越性范例，教育全体农民；另一方面，按照可能的条件，给农业互助组和农业生产合作社以技术上的援助和指导。据农业部前副部长刘培植回忆[①]，黑龙江垦区九三农场每个农业工人一年生产 3.5 万斤粮食，比农民劳动生产率高两倍半。周边农民于 1952 年组织成立了新生集体农庄，与九三农场签订了合同，农场为他们用机器代耕，每个劳动力耕种的土地由 4 公顷提高到了 6 公顷。

在国营农场的示范带动下，合作社发展迅速。1957 年，初级社达到 3.6 万个，参加农户达 160 万户，占全国农户总数的 1.3%；高级社 75.3 万个，参加农户 11 945 万户，占全国农户的 95.6%。[②] 合作社的高速发展，使生产效率有了一个飞跃。据山西省委前第一书记陶鲁笳回忆，长治县试办合作社后，10 个社普遍增产，当年粮食平均亩产超过上年 21.5%，超过当地好的互助组 9%，超过好的个体户 28%。

但是，在推进合作化运动的过程中，有两件事情再次挫伤了农民的劳动互助积极性。第一，这一时期的办社，虽然名义上仍然要求自愿原则，实际上却出现了以行政命令突击办社的现象；第二，农民在丧失退社自由的同时，丧失了带走土地的权利[③]。自愿原则的丧失和土地所有权的丧失，使农民的个体积极性遭到彻底的打击。加之中华人民共和国成立以来第一场连续三年的严重干旱灾害，粮食总产量出现了负增长，1959—1961 年分别为 —14.15%、—15.22%、—5.11%。

---

① 刘培植. 国营农场四十年 [M]. 第 2 版. 北京：中国农业科技出版社，1994.
② 王贵宸. 中国农村合作经济 [M]. 太原：山西经济出版社，2006.
③ 1956 年 6 月第一届全国人大第三次会议通过《高级农业生产合作社示范章程》，取消土地报酬，转为合作社集体所有，按份共有。1958 年《中共中央关于在农村建立人民公社问题的决议》又使农民在失去退社自由的同时，丧失了带走土地的权力。

第三节 统分结合的双层经营体制的形成与实践

改革开放带来了中国特色农业经济体系的第二次调整。与1953年第一次调整动力主要来自于环境系统不同，第二次调整的动力主要来自于要素的内生力量。1956—1978年，共发生过三次波及全国的"包干到户"[①]的大讨论。从屡挫屡包的过程可以感知到"第一力量"的强大。

第一力量，即个体经济的积极性，是一种本能力量。它与第二力量，即劳动互助积极性共同存在于农民身上。第二力量是一种理性力量，需要在看到互助合作能够带来个体经济效率之外的额外效率之后才会萌发出来。相对于第一力量，第二力量比较脆弱。在不受干预的状态下，第二力量的萌生比较缓慢，也容易遭受打击。因此，如果外部环境系统希望同时获得两种力量，可以对农民进行必要的示范，农民一旦看到额外效率的产生，便会自动萌生第二力量。但是，如果环境系统采取行政命令方式，则会适得其反，不仅会打击已有的第二力量，而且会强化第一力量。1953年至改革开放之前，外部政策环境的干预便是违反了这一规律，导致了农民的强烈抵抗，正如农民针对统购统销采取瞒产私分等办法，针对合作化运动采取"包干到户"等做法。

与前两次讨论结果不同，以安徽凤阳小岗村为主角的第三次"包干到户"大讨论，赞同的一方取胜。不过，在随后的政策轨迹中，仍然可以在农业经济体系的演变中看到追求个体效率和追求组织效率两个方面的努力。

一方面，尊重农民的选择。中央文件的微妙变化透视出外部环境系统的力量递进[②]。中央根据实际情况提出的包括小段包工定额计酬，专业承包联

[①] 中国农村家庭联产承包责任制的主要形式。农民享有对土地的经营管理权，但所有权仍归国家所有，根据双方签订的有关权利、责任和利益的承包合同，由农户自行安排各项生产活动，产品除向国家交纳农业税、向集体交纳积累和其他提留外，完全归承包者所有。

[②] 随着"包干到户"在各地的发展，中央文件十分谨慎地将"不许"包产到户"的"不许"改为"不要"（见1979年十一届四中全会正式通过的《关于加快农业发展若干问题的决定》）。进而在贫困地区实行"包产到户"（根据小平同志的指示，国家农委党组于一九八零年五月向中央提出报告，建议在全国贫困地区实行包产到户。1980年秋，中央发出75号文件，提出贫困落后地区"可以包产到户，也可以包干到户"）。直到中央在1982年1号文件中提出："目前的各种责任制，包括小段包工定额计酬，专业承包联产计酬，联产到劳，包产到户、到组，包干到户、到组，等等，都是社会主义集体经济的生产责任制。"

产计酬，联产到劳，包产到户、到组，包干到户、到组等多种责任制，农民的选择似乎出乎政策制定者的意料，绝大多数农民选择了最能体现个体经济积极性的"包干到户"。这基本上等于恢复到了 1953 年之前。被邓小平称为"非退一步不能前进"[①]。从数字上可以看出个体经济积极性的效率，1978 年全国粮食总产量首次超过 3 亿吨，1984 年超过 4 亿吨，1996 年超过 5 亿吨。

另一方面，从中央出台的各项文件中，也可以看到政策制定者在改革中保留合作化积极成果的努力。3 个中央 1 号文件、1 个 5 号文件[②]以及 1991 年十三届八中全会决议均对集体统一经营的必要性、优越性与家庭经营的关系、功能、组织设置等作出了规定，直至 1991 年十三届八中全会将以家庭联产承包责任制为基础、统分结合的双层经营体制作为一种长期制度明确下来。

但是，改革过程中，农村集体经济组织的地位和功能始终未能清晰。1983 年的撤社建乡，其目的是改变政经合一体制，使农村集体经济组织回归到经济组织的定位上去。1987 年，由农民自发组织起来的专业合作社开始发展起来[③]，当年 1 号文件区分了专业合作社与集体经济组织的不同，认为地区性经济合作组织具有社区性、综合性的特点。这无形中又把农村集体经济组织固定到了政经合一的位置上。政策定位上的模糊，导致许多村民委员会代行了地区性合作经济组织的职能。据农业部经管司数据，2015 年，在汇总的 603 999 个村中，村委会代行村集体经济职能的有 360 238 个，占 59.6%。

此外，作为农村集体经济组织最重要的生产资料，土地被有关文件不断强制性地延长承包期限[④]，使得多数农村集体经济组织减少了继续从事农业的可能。据农业部经管司数据，2015 年，在汇总的 603 999 个村庄中，共有耕地 145 432.6 万亩，其中家庭承包耕地数为 134 236.8 万亩。

---

①　出自 1962 年 7 月 7 日邓小平在接见出席共青团三届七中全会成员时的讲话。

②　1982 年、1983 年、1986 年 1 号文件，1987 年 5 号文件。

③　1982 年，安徽省天长县界牌镇 17 户农民联合创办了改革后我国第一个新型的农民合作组织——水产研究会。随后，各种类型的农民合作组织不断出现。

④　1984 年中央 1 号文件提出土地承包期为 15 年，1993 年 11 月我国发布的《中共中央、国务院关于当前农业和农村经济发展的若干政策措施》再延长 30 年，2008 年 10 月中央十七届三中全会通过的《关于推进农村改革发展若干重大问题的决定》提出，现有土地承包关系长期保持不变。

更有许多农村将土地承包费与农业税混淆，2006年取消农业税后便不再收取承包费，造成农村集体经济组织窘困的状况。据农业部经管司数据，2015年，全国村集体经济组织共负债11 291亿元。其中经营性负债1 161亿元，当年新增负债350亿元。

在农村改革的同时，一向发挥示范作用的国营农场自1984年起根据中央精神兴办家庭农场，向农村的家庭承包学习，建立了"大农场套小农场"的双层经营体制。所谓"大农场套小农场"，是把职工家庭经营的积极性同农场统一组织产前、产后服务的优越性结合起来，充分发挥农垦企业在资源、技术、机械装备等方面的优势。其目的与农村统分结合的双层经营体制如出一辙，其效果与农村改革也极为相似。据有关资料显示，全国农垦系统1967—1978年连续12年亏损，1979—1988年连续10年盈利，累计盈利86.44亿元。但是，"大农场套小农场"同样存在组织效率和规模效益下降的问题。这成为新时期农垦改革的重点问题之一。

第四节　农产品购销市场化的改革历程

1979年6月，五届全国人大二次会议正式通过"调整、改革、整顿、提高"的八字方针，提出提高农业和轻工业的发展速度，适当控制重工业的发展速度。这意味着优先发展重工业战略的重大调整，为优先发展重工业战略配套的统购统销政策也开始解体。

旧的购销体制从缩小统购品种和提高农副产品价格开始瓦解。统购品种由1980年的183种减少为1984年的38种，18种农副产品收购价格提价幅度22.1%。1978年，中央作出粮食统购价格从1979年夏粮上市起提高20%，超购部分在此基础上再加价50%的决定。同时将农用机械、化肥、农药、农膜的出厂价格和销售价格降低10%~15%。1985年，国家不再对农村下达指令性的收购计划，而是采用"合同定购"的方式来收购国家需要的粮食。当年底，中央提出"逐步缩小合同订购数量，扩大市场议购"的新方针。

但是放开粮价的政治风险太大，粮食市场迟迟难以形成。直至1992年下半年，各地的库存粮食多，库存粮食占压不少资金。9月，中央提出，抓紧当前有利时机，加快粮食购销体制改革。当年年底，全国844个县市放开粮食价格，粮食市场初步形成，统购统销退出历史舞台。

统购统销时期，城镇职工实行低工资制，考虑到城镇职工的接受能力和国家财政的承受能力，国家以低于收购价的价格销售给城镇市民。1991年，粮食价格补贴400多亿元。其中城市补贴200多亿元，平均每个市民补贴130~150元。[①]

在放开统购品种和粮食价格的过程中，非国有粮食购销企业成长起来。国家粮食局原局长聂振邦透露，截至2008年底，我国各类取得粮食收购资格的政策性和经营性主体达到了77 498户，其中国有粮食企业18 000多家。

除此之外还有数以百万计的粮贩子，这是人民公社解体之后与家庭经营为主相对应产生的粮食购销主体。据国务院研究室课题组对1991年农业部农村固定观察点的分析，在大宗农产品的销售方面，集体统一运输和销售的只占4.1%。由私营组织销售的大宗农产品也只占5.5%，绝大多数的大宗农产品是由农民自己和贩子来完成销售的。购销体制的市场化有利于供求关系发挥作用，但是由于蛛网现象[②]的存在，粮食价格也很快出现了波峰浪谷的状态。1985—2006年的22年间，共发生了三次[③]收购价格和零售价格同比增长10%的波动。

蛛网现象是一种动态平衡现象，按照古典经济学静态下完全竞争的假设，均衡一旦被打破，经济系统并不一定自动恢复均衡。这种假设的根据包括：一是完全竞争，每个生产者都认为当前的市场价格会继续下去，自己改变生产计划不会影响市场；二是价格由供给量决定，供给量由上期的市场价格决定。

正是这种"时间差"导致农民的利益难以得到保障。据国家发改委数据，1989年，在三种粮食每50千克平均价格由1987年的20.69元上升至28.98元的情况下，农民加大了种植面积，当年增加3 123万亩，1990年继续增加1 892万亩。但是，1991年价格却跌至26.12元。农民种植积极性下降，连续四年种植面积下降，导致1992年价格再次开始爬升，从28.43元升至1995年的75.13元。农民积极性再次高涨，种植面积之后连续四年增

---

① 杨继绳《统购统销历史回顾》。

② 在市场机制的自发调节的情况下，农产品市场经常发生蛛网型波动，从而影响农业生产的稳定性。在现实生活中，农产品广泛存在着发散型蛛网波动的现象。

③ 分别为1988—1989年，1992—1995年，2004年。

加，而价格一路下跌至 2000 年的 48.36 元。种植面积再次连续五年下滑。进而引致价格从 2002 年的 49.24 元升至 2004 年的 70.73 元，种植面积又随之连年增加。

根据蛛网理论①，为消除或减轻农产品在市场上经常出现的这种蛛网型波动现象，一般有两种方法：一是由政府运用支持价格或限制价格之类的经济政策对市场进行干预；二是利用市场本身的调节机制进行调节，即运用期货市场来进行调节。

1990 年 10 月，郑州期货交易所成立，引入了农产品期货。作为组织化程度较高的国营农场率先参与农产品期货，以黑龙江垦区为例，1995 年就有 3 家农场参与了期货的套期保值②，参与交割的粮食虽然只有 3 500 吨，但是农场把一家一户的家庭农场集中起来共同参与套保，使他们在价格不断走低的情况下，依然获得了比较稳定的收益。2000 年，参与期货交易的农场增至 46 个，大豆交易量达到了 20 万吨。

这些情况对于农村的家庭承包户来说具有一定的示范作用。但是，由于农户家庭经济规模过小，甚至难以满足期货交易的最低标准③，因此参与期货者寥寥。2004 年，为了保护农民利益，我国开始实行最低收购保护价。

第五节　收储制度改革：补贴与价格的博弈

1990 年，全国粮食总产量达到 44 624.3 万吨，超过当年需求 3 126.1 万吨，导致当年三种粮食平均价格每斤下降 2 分多。为了保护农民种粮积极性，国家建立了专项粮食储备制度④，专门用于收购议价粮。

与统购统销规定最高征购价格不同，专项储备制度规定的是最低议购价

---

① 1930 年由美国的舒尔茨、荷兰的 J. 丁伯根和意大利的里奇各自独立提出。由于价格和产量的连续变动用图形表示犹如蛛网，1934 年英国的卡尔多将这种理论命名为蛛网理论。

② 套期保值的基本特征：在现货市场和期货市场对同一种类的商品同时进行数量相等但方向相反的买卖活动，即在买进或卖出实货的同时，在期货市场上卖出或买进同等数量的期货，经过一段时间，当价格变动使现货买卖上出现的盈亏时，可由期货交易上的亏盈得到抵消或弥补。从而在"现"与"期"之间、近期和远期之间建立一种对冲机制，以使价格风险降低到最低限度。

③ 一个标准的农产品期货合约规定的交易一般每次不得少于 1 手（10 吨），一般的农户显然难以达到这一要求。

④ 1990 年 9 月，国务院颁布《关于建设国家专项粮食储备制度的决定》。

格。前者规定统购价格不高于征购价格，后者规定收购价格不低于议购价格。前者目的是保证利润从农业输入工业，后者的目的则是保证农民利益。可见，在农业经济体系中，负责执行收购的虽然同样是国营粮食企业，但是目的却大为不同。农业经济体系原本的保障优先发展重工业战略的整体目标，被社会主义市场经济的目标所取代，由此带来了粮食产需关系、供求关系的变化，引发农民和国营经济之间的利益互动。基于改革开放后农民的非组织化程度较高的前提，农民既无参与农产品期货获得稳定收益的能力，国家也很难从产需平衡的角度进行必要的产前引导。粮食产量的增减完全基于农民的积极性，农民的积极性又基于上一年度的市场价格。蛛网现象难以避免。在这种情况下，通过收储的办法补贴农民的价格损失也就成为必然之举。

从 2004 年开始，我国粮食生产获得连年丰收，2004—2006 年的三年内，粮食累计增产 1 335 亿斤，虽然这三年累计产小于需 1 413 亿斤，而且价格除 2005 年略有下降外整体上升[①]，但由于担心谷贱伤农，国家首先对水稻实行最低收购保护价，2006 年又将小麦纳入保护价收购范围。2008 年，金融危机导致大豆、棉花等农产品价格暴跌，为保护农民利益，国家启动大豆、玉米、棉花、油菜籽等收储政策。

在收储制度变化的过程中，财政补贴逐渐增加。1985 年中央 1 号文件规定，如市场价格低于原统购价，国家仍按统购价收购。这是 1978 年之后较早的粮食补贴政策。1990 年，对于转为专储粮的议价粮和结算价的差价贷款进行财政贴息。1993 年，国家划定保护范围，建立粮食风险调节基金。1996 年国家决定利用粮食风险调节基金对粮价进行保护，但由于以后几年国家财力不足，粮食收购价格的保护力度降低，农民积极性和产量也随之下降。自 1997—2001 年，除 1998 年粮食产量略微增长 3.67％外，其他年份均为减产年份。造成 2003 年粮食价格大幅上涨。2004 年国家实行粮食直补、良种补贴、农机购置补贴政策。据经合组织数据，2002—2012 年，中国"四补贴"[②] 金额为 7 855 亿元人民币。

"四补贴"虽然给农民带来了实惠，但是对粮食价格并没有起到抑制作

---

① 据国家发改委数据，三种粮食每 50 千克价格 2003—2006 年价格依次为 56.54 元、70.73 元、67.35 元、71.98 元。

② 后来国家在粮食直补、良种补贴、农机购置补贴三种补贴基础上增加了农资综合补贴。

用。据中央农村工作领导小组原副组长陈锡文透露，2008—2014年间，国家每年都适当调高最低收购价水平，这7年中，小麦的最低收购价提高了63.9％，稻谷的最低收购价提高了90％以上。2014年，国家对东北三省、内蒙古的玉米和大豆临时收储价格，也分别比2007年提高了60％，比2008年提高了29.7％。

这两项政策的初衷都是为了对市场价格形成顶托作用，进而保证农民的利益，但在实行过程中也产生了一些副作用，那就是对市场机制的干扰。一个突出表现是，最低收购保护价和临时收储价逐步演变成了市场最高价。在东北和内蒙古，由中储粮系统收购的玉米，随着玉米临时收储价格的提高其比重也在不断上升。在主产区，粮食购销市场成为"政策市"，多主体经营、多渠道流通的粮食收储市场实际上已不复存在。另一个表现是，粮食加工企业陷入经营困境，如果按市场均衡价格不可能收到粮食，而购买按中储粮拍卖价出库的粮食，利润太低，出现了"麦强面弱""稻强米弱"等现象。

无论是最低收购保护价还是临时收储制度，都是将补贴暗含于收购价格之中，但是按照1998年国务院颁布的《粮食收购条例》规定，当市场价高于收购保护价时，收购价参照市场价确定；当市场价低于保护价时，收购价按不低于保护价确定。而国储拍卖价格的定价基准是"收购价＋利息＋税金＋费用＋合理利润＋员工工资"，达到或超过此基价的销售粮食即为"顺价销售"，低于此基价则为"低价倾销"。这一定价原则必然使顺价销售难以为继。正是因为顺价销售价格过高，除捆绑进口粮食配额进行拍卖的办法之外，收储的粮食很难销售出去，以至于到了2016年，国家储备粮已经超出5亿吨，成为全球最大的库存。

第六节　供给侧结构性改革：价补分离的探索

2012年前后，农业研究者们发现了粮食领域的一个奇怪现象：生产量、库存量、进口量三量齐增。据国家统计局数据，2012年，粮食总产量为58 957.97万吨，比2011年增长3.22％。其中玉米产量20 561.41万吨，同比增长6.7％；小麦产量12 102.36万吨，同比增长3.1％；稻谷产量20 423.59万吨，同比增长1.6％。

据海关总署统计，2012年，玉米进口521万吨，同比增长197％；小麦进口 369 万吨，同比增长 195％，超越 2005 年的 354 万吨；稻米进口 231.6 万吨，同比增长 305％，这也是 12 年来稻米进口量首次超过百万吨大关。而根据中储粮的公开说法，2012 年粮食库存增加量远远超过净进口增量。

对比三大主粮 2012 年的价格可以看到，中国谷物进口激增的原因不在于"缺粮"而在于"价差"。2010 年 2 月 6 日至 2013 年 2 月 6 日之间，大连期货交易所玉米期货价格始终高于芝加哥期货交易所价格 50～150 美元/吨。从 2010 年 4 月 6 日至 2013 年 2 月 6 日，中国粳稻价格始终高于以泰国大米为代表的价格，最大价差为 200 美元/吨。而从 2011 年 10 月至 2012 年 7 月，美国小麦到岸价格低于中国小麦批发价格。尽管在入世之初，大豆进口量就突破了 1 000 万吨，但是并没有引起人们的注意。直到三大主粮的国内外价格倒挂，对收储制度造成极大压力，才引起有关方面的重视。

通过对进口粮食和国产粮食的成本分析和对比可以发现，造成"价差"的原因主要是两个：一是成本；二是补贴。以玉米为例，据国家发改委数据，2014 年、2015 年中国种植成本分别为 1 063.89 元/亩、1 083.72 元/亩，美国为 417.12 元/亩和 426.59 元/亩，中国分别是美国的 2.55 倍和 2.54 倍。其中，在中国成本中占比最高的为亩均劳动投入，2014 年为 474.68 元，美国为 28.25 元，中国是美国的 16.8 倍，反映出中国人地矛盾之突出和小农经济的弱点。

其次，从美国历年玉米种植经济利润的数据中也可以看到，自 1975—2014 年的 40 年，负利润的年份为 27 年，正利润为 13 年。这说明，多数年份美国玉米是在补贴支持之下进行销售的。据美国农业部数据，2002—2012 年，美国农业总补贴为 2 516 亿美元。即使按 1∶6 的汇率计算，美国补贴远超同期的中国补贴。

近年来，以美国为代表的国际粮价作为中国特色农业经济体系中一种新的要素对运行系统形成了较大影响。主要表现在两个方面。一方面，对运行系统中的经营体系形成价格抑制作用，进而造成产业体系的扭曲。以玉米为例，由于加工企业的产品——饲料和乙醇等面向国际竞争，均有降低原料成本的冲动，自 2012 年开始，东北三省和内蒙古每斤玉米临储收购价格攀升至 1 元以上，远远高出广东七毛多钱的玉米到岸完税价格，加工企业举步维艰。世界第三、亚洲最大玉米加工企业吉林大成生化科技集团有限公司迫于成本压力，于 2015 年宣布停产。另一方面，造成巨大财政压力。由于具有暗补性质的国家收储价格年年上升，至 2013 年国家仅支付存储费就达到了250 元/吨。

以上两方面的问题，成为农业供给侧改革的出发点。供给侧管理是新古典主义经济学的经济学术语，与新凯恩斯主义的需求侧管理思想正好相反。需求侧管理思想认为，市场无法出清①，因此需要采用政策刺激的方式来恢复需求。而供给侧管理则认为市场可以通过价格调整、产能整合、淘汰等方式来清理过剩产能，使市场自动出清，当前产出可以自动回归潜在产出②。具体到农业领域，即通过价补分离的措施，让价格随行就市，淘汰规模过小的农业生产者，将产能整合为适度规模的新型经营主体。

当然，此次改革也面临着巨大挑战。主要是两个问题：一是如何解决劳动力转移过程中农民丧失土地和可能转为城市贫民的问题。二是在什么情况下或者说什么时间内，刘易斯拐点③可以到来。

对于第一个问题，2014 年 12 月中央全面深化改革领导小组第七次会议审议了《关于农村土地征收、集体经营性建设用地入市、宅基地制度改革试点工作的意见》，提出农村土地所有权、承包权、经营权分置，明确了农民承包权不得流转，保障了流转土地农民的财产收入。

第二个问题的挑战更为严峻。农民工总量从 2010 年的 24 223 万人增长到 2016 年的 28 171 万人，但是增幅则从 5.24% 降至 1.53%，其中外出农民工增幅则从 2010 年的 5.52% 降至历年来最低点——0.30%。在这样一个趋势之下，劳动力从第一产业向二三产业转移的速度、农业生产规模化成效、农业成本降低速度，有待进一步观察。

---

① 经济学术语，即供求平衡。指当价格确实能使需求等于供给，以至于任何人可以在那个价格上买到他所要买的东西，或者卖掉他所要卖的东西。

② 潜在 GDP（Potential GDP）也称潜在产出或潜在国民收入。潜在 GDP（即国内生产总值），指一国在一定时期内可供利用的经济资源在充分利用的条件下所能生产的最大产量，也就是该国在充分就业状态下所能生产的国内生产总值。

③ 诺贝尔经济学奖获得者、发展经济学的领军人物、美国经济学家威廉·阿瑟·刘易斯在他的"二元经济"理论中提出两个阶段。一是劳动力无限供给阶段，此时劳动力过剩，工资取决于维持生活所需的生活资料的价值；二是劳动力短缺阶段，此时传统农业部门中的剩余劳动力被现代工业部门吸收完毕，工资取决于劳动的边际生产力。由第一阶段转变到第二阶段，劳动力由剩余变为短缺，相应的劳动力供给曲线开始向上倾斜，劳动力工资水平也开始不断提高。经济学把连接第一阶段与第二阶段的交点称为"刘易斯转折点"。

第七节 "大农场统筹小农场"的历史性变革

中央农垦文件首次提出了"大农场统筹小农场"的概念,目的是以职工家庭经营为基础,探索多种形式的农业适度规模经营的双层经营体制。这个提法与改革开放初期提出的"大农场套小农场"只有一字之差,但内涵更加丰富。

改革开放初期国有农场实行的"大农场套小农场"的双层经营体制与广大农村实行的统分结合的双层经营体制不同,主要在于职工退休后须解除承包租赁合同,将土地交还农场。这一点决定了国有农场具有在职工退休后收回土地实行规模化经营的制度基础。事实上,由于职工身份不变,改革开放后,大多数农场的统一经营得以保持下来,体现着农垦的组织化特征,如统一实施农业规划、统一土地承包制度、统一实施农作物种植模式、统一规划建设农业基础设施、统一提供公共技术推广服务。

但是,上述"五统一"的"经营"更多地体现为服务内容,与职工家庭农场自负盈亏、自担风险的经营不同,"大农场套小农场"的"套"字,在一定程度上仍然反映出"双层经营"的"两层皮"特征,利益并未"统一"。以至于一方面,职工家庭农场觉得统一经营对其是一种限制,具有"分"脱离"统"的内在冲动;另一方面,国有农场认为职工经营好坏与己无关,只需提供必要的服务,如果职工农场无所谓或不需要,则只需收取承包费即可,同样具有"统"放手"分"的内在趋向。

专家认为,在统购统销退出历史舞台、市场机制逐步建立之后,职工经营利益还受到国家收储制度的保护。这一时期,"大农场套小农场"模式尽管已经出现了"统""分"离心的内在趋势,但弊端还不明显。但是当收储制度受到国际粮价的抑制,而且财政压力难以维持下去的时候,"大农场套小农场"模式受到了极大的挑战。职工家庭的经营像农民家庭一样,面对供求关系带来的价格波动无能为力,不仅无暇顾及统一经营,甚至在某种程度上希望摆脱统一经营,以降低生产成本。

通过归纳可以发现,帮助职工家庭农场降低成本和解决销路已经成为国有农场重塑双层经营体制的关键。那么,国有农场有无可能在降低成本和解决销路方面与职工家庭农场实行统一经营,并将经验推广普及到广大农村,推动中国农业新型购销体系的建立和完善呢？我们的答案是肯定的。

在一些垦区我们可以看到，通过社会化服务公司，国有农场为职工家庭农场乃至农村的农民家庭农场降低生产成本做出了积极尝试。以安徽农垦龙亢农场为例，2013 年，该农场成立混合所有制的安徽农垦龙亢农业服务公司，并以此为核心，联合周边 25 家农民专业合作社，组建农业社会化服务联合体，向周边农村提供覆盖全过程、全产业链、全要素的保姆式社会化服务，每亩节约生产成本 67 元，增加产量 100 斤，合计每亩可为农民节本增收 200 元以上。目前，龙亢农业服务联合体年开展社会化服务面积约 40 万亩，带动农民增收 8 000 多万元。据悉，龙亢农场的经验正在安徽垦区推广，在全垦区成立了 7 个农服公司，并与著名的小岗村签订了土地流转经营协议。

在河南许昌农场，成立了专业部门——农业服务中心，不仅全面系统地开展田间管理服务、代耕代种代收服务，尝试土地托管经营模式，而且与农资生产企业合作，统一为服务对象供应农资，以便享受大批量优惠价订购农资。更具创新性的是，大力开展优质小麦订单生产。上线与大型面粉企业签订优质小麦回收订单，下线与农户签订优质小麦生产协议，选择优质小麦品种统一供种，要求农户按标准生产，统一采购使用农资，以高出普通小麦的价格回收，经过筛选供应给大型面粉企业。

类似的创新也出现在陕西农垦的朝邑农场。2012 年，该农场成立了朝邑农场商业公司。2015 年商业公司与粮食收储单位合作进行小麦贸易 4 000 余万斤、玉米贸易 1 700 余万斤、收储黄豆 300 余万斤，帮助职工家庭农场和周边农民解决了粮食销售问题。该农场"十三五"的目标是，力争使粮食收储贸易量达到 1 亿斤。

从全国 35 个垦区的情况看，一种全新的、全产业链式的购销体系正在国有农场和职工家庭农场乃至农民家庭农场之间萌芽，从其实际效果来看，受到了家庭农场的欢迎，展现出历史性变革的巨大生命力。

第三章
新时期农垦改革发展的实践基础

中国共产党领导的农垦事业走过了 70 多个春秋。1939 年冬始，陕甘宁边区在延安创办光华农场，开发建设南泥湾。1947 年，在东北各省创建国营农场，1948 年，华北人民政府在河北省冀县、衡水、永年交界建立了解放区第一个机械化国营农场——冀衡农场。1949 年，建立了一批以安置军人为主的荣军农场和解放团农场。中华人民共和国成立后，在毛泽东等老一辈无产阶级革命家的亲自决策和领导下，以成建制的人民解放军转业官兵为骨干、吸收大批知识分子、支边青年组成农垦大军，奔赴边疆和内地，大规模垦荒造田，兴办国有农场。发展到今天，全国 31 个省份设有省级农垦管理部门，6 263 多家国有企业，其中 1 781 个国有农场遍及全国，农垦人口 1 442.70万，其中职工 276.67 万；土地面积 38.56 万平方公里，其中耕地 9 670.35万亩，牧草面积 2.42 万亩，林地 6 085.42 万亩；农垦生产总值 7 365.49多亿元，人均收入 15 488 余元。

第一节　农垦的历史贡献不可磨灭

农垦在自身经济社会发展取得巨大成就的同时，还有力支援了国家建设，为国民经济和社会发展作出了重要贡献。

农垦始终把维护国家粮食和重要农产品安全作为己任，服从服务于国家大局。经过 70 多年的发展，开垦出相当于中等省份大小的耕地面积，并致力于农业现代化建设和规模化经营，以完善的农业基础设施、先进的科学技术、健全的农业经营体系为目标，建立了一大批具有国际先进水平的粮食、棉花、天然橡胶、乳品、种子、糖料、畜牧等大型农产品生产基地和较高竞争力的农产品加工、流通企业，是保障粮食等大宗农产品供给、增强国家宏观调控能力的重要力量。

2016 年，农垦全年农作物总播种面积 10 395.18 万亩，其中粮食播种面积 7 494.5 万亩、总产量 3 483.15 万吨，占全国粮食播种面积的 4.4%、产量的 5.7%，粮食商品率 92.40%；天然橡胶总产量 28.76 万吨、占全国的 35%；棉花总产量 187.69 万吨、占全国的 35.4%；油料面积 541.83 万亩，总产量 81.71 万吨；糖料面积 128.82 万亩，总产量 734.53 万吨；农垦牛奶产量 378.95 万吨、占全国的 10.2%。农垦以其独特的农业生产优势和组织优势，在保障国家粮食和重要农产品安全上发挥了关键性作用。

在加快现代农业建设的同时，农垦还始终承担着为我国农业现代化建设提供示范的历史使命。特别是近年来，农垦以现代农业示范区为窗口，通过科技服务、辐射供种、农机跨区、产业联盟等形式，全面展示了农垦的先进技术、标准化生产、产业化运作和可持续发展等新模式，在农民技能培训、良种良畜和适用农业科技成果推广、农机作业和农业社会化服务等方面的辐射带动作用日益增强，发挥了推动农村现代农业建设的重要作用。

目前，农垦已创建不同类型现代农业示范区 400 多个，并与地方合作共建了一批农业科技示范园、产业开发园。2016 年农垦共完成跨区作业 3 104 万亩、农用航空跨区作业 152 万亩，形成了垦地共建、资源共享、优势互补、共同发展的新局面。

农垦既有分布在大中城市周边的城郊型农场，也有分布在边远地区的边境农场。这些农场大多形成了以场部为中心的小城镇，与周边地区要素流动不断加强，成为推动区域经济社会协调发展、统筹城乡一体化发展的重要力量。

通过产业发展带动农民增收就业。随着农垦园区经济和非国有经济的快速发展，一批农产品加工、农业服务业和休闲旅游等新型产业蓬勃兴起，已经成为吸纳周边农村劳动力的"蓄水池"。

通过新型城镇化建设促进场地共同繁荣。目前，农垦已建有小城镇 917 个，集中居住人口 445.32 多万人，星罗棋布的农垦小城镇集聚着周边农村人口、资源和要素，场地共荣，部分农场场部已成为当地经济、文化和社区服务的中心。

通过生态建设带动当地环境改善。部分垦区充分发挥农垦产业链条长、资源综合利用潜力大的优势，积极探索秸秆和畜禽粪便综合利用新模式，推广综合循环利用、生物质气化、稻壳发电、沼气利用等新技术，形成了一批以节能减排为目标，以产业多样化、生态化、高值化为特色的循环经济发展模式，既提高了资源利用效率，又保护了当地生态环境。

通过文化建设带动区域精神文明建设。农垦坚持以文化力打造竞争力，提炼出南泥湾精神、北大荒精神和军垦精神，培育出特有的农垦文化、军旅文化、知青文化等，在精神文明建设上发挥了重要的先导作用。

建立伊始，为开发建设祖国边疆和少数民族地区，农垦在边境沿线兴建了数百个国有农场。这些农场大多处于少数民族地区，改革开放前一直承担着开发边疆、建设边疆、保卫边疆、维护民族团结和国家安全的重任。

改革开放以来，边境农场继续在维护边境安全、繁荣边疆经济、促进民族团结、反恐、禁毒、阻击外来动物疫病和外来生物入侵等方面发挥着不可替代的作用。

新疆生产建设兵团是新疆维吾尔自治区的重要组成部分。长期以来，兵团"种主权田、放政治牧"，兵团干部职工在艰苦恶劣的环境中，克服了各种困难，一方面充分发挥科技力量强、组织化程度高的优势，积极为少数民族做好事、办实事，带动边疆经济社会发展；一方面参与平息民族分裂活动，在捍卫祖国领土完整的斗争中，反蚕食反渗透，抵御潜入潜出，坚守每一寸国土，在维护国家主权和领土完整、建立平等、团结、友爱的民族关系方面发挥了极其重要、不可替代的作用。

第二节　农垦具有难以比拟的优势

多年来，农垦大力加强农产品生产基地建设，加快农业产业化发展，积极培育大型农业企业集团，在我国农业"走出去"上先行先试，形成了组织化程度高、规模化特征突出、产业体系健全的独特优势。

改革开放以来，农垦逐步建立了以职工家庭经营为基础、大农场套小农场的双层经营体制，形成统一经营与分散经营有机结合、传统主体和新型主体竞相发展的农垦农业经营体系。国有农场作为统一经营主体，保持和发挥了传统的组织优势，帮助家庭经营和大市场实现有效对接。

这正是农垦农业经营体制的最大优势所在，避免了统和分两个主体间的缺位或越位，充分调动农场和农工的积极性，稳固了农垦现代农业建设的根基。

同时，创建了"集团公司＋产业公司（农场）＋家庭农场"三位一体的新型农业经营体系，探索实践了股份合作经营、公司经营等新型农业经营方式，农业生产经营组织化程度进一步提高。

目前，全国农垦各类产业化经营组织达到 4 926 个，省级及以上国家重点龙头企业 438 家、其中国家级重点龙头企业 65 家。

农垦土地总面积达到 5.78 亿亩，其中耕地面积 9 670.35 万亩、约占全国的 4.8%。虽然比重不大，但相对集中连片有较强的土地资源潜力，具备发展现代农业的规模优势。

特别是近年来涌现出一大批专业化、规模化、现代化的新型农业经营主体，成为农业现代化的新亮点。种植业从业人员人均经营耕地面积近 40 亩，远高于全国人均经营规模，为降低单位产品成本、提高农业竞争力创造了有利条件。

农垦农业规模化经营水平不断提高，也为农垦农业机械化水平不断提升提供了条件。2016 年，农垦耕种收综合机械化水平达到 89%，超过全国平均水平 24 个百分点。

多年来，农垦围绕主导产业，发挥自身优势，激发企业活力，不断延长加粗农业产业链条。

目前，农垦优质稻麦、棉花、乳业、种业、糖业等一批有影响、有竞争力的产业已在全国确立了优势地位，基本形成了一二三产业协调运行、产业体系不断健全的新格局。主要表现在：一是农垦三次产业结构不断优化。2016 年三次产业结构占比为 24.5%、45.3%、30.2%。二是产业化经营水平不断提升。产业化经营组织固定资产总值 1 651.99 亿元，辐射带动农场职工户和农户 346.58 万户。三是区域布局不断优化。

各垦区依据特有的自然环境、资源禀赋、地理区位，形成了各具特色的功能布局。主要包括保障国家粮食和重要农产品安全垦区、保障重要城市食品供应和市场稳定垦区、保障国家边境稳定和生态可持续发展垦区，在稳一方、保全局、可持续发展中发挥着不可替代的作用。

农垦产业体系逐步完善。初步形成了以农副产品加工和食品制造为主，煤炭、石油化工、机电、纺织服装、橡胶及塑料加工等多业并举的工业体系，批发零售、房地产业、租赁商务、住宿餐饮和交通运输仓储等行业也呈现稳定发展的大好局面。

2016 年末，农垦批发零售业、住宿餐饮业、服务业营业单位总数为 13.53 万个，从业人员 99.2 万人，全年完成商品销售额和营业收入 7 808.15 亿元，全年出口供货商品总额 665.43 亿元。

全国农垦系统有科研单位 303 个，其中省级农业科学研究院 2 所（黑龙江农垦科学院和新疆农垦科学院）、地属科研单位 77 个、场属科研站 800 个，从事农业科研人员共 7 770 人。

"十二五"期间，农垦系统共承担科研项目 2 454 项，开发新产品、选育新品种、制定新标准 419 项，获得发明专利和实用新型专利 1 000 余个，获得国家科技进步奖、中华农业科技奖等国家、省部级科技奖励超过 480 个。

中国荷斯坦奶牛 MOET 育种体系的建立与实施，能够快速、经济地培育良种公牛和高产母牛，达到了国际先进水平；主要农作物病虫害防治航空作业技术和农业航空技术规程，填补了国内技术空白。

目前，农垦系统已形成以农场农业技术人员为主体，集生产管理、技术推广服务和部分行业管理职能为一体，具有农垦特色的农技推广服务体系。据不完全统计，农垦系统现有各类各级农技推广机构 2 976 个，其中农场农技推广机构 2 796 个。

农垦系统从 20 世纪 50 年代就开始承担国家农业援外任务，90 年代开始以企业为主体探索农业"走出去"，农业国际合作取得显著成效。

境外农业生产经营规模不断扩大。目前，全国农垦已有 22 个垦区、在 42 个国家和地区设立了 106 个境外企业和发展项目。2016 年底，新增境外投资 40 亿元，实现境外产值近 460 亿元、利润 15 亿元。

"走出去"的经营领域不断拓展、产业层次明显提升。从最初的粮食、天然橡胶扩展到糖业、乳业、食用油、药材、烟草、蔬菜、油料等作物，从单纯的生产环节逐渐延伸到加工、仓储、物流等环节。

境外产业合作方式逐渐从资源合作转向资本合作。农垦大型企业集团积极推动海外并购，资本运作能力不断提升。如上海农垦光明集团收购英国第二大谷物类食品生产企业英国维他麦公司 60％股权，收购资金 1.8 亿英镑、置换债务 9 亿英镑，这是我国食品业至今完成的最大一宗海外并购项目。

承担的非洲农技示范中心建设成效明显，湖北、江西、重庆、陕西四垦区援助的莫桑比克、多哥、坦桑尼亚、喀麦隆农业技术示范中心已进入三年技术合作期，开展了新品种试种、栽培技术示范和培训等多种技术培训工作。

第三节　农垦具有不可或缺的地位

农业是治国安邦的重要基石。农垦是中国特色农业经济体系的重要组成部分。中国特色农业经济体系，源自于农业农村长期改革发展的实践，既包括农村集体经济、农户家庭经济、农民合作经济，也包含以农垦为代表的国有农业经济。

国有农业经济的根本任务是服务国家战略需要，在保障国家粮食安全、推进农业现代化、提高我国农业国际竞争力等方面发挥独特作用。在新的历史条件下，推进农垦改革发展，对于建立和完善中国特色现代农业经济体系、坚持和完善我国基本经济制度、巩固党的执政基础、提升国家治理能力都具有十分重要的意义。

近年来随着经济社会的发展，我国的农产品供求关系开始向总量基本平衡、结构性紧缺转变，并将长期处于紧平衡的状态。紧平衡是粮食安全的理想状态、更是高风险状态，既要防止供给不足造成"米贵伤民"，也要防止供给宽松造成"谷贱伤农"。总体来说，我国粮食安全基础仍不稳固，确保粮食安全任务依然艰巨。

把饭碗牢牢端在自己手上，是治国理政必须长期坚持的基本方针。综合考虑国内资源环境条件、粮食供求格局和国际贸易环境变化，党中央和国务院提出实施"以我为主、立足国内、确保产能、适度进口、科技支撑"的新形势下国家粮食安全战略。

实施新形势下国家粮食安全战略，面临的主要挑战是农业宏观调控的工具相对匮乏，主动权掌控不够，往往陷入"调控悖论"困局：国内储备调节手段较为单一，农产品增产不增收、优质不优价；国际上我国农产品进口所占比例虽然很大，但缺乏话语权，特别是市场定价权和利润分配权不强。究其根源，主要是国家对农业战略产业的掌控能力不强，国有经济在中国特色农业经济体系中的宏观调控作用没有得到充分发挥。

总体上看，以国有农业企业为主体的国有农业经济覆盖了农业经济的各个领域和环节。在生产环节、经营领域和农业国际合作方面，以农垦系统为典型代表；在储存和调控环节，以中国储备粮管理总公司为代表；在加工和流通领域，以中粮集团和中国农业发展集团为代表；在农资研发和供应环节，以中国中化集团公司为代表。

农垦是国有农业经济的骨干和代表，是以国有土地为依托、以农业生产为基础、实行农工商综合经营的特殊组织，在国有土地上从事农业生产经营是农垦的本质属性。

作为以国有农场为基本单位，集经济性、社会性、区域性于一体的特殊组织，农垦具有总量不大但作用大、份额不大但贡献大、块头不大但地位高的特征，是国有农业经济的主要实现形式，具备鲜明的战略性、先导性和公共性。

无论是耕地面积、资产总额、生产总值还是农业生产力发展水平，农垦在我国国有农业经济中都占有绝对优势并处于领先位置，是国有农业经济的重要组成部分，是推进中国特色农业现代化的骨干力量。

经历数十年的开发建设和改革发展，农垦形成了不可替代的优势，在国家全局中的战略地位更加重要、不可或缺，是国家在关键时刻调得动、靠得住、应得急的战略力量。

农垦体制是社会主义要素、现代化要素和先进文化要素的高效融合，集中体现了中国特色社会主义的鲜明特点和独特优势。

作为老一辈革命家亲手缔造的屯垦戍边、保障供给、培养人才的特殊组织，农垦长期以来始终站在讲政治的高度，把完成国家战略任务放在首位，把农垦的职能定位聚焦到国家核心利益和战略需要上。

无论是在革命战争年代、还是在社会主义建设时期，无论是在 3 年困难时期、还是在新世纪"非典"和汶川大地震等紧急时刻；农垦都坚决第一时间完成国家指令，充分发挥抓得住、调得动、应得急的国家队作用，为保持大局稳定作出了突出贡献。

实施新形势下国家粮食安全战略、新型城镇化战略、区域发展战略和国家外交战略等，更需要农垦始终服从服务于国家核心利益需要，成为国家可以直接发挥控制力和影响力的平台、任何时刻都可以依赖的不可替代的力量、足以抵御任何风险考验的"压舱石"。

第四节 农垦的战略作用愈加凸显

当前我国已进入传统农业向现代农业加速转型升级的新时期，农业发展的基础更加坚实，综合生产能力跃上新台阶，保障和支持体系不断完善，经营体制与机制创新成效显著。

与此同时，农业农村发展的内外部环境也发生了深刻变化，各种深层次问题叠加呈现，在稳定家庭经营的基础上，破解小生产与大市场的矛盾，创新家庭经营、集体经营、合作经营和企业经营等共同发展的经营方式，探索完善具有中国特色的社会主义农村基本经营制度，任务更加艰巨；在全面深化改革、充分发挥市场配置资源决定性作用的背景下，面对全球经济一体化、国际市场和资本对我国农业影响日益加大的趋势，确保农产品有效供给、价格稳定和质量安全，强化国家对农业的宏观调控能力，挑战更加严峻；在工业化、城镇化和信息化快速发展的形势下，改变农业现代化明显滞后的局面，促进农业加快转型升级，提高农业的基础性作用，要求更加紧迫。

发展农垦事业是党治国安邦的重大举措。七十多年来，农垦坚持把国家的战略需要放在首位，在保障国家重要农产品和食品安全、建设现代农业、稳定边疆和繁荣民族地区经济、引领农业"走出去"等方面发挥了重要的难以替代的作用。

农垦始终是国有农业经济的主要实现形式，始终是农业先进生产力的重要代表，面对当前新的形势，培育壮大农垦、打造农业领域航母是历史赋予农垦新的使命。

习近平总书记提出要打造我们自己的国际大粮商的战略要求，强调没有可靠的生产主体、没有自己的国际大粮商，保障国家粮食安全就缺乏有效的载体。

在新的历史条件下，应对农业农村发展复杂多变的形势，从全局和战略的高度推进农垦事业发展，着力培育和打造农垦现代大型农业企业集团，是当前和今后一段时期"三农"工作的重要任务，对保障粮食等农产品安全、提高国家产业宏观调控能力、推进农业现代化、提升我国农业国际竞争力，以及促进农垦战略转型升级都有重要的意义。

新时期粮食安全内涵更加丰富，在 2014 年中央农村工作会议中，习近平总书记指出"中国人的饭碗任何时候都要牢牢端在自己手上，我们的饭碗应该主要装中国粮，一个国家只有立足粮食基本自给，才能掌握粮食安全主动权，进而才能掌控经济社会发展这个大局。"

长期以来农垦是实施国家粮食安全战略的重要主体，在确保我国具有稳定的大规模生产基地和稳定的商品粮供给渠道方面，优势和地位突出，是发展现代农业、提升我国农业综合生产能力的引擎。

更好发挥政府宏观调控作用是全面深化改革的重要任务之一，农业和农产品涉及国计民生，面对更加复杂的市场化环境，必须拓展政策空间和手段进行有效调控。

农垦是服务于国家核心利益的战略力量，进一步增强农垦经济活力，有利于构建国家战略调控的载体和平台，发挥国有经济的主导作用，以市场化的运作方式贯彻政府的政策意图，使农垦成为国家主导经济发展的可靠的战略力量，健全国家有效调控的市场体系，维护农业经济秩序，克服市场经济的自发性、盲目性、滞后性等弱点，提高国家的市场掌控能力和宏观调控能力，确保农业农村健康、有序发展。

随着农业国际化发展，我国农业产业安全面临前所未有的挑战，跨国粮商加快了全球的产业布局，对我国农业的渗透覆盖了种植、加工、仓储、销售等各个环节，破解国际资本的垄断性格局、确保境内外发展的空间是新时期我国农业发展需要面对和解决的重大课题。

充分发挥农垦的资源优势、产业优势和体制优势，有利于我国农业在更大范围、更广领域、更高层次进行资源整合，改变当前农业经营主体规模小、分布散等状况，提高农业产业集中度和参与国际竞争的主动权，建立国家掌控型的开放性农业经济体系，在激烈的国际竞争中确保我国农业产业安全、供应安全和市场安全。

第五节　农垦事业发展的实践探索

历经七十多年艰苦卓绝的奋斗，农垦已经发展成为农工商综合经营、一二三产业全面发展、科教文卫等设施较为完善的经济社会系统，实现了人才、技术、资本与市场的全面联通，确保国家粮食安全、产业安全的战略地位日趋凸显，农业全球化布局、全产业链经营的态势已初步显现。

遵循全产业链全球化布局、宽领域多元化经营等标准，对农垦内部条件进行综合评判，研究结果显示农垦具备打造具有国际竞争力现代农业企业集团的基础和优势。

近年来，各地垦区积极推进集团化改革，不断破除体制机制约束，有效释放生产力，垦区集团综合经济实力明显增强，涌现出了一批大型垦区集团化企业主体。

2016年，农垦国有及国有控股企业6 263家，农垦企业国有资产（不含土地等资源性资产）1.4万多亿元，实现营业收入7 269多亿元，利润达到172亿元。

单从农垦企业营业收入总规模看，作为一个整体农垦企业已跻身全国企业前十强、全球500强。全国农垦已有3大垦区集团年营业总收入超过1 000亿元，基本具备了与世界最雄厚跨国公司同台竞争和较量的实力。

2016年，黑龙江、上海、北京、江苏、重庆等17个主要集团化垦区的资产总额达13 370.66亿元，营业收入与利润总额分别达到6 731.6亿元与167.95亿元（表3-1）。

表3-1　2016年主要集团化垦区的运营情况

集团化垦区	资产总额（亿元）	营业收入（亿元）	利润总额（亿元）
合计	13 370.66	6 731.60	167.95
北京	618.05	411.60	10.83
天津	352.89	232.42	8.57
黑龙江	1 943.60	1 214.47	0.14
上海	2 393.30	1 527.90	46.03
江苏	296.72	232.56	37.90
安徽	328.21	20.37	2.09
广东	362.05	231.95	3.26
广西	491.52	101.08	6.60
海南	356.62	164.89	−0.56
重庆	133.48	61.07	4.67

（续）

集团化垦区	资产总额（亿元）	营业收入（亿元）	利润总额（亿元）
云南	116.86	166.31	−1.34
陕西	30.57	12.60	0.18
甘肃	175.86	42.29	0.66
宁夏	145.22	31.51	1.04
新疆生产建设兵团	5 590.99	2 265.08	46.75
广州	26.58	14.92	1.07
南京	8.15	0.57	0.07

分行业来看，北大荒米业、九三粮油、上海良友、苏垦米业已成为国内粮油行业的前50强，海胶集团、广垦集团在天然橡胶领域稳居前列，首农三元与光明乳业稳居国内乳业前五强，在各自行业发挥着重要影响力。

伴随着农垦集团化改革的深入推进，各垦区以农为本、聚焦主业、聚合资源，科学构建集团化核心业务板块，不断聚焦现代农业领域、聚焦主导优势产业，在粮食、乳业、天然橡胶等领域形成了种业、生产、加工与仓储物流一体化发展的格局。

种业环节竞争力强。截至2016年，农垦拥有制种基地405万亩，生产种子14.88亿千克，销售收入达到55.19亿元左右，形成了"垦丰""大华""皖垦""地神""塔河"等一系列在国内外知名品牌，其中垦丰种业销售收入和利润规模等指标稳居国内种业企业首位。

基地环节优势显著。农垦现有耕地9 670.35万亩，林地6 085.42万亩，草地2.42万亩；直接拥有现代化大型粮食和畜牧生产基地，2016年，农垦粮食产量达到700亿斤，商品率达到92.40％以上，农垦粮食在关键时刻能调得出、应得急、顶得上，能够切实起到保障国家粮食安全和农产品质量安全的核心作用。

加工环节规模巨大。垦区农副产品加工企业达到了2 600家以上，总加工能力在5 000万吨左右，其中，粮食加工能力约在3 000万吨以上，涌现出了一批北大荒米业、九三粮油、上海良友等行业领先的大型龙头企业。

仓储物流快速发展。近年来各地垦区开始重视农产品仓储流通能力建设，在农产品供应体系方面，新疆生产建设兵团、黑龙江、海南、广东等大型垦区建立了自有的专业物流公司，开展运输、仓储、配送、信息和增值服务。北京、天津、上海、重庆、广州等垦区，建立了服务于城市居民生活需求的区域性粮食和"菜篮子""奶瓶子"产品供应系统。

在垦区集团化改革基础上，为进一步形成垦区发展合力、增强农垦整体竞争力，农垦各级部门大力推进联合联盟联营战略，垦区联合联盟联营迈出实质性步伐，初步组建了乳业、天然橡胶、种业、流通等战略联盟。

以黑龙江垦丰、江苏大华、安徽皖垦等 12 个垦区的种子企业为主体组建了"中国农垦种业联盟"，目前联盟成员涵盖了来自 17 个垦区的 51 家种子企业。

海南、云南、广东农垦和中国热科院正式签约组建"中国农垦天然橡胶产业联盟"；重庆、陕西农垦依托已形成的中国北方优势奶源基地和乳品加工企业，发起组建了"中垦乳业股份有限公司"。

通过组建各主导产业发展联盟，推动统一联盟全体成员的发展共识，促进在同一发展战略规划指导下，推动联盟成员资源共享、协同合作、风险共担、互利共赢，全面提升农垦种业、乳业、天然橡胶和粮食等主导业务的凝聚力、创新力、竞争力和影响力，为构建上下一体、左右互联的农垦奠定了较好的组织管理框架基础。

近年来各农垦集团围绕打造核心竞争力和业务拓展需求，以控制或参与核心产业环节、提升竞争力为导向，以资本运作为纽带，以项目建设为重点，并购、重组优质企业，探索建立混合所有制企业，实现重点业务领域快速拓展与布局，进一步提高国有资本的竞争力、控制力，实现各种所有制资本之间取长补短、合作共赢。

在并购过程中，各垦区集团始终按照合作共赢的原则，强调国有资本和民营资本的同等地位，充分发挥民营资本的内在活力，在项目并购时重点考察并购方已有的市场渠道和管理团队，将渠道和团队作为产业并购的核心。

广东农垦广垦畜牧收购广州本地黑猪直营品牌"黑加宝"，与宏远集团组建合资公司——东莞广垦食品公司（农垦占股 51%），打造猪肉屠宰、分割、冷链、配送产业链；广东农垦与民营企业广东辰禧公司共同出资设立了广垦辰禧国际农产品物流投资有限公司（农垦占股 51%），打造全国农垦大宗农产品的流通通道和广东农产品进出口平台。

重庆农投集团先后重组重庆农科院所属金穗种业公司、甘肃酒泉经禾种业公司，并购湖南科裕隆种业公司51％控股股权，3年时间建成全国水稻种业企业第2强、全国种子骨干企业前50强第40位；重组德佳食品科技公司，获得优质猪肉食品深加工资源和港澳销售渠道，成为中粮集团在国内唯一猪肉食品罐头生产合作商。

上海光明集团在国内投资收购云南最大的制糖企业——英茂糖业，打造了国内最大、产加销一体化的糖业龙头企业。

当前农垦正处在深化改革与加快发展的关键时期、改革与战略性转型的关键节点，推进全产业链构建、全球化布局和宽领域发展，加快农垦经济的企业化、集团化、股份化和一体化进程，有利于全面整合农垦资源，优化发展格局，提升发展质量，实现政企分开、社企分离，在夯实农垦事业发展根基的同时，提高农垦经济发展的主动性和活力，巩固提升农垦在新时期"三农"发展中的综合作用和地位。

第四章

新时期农垦改革发展的国际
形势与模式借鉴

1974年，联合国粮农组织基于70年代初的粮食危机[1]，提出了"粮食安全"的概念，并将一定程度的库存消费比定为粮食安全警戒线[2]。各国将这一概念移植到以国家和地区为单元的区域之后，概念的内涵进一步深化和丰富，各国出于各自粮食安全的考虑，增加了"粮食自给率"[3] 和"贸易依存度"[4] 两个考量指标。

由于各国人地关系方面的资源禀赋差异较大，国内产需关系以及全球化背景下的供求关系不一，产生了不同层次的利益和矛盾，引发了长达数十年的 WTO 框架下的农业补贴竞赛和不同程度的贸易保护。

此外，粮食作为一种以美元结算的大宗商品，始终受到美元价格走向的影响，在欧盟开始以欧元结算油价、俄罗斯挑战"石油美元"地位、人民币国际信用不断增强、沙特政府外汇储备大量消耗的形势下，美元与石油脱钩的可能性在增强，尽管国际粮食贸易规模小于石油，但是有专家认为，作为一种战略

---

① 1972—1974 年全球发生粮食大危机，这次危机使世界粮食库存锐减，粮价飞涨，给发展中国家带来了深重灾难，许多人处于严重营养不良之中，人口非正常死亡率急剧上升。

② 粮食的储备（粮食库存）应该达到本年度粮食消费的 18％，14％为警戒线，低于 14％为粮食紧急状态（即粮食流通上的安全）。

③ 指一个国家或地区在一年内粮食生产总量（S）占总需求量（D）的百分数［其公式为 $a=(S/D)\times100\%$］。

④ 一个国家或地区一年内粮食缺口靠贸易进口的量占总需求量的百分数（其公式为 $b=1-a$）。

物资，粮食也极有可能成为美元的下一个锚定物。届时，全球的经济竞争将从石油向粮食转移。而"粮食美元"的诞生也将进一步加大国家粮食安全的风险。

在上述竞争与风险格局下，各国为了本国的粮食安全，纷纷采取统筹生产、运输、仓储、销售的保护政策，并将之运用于粮食安全保障主体之上。作为政策的运营载体，各国虽然形式各不相同，如在美国为 CCC 公司，在法国为合作社协会，在日本为农业协同组合，但其共同之处在于通过对产供销的全产业链控制，实现了农业领域的寡头垄断，具有相对稳定性的纳什均衡[①]状态，大大提高了国家粮食安全的保险系数。

农垦系统作为中国唯一紧密连接农户经营主体的全国性网络，积极探索通过全产业链统筹合作社和家庭农场的创新性模式，已经显现出四两拨千斤的成效，并且通过北京、天津、上海、重庆等城郊型农垦和数量众多的食品加工企业，以及正在逐步建立的公益性批发市场，初步搭建了广阔的通向消费者的营销通道，呈现出具有中国特色的新的粮食产销体系雏形。

第一节　WTO 框架下的国际农业竞争

二战之后，美国为推行贸易自由化，提议联合国成立世界贸易组织，1947 年签署的关贸总协定[②]即其前身。为了扩大出口，美国分别针对欧洲和第三世界国家实行了大规模援助计划——"马歇尔计划"[③] 和"第四点

---

① 所谓纳什均衡，指的是参与人的这样一种策略组合，在该策略组合上，任何参与人单独改变策略都不会得到好处。换句话说，如果在一个策略组合上，当所有其他人都不改变策略时，没有人会改变自己的策略，则该策略组合就是一个纳什均衡。

② 关税及贸易总协定（General Agreement on Tariffs and Trade，GATT）是一个政府间缔结的有关关税和贸易规则的多边国际协定，简称关贸总协定。它的宗旨是通过削减关税和其他贸易壁垒，削除国际贸易中的差别待遇，促进国际贸易自由化，以充分利用世界资源，扩大商品的生产与流通。关贸总协定于 1947 年 10 月 30 日在日内瓦签订，并于 1948 年 1 月 1 日开始临时适用。应当注意的是，由于未能达到 GATT 规定的生效条件，作为多边国际协定的 GATT 从未正式生效，而是一直通过《临时适用议定书》的形式产生临时适用的效力。GATT 是 WTO 的前身。

③ 马歇尔计划（The Marshall Plan），官方名称为欧洲复兴计划（European Recovery Program），是第二次世界大战结束后美国对被战争破坏的西欧各国进行经济援助、协助重建的计划，对欧洲国家的发展和世界政治格局产生了深远的影响。该计划于 1948 年 4 月正式启动，并整整持续了 4 个财政年度之久。在这段时期内，西欧各国通过参加经济合作发展组织（OECD）总共接受了美国包括金融、技术、设备等各种形式的援助合计 131.5 亿美元。

计划"①。粮食是"马歇尔计划"的主要内容之一。该计划耗资共计130亿美元（如果加入通货膨胀因素考虑，相当于2006年的1300亿美元），其中32亿美元用于购买美国的粮食、饲料和肥料等。该计划帮助欧洲进行了重建，但是也对欧洲农业的恢复和发展产生了抑制作用。

1957年罗马条约②签订后，其中与农业相关的10项条款在1962年被发展成为欧共体应对美国的欧洲共同农业政策。其主要内容即是在关税同盟的基础上成立一个区域性的、排他性的经济集团，具体做法为出口补贴＋进口征税，企图"师美长技以制美"。

1960年，美国针对欧洲的"狄龙回合"③谈判拉开序幕，要求欧共体降低关税，遭到欧共体六国的一致抵制，迫使狄龙接受了欧共体的对外税率，引发著名的"冻鸡贸易战"。

1965年，美国发起"肯尼迪回合"④，要求欧共体取消进口配额，降低关税，但是成效甚微。

1973年，长达六年的"东京回合"在日本东京举行，主角仍然是美国和欧共体。

1986年，耗时七年的"乌拉圭回合"举行，美国提出10年内减少国内农业补贴75％、出口补贴90％的要求，欧共体进行抵制，最后双方各让一步，欧盟⑤通过改革暂时适应了1993年签订的《农业协定》的要求，但是实际减让作用有限。

2001年，世贸组织第四次部长级会议启动了长达16年、至今未果的

---

① 也称"技术援助落后地区计划"，因为是1949年1月20日美国总统杜鲁门就职演说中提出的全球战略计划中的第四点，故名。该计划对象是发展中国家，是当时实施于西欧的"马歇尔计划"的补充。

② 1957年3月25日，在欧洲煤钢共同体的基础上，法国、联邦德国、意大利、荷兰、比利时和卢森堡6国政府首脑和外长在罗马签署《欧洲经济共同体条约》和《欧洲原子能共同体条约》，后来人们称这两条约为《罗马条约》。1967年，欧洲煤钢共同体、欧洲经济共同体、欧洲原子能共同体的机构合并，统称欧共体。这是欧洲一体化的重要步骤。

③ 这轮谈判是在美国副国务卿道格拉斯·狄龙建议下召开的。因此又称"狄龙回合"。

④ 1964年5月至1967年6月在瑞士日内瓦举行的第六轮谈判是当时美国总统肯尼迪根据1962年通过的美国《拓展法》提议召开的，又称"肯尼迪回合"。

⑤ 1993年11月1日，《马斯特里赫特条约》正式生效，欧盟正式诞生。

"多哈回合"谈判。美欧矛盾未平，凯恩斯集团①又起，19 个集团成员国均以农业出口为主，同时没有补贴，所以对美国农业补贴和欧共体高关税均有意见。

2003 年，主要发达国家在坎昆会议上提出向发展中国家扩大农产品进口的要求，招致发展中国家的强烈不满。由此导致 G20 国②协调组的介入。至此，利益集团林立，既有美欧之间的传统矛盾，又有中小农产品出口国与美欧的矛盾，还有发展中国家与发达国家的矛盾。

由于美欧为主的发达国家和以巴西、印度为主的发展中国家在国内财政支持和关税削减幅度上难以达成一致，WTO 总干事拉米于 2006 年 7 月 24 日宣布无限期中止多哈回合谈判。此后，WTO 总干事拉米多国斡旋，但由于美国立场强硬，毫无灵活性，无果而终。2015 年 12 月 19 日，162 个 WTO 成员的贸易部长汇聚肯尼亚内罗毕开会，美国首次呼吁放弃多哈回合谈判。

2016 年 8 月，欧洲领导者德国和法国先后宣告美国在欧洲推行的"跨大西洋贸易与投资伙伴关系协定（TIPP）"失败。2017 年 1 月 23 日，美国第四十五任总统特朗普签署行政命令，正式宣布美国退出跨太平洋战略经济伙伴协定（TPP）。至此，美国在 WTO 框架之外对欧洲和亚太地区分而治之的贸易战略暂时告一段落。TPP 和 TIPP 的推出实际上是因为原有的 WTO 贸易框架已经无法实现美国的战略意图，反映出贸易自由化与支持保护之争将长期持续。

纵观 WTO 框架之下的全球农业竞争，其表面争执的焦点主要是农业补贴和贸易壁垒，背后则是国家粮食安全保障的核心战略问题。由于各国粮食成本不同，出口竞争力与进口同类产品的竞争力相差较大，导致成本高的国家纷纷提高进口壁垒，增加农业补贴，以保护本国农民利益。成本低的国家则希望打开他国国门，销售本国低成本农产品，增加本国农民收入。

---

①　这里的凯恩斯是澳大利亚昆士兰的首府。这个地名的英文 carina 还有一个意思是"碑石"，因此该组织又称"碑石组织"。凯恩斯集团一共有 19 个成员：阿根廷、澳大利亚、巴西、加拿大、智利、哥伦比亚、秘鲁、巴基斯坦、玻利维亚、哥斯达黎加、危地马拉、印度尼西亚、马来西亚、新西兰、巴拉圭、菲律宾、南非、泰国和乌拉圭。

②　20 国集团（G20）是一个国际经济合作论坛，于 1999 年 9 月 25 日由八国集团（G8）的财长在德国柏林成立，于华盛顿举办了第一届 G20 峰会，属于非正式对话的一种机制，由原八国集团以及其余 12 个重要经济体组成。宗旨是为推动已工业化的发达国家和新兴市场国家之间就实质性问题进行开放及有建设性的讨论和研究，以寻求合作并促进国际金融稳定和经济的持续增长。

第二节　粮食金融化对国家粮食安全带来的挑战

粮食金融化是 21 世纪以来引发全球粮食价格波动和粮食危机的重要原因，对保障粮食安全提出了新的挑战。按照西方经济学理论，价格由供求关系决定。但是对照全球粮食价格的变动情况，却无法完全套用。

据联合国粮农组织数据，2008/2009 年度全球谷物产量为 22.86 亿吨，利用量为 21.82 亿吨，产大于需 1.04 亿吨，但是，2008 年的谷物价格指数却没有下降，反而从 2007 年的 161.6 上升至 2008 年的 201.4；2011/2012 年度，全球谷物产量为 23.58 亿吨，利用量为 23.31 亿吨，产大于需 1 700 万吨，但是价格指数却在前一年 188.0 的基础上上升至 230.1；相反，2012/2013 年度，全球谷物产量为 23.05 亿吨，利用量为 23.30 亿吨，产小于需 2 500 万吨，但是价格指数不仅未涨，而且从上一年的 230.1 降至 213.4。

是什么原因造成了粮食价格的波动呢？答案是金融资本。有研究表明，西方金融资本从 20 世纪 80 年代开始异化于实体经济，追求超过社会平均收益率的高收益造成资本市场扩张和大规模吸纳流动性。冷战结束以来，金融繁荣与稳定指数和粮食价格指数相关性高达 0.65。粮食的金融化利于通过多空投机消纳过剩金融资本。2000 年以来，金融和能源属性成为影响粮食价格的主要方面，金融因素、能源因素对影响国际粮价波动的解释程度高达 98.08%。

有媒体报道，在全球粮价的非正常波动中，国际金融机构获得暴利。2013 年初，英国的反贫穷组织"世界发展运动"（WDM）在研究了美国投资银行高盛集团的财报后，得出结论：上年高盛把客户资金投资于小麦、玉米、咖啡和糖等大宗农产品，获利约 4 亿美元，助推高盛全年利润增长 68%，员工平均薪酬增至近 40 万美元。

类似的机构还有巴克莱银行。在英国，巴克莱被认为是粮食投机的市场"领导者"，数据显示，2010 年和 2011 年，巴克莱在粮食投机上赚取了超过 5 亿英镑。

据媒体记者了解，为了防止投机过度，直到 20 世纪 90 年代，美国期货监管机构始终对持仓限额进行监控，限制大户数量。但是，进入 21 世纪后，经过金融炒家的游说，美国政府放松了市场管制，投机者开始充斥市场。资料显示，美国期货市场中，农产品期货涉及金额达 2 000 亿美元。2006—2008 年间，投机者在食品类商品中长期占据着主导地位，持有 65％的玉米合约，68％的大豆和 80％的小麦合约。多种因素叠加，造成了 2007—2008年间，粮食价格增长了一倍。

　　2008 年和 2010 年的国际粮价上涨，给粮食自给率较低的国家造成了调控上的困难。在摩洛哥，政府把小麦进口关税削减至历史最低水平。在埃及，政府大幅提高了粮食补贴并与哈萨克斯坦签署了以优惠价进口 100 万吨小麦的双边协议。在贝宁和塞内加尔，两国政府采取了一系列旨在抵消谷物价格大幅上涨影响的措施，包括价格管制和免税。在埃塞俄比亚，政府禁止主要谷物的出口和粮食囤积，并中止了世界粮食计划署用于紧急干预的当地采购活动。南非对面向贫困人口的社会救济款数额进行调整，以减轻粮食价格上涨的影响。赞比亚政府对所有新合同实行出口禁令。津巴布韦政府则对以补贴价出售的玉米、小麦和高粱的进口进行管制。

　　2011 年联合国粮农组织在其粮食展望报告中指出，对于经济弱势国家来说，2011 年在国际市场上的食品采购成本势必大增，低收入缺粮国的支出可能增加 27％，最不发达国家的费用增幅会达到 30％，远高于全球平均水平，与 2008 年的水平相差无几。但是这不意味着粮食供应的增加，因其所增加的粮食采购量仅够弥补国家供给的下滑。

　　即便如此，由于缺乏成体系的粮食安全保障机制，莱索托、索马里等非洲 24 国、伊拉克等亚洲 8 国和拉美的海地等 33 个国家 2011 年被联合国粮农组织列为"处于危机中需要粮食援助的国家"。不少国家甚至出现了骚乱和政局动荡。

　　粮食金融化所导致的粮价波动，与传统经济学意义上的概念并不相同。传统经济学意义上，金融会因为实体经济形势变化而被动地超发货币。金融化则利用超发货币及其衍生品导致流动性过高而掌握实体经济定价权以控制实体经济，达到通过操纵价格短期变化而实现财富集聚。

　　这一特征使得粮食安全问题进一步复杂化，金融资本可以通过抬高粮食价格短期获利，也可以压低价格为下一轮的价格高企做准备。由此带来的国际粮价的波动，会迫使一国之内的粮食价格做相应的调整，并进而波及农民收入和市民购买力。单纯依靠自由市场已无法妥善应对。

第三节　美国的行政公司主导模式

由于对国际粮食贸易的巨大控制力，ABCD四大国际粮商[1]已逐步为国人所熟知。但是，在美国粮食安全保障体系中，这四家公司并非主体，美国粮食安全保障体系的核心骨架乃是另一家公司——CCC公司（Commodity Credit Corporation）中文译为"商品信贷公司"。

CCC公司成立于1933年，注册地特拉华州，1939年成为美国农业部的全资公司，是美国的行政性公司之一。CCC公司是美国大萧条时期[2]罗斯福新政[3]的产物，也是中国古代常平仓[4]思想在美国的创新性运用。

在大萧条时期，据美国农业部数据，由于生产过剩，库存增加，价格大跌。1929—1931年，生产者所获小麦季节平均价格从每蒲式耳*103.6美分（下同），下降至67.1美分、39.0美分；玉米价格则从79.8美分降至59.4美分、32.1美分；水稻价格从99.9美分降至78.4美分、48.5美分。美国国家粮食安全完全被低价库存商品所左右，农业经济到了崩溃的边缘。

新上任的罗斯福总统，为了限制农业产量，将农产品价格恢复到一战前的水平，出台了1933年农业调整法案，对农业进行补贴。根据需求设定各种作物的种植面积，并将指标分配至各州，由各州再分配至各县，并规定只有按照要求种植的农场才有可能拿到补贴。为了落实这项政策，1933年10月设立了CCC公司。

---

① ADM、邦吉、嘉吉、路易达夫是全球四大粮商，国人习惯上以四家公司名称中的一个字母连起来简称为"ABCD四大粮商"。

② 指1929—1933年之间发源于美国，并后来波及许多资本主义国家的经济危机。

③ 指1933年富兰克林·罗斯福任美国总统后实行一系列经济政策，核心三R：救济（Relief）、复兴（Recovery）和改革（Reform），也称三R新政。新政增加政府对经济直接或间接干预，缓解了大萧条带来的经济危机与社会矛盾。通过国会制定了《紧急银行法令》《国家工业复兴法》《农业调整法》《社会保障法案》等法案。

④ 中国古代政府为调节粮价，储粮备荒以供应官需民食而设置的粮仓。主要是运用价值规律来调剂粮食供应，充分发挥稳定粮食的市场价值的作用。在市场粮价低的时候，适当提高粮价进行大量收购，不仅使朝廷储藏粮食的大谷仓——太仓和甘泉仓都充满了粮食，而且边郡地方也仓廪充盈。在市场粮价高的时候，适当降低价格进行出售。这一措施，既避免了"谷贱伤农"，又防止了"谷贵伤民"，对平抑粮食市场和巩固封建政权起到了积极作用。起源于战国时期魏国李悝的平籴法，到宋时成为一种成熟的制度。

* 蒲式耳为非法定计量单位，1蒲式耳＝35.24升。

CCC 公司创办人、联邦救济署署长霍普金斯，担任公司董事长，农业部部长华莱士任副董事长，联邦紧急公共工程署署长担任司库。公司还综合了其他国家民政部、农业部和粮食储备局等部门的职能，由联邦政府提供 300 万美元的创始基金，1936 年注册资本增至 1 亿美元。1939 年 7 月 1 日，即 1938 年农业法案正式通过之后，该公司成为美国农业部的一部分。根据法案，董事长由总统直接任命美国农业部长兼任，总统同时指定其他 5 位农业部官员担任董事；总统另外任命一个 5 人咨询委员会，组成人员均具有丰富的农业和商业经验，但不得有三个人同属一个党。

CCC 公司没有员工，然而公司章程中又规定，它可以使用农业部农场服务局遍布全国的 2 100 个员工和 50 个办事处，还包括他们的设施。法案允许它可以随时向财政部借到 300 亿美元。

CCC 公司的一个主要措施是通过 ABCD 四大粮商向农场主实施低息贷款。中国古代的常平仓思想简单而言就是丰收之年高价购入，歉收之年低价售出，起到平衡粮价，兼顾农民利益和市民利益的作用。这一思想被创新性地融入到了 CCC 公司的贷款过程中：农场主向 CCC 公司申请低息贷款，贷款数额以该地区前五年粮食价格的奥林匹克平均值为基准，并以未成熟的庄稼作为抵押物，秋收之后，如果市场价格高于贷款价格，农场主有权利卖掉粮食归还本息，如果市场价格低于贷款价格，农场主则可以拒绝还贷，而将粮食交给 CCC 公司。

该贷款被称为无追索权营销贷款，即一经贷出，贷款方即无权追讨，而由承贷方决定归还与否，避免了高利贷对农民利益的侵害。CCC 公司通过 ABCD 发放贷款的做法既利用了 ABCD 的网络优势，又避免了向农场主直接贷款带来的高成本。

为了平衡城市市民的利益，联邦政府还在同一时期成立了联邦剩余商品救济公司。该公司成立时间、地点、创办人均同 CCC 公司。其功能就是将 CCC 公司所获得的抵押粮食向城市贫民进行免费发放。1934—1937 年间，该公司曾将价值 2 亿美元的数百万磅粮食分配给城市救济机关。政策制定者清楚地认识到，商品信贷公司所获的抵押物短期内很难进行顺价销售，而一旦以低价流入无管制的市场，势必导致农产品价格跌至致人贫困的水平，导致更大危机的到来。

依据法律，联邦剩余商品救济公司于 1942 年 6 月 30 日终止，由农业部农产品销售服务署接管了其大部分功能。

根据金融学家莫瑞在 1977 年的统计，CCC 公司 1933—1941 年，一共损失 6 000 万美元。虽然 1941—1946 年赢利 1.26 亿美元，但 1933—1952 年间亏损 10 亿美元。到 2014 年，总计负债 200 亿美元。历年来它为保护自然资源、为农场主提供金融安全网络、为销售商品和促进出口付出了巨大成本，但是收入甚少。到 2014 年仅有 2.79 亿美元的收入，而支付的成本则高达 133 亿美元。但是，CCC 公司在维护国家粮食安全，保障农民和市民利益、平抑粮价、促进出口方面等作用在历史上大放光芒，ABCD 四大粮商也深受其益，体现出行政公司模式在国家粮食安全中的巨大贡献。

第四节　欧洲的合作社体系化模式

欧洲是全球最大的合作社大洲。据国际合作社组织联盟统计，在 15 万亿人民币的总交易量中，欧洲占 56.3%，以 8.7 万亿人民币的交易量居各大洲第一位。除此之外，欧洲合作社还以合作社的体系化特征，区别于其他各洲的合作社群体，成为保障国家粮食安全的主要载体。

体系化模式的特征表现如下：一体化的欧盟农业政策对合作社的价格保护。20 世纪 60 年代，欧洲共同体实施统一政策，欧共体国家之间取消关税，对进出口农产品实行进口征税和出口补贴的双重体制。在欧共体内部建立价格干预机制，实行目标价格、干预价格和门槛价格。

目标价格，是农业共同政策的中心，是欧共体农业生产者的指导价格。由欧共体部长理事会根据有关农产品在市场上的最高价格每年确定一次。如果市场价格低于这一价格，将采取干预。

干预价格，是农产品价格浮动的最低限度，当农产品供大于求，市场价格低于干预价格时，生产者可以在出售农产品后从欧共体设在各成员国的干预中心获取市场价格和干预价格之间的差额补贴，或者直接以干预价格将产品出售给干预中心。干预价格管理组织将无限制地以此价格收购农产品，以保证价格不会继续下跌。

门槛价格，即进口农产品的价格。如果欧共体之外的国家农产品到岸价格低于此价格，欧共体就会对其征收二者价格之间的差额。

以上政策对欧洲合作社的运行提供了良好的外部政策环境，欧洲粮食生产不会受到其他国家和地区价格的影响，并在一定程度上均衡了欧洲各国之间的供求关系。

各国合作社自下而上形成的地区—省—全国三个层面。以有"欧洲粮仓"之称的法国为例。全国性的合作社组织包括 1885 年成立的法国农业信贷银行、1966 年成立的法国农业合作联盟、1968 年成立的法国农业合作社协会，其功能是为合作社提供贷款服务、提供最新科技、游说政府、维护合作社权益；省一级为地区性的合作社联盟，由同一区域内不同专业的合作社联合会组建，负责合作社之间横向的联系，成为地区行业和管理机构的合作组织利益的代表。目前，全法共有 18 个地区性合作社联盟；第三层即各种类型的合作社，据法国农业合作社协会网站统计，截至 2014 年，该协会共有 2.3 万个合作社会员；另据法国农业合作联盟数据，该联盟 2012 年共有 2 865 个农业合作社企业。同年，法国农业信贷银行会员银行则有 120 万个。三个层面的合作社体系通过信息交流和互动，形成全国性信息网络，为农产品的生产、流通、销售提供了信息支撑。2010 年数据显示，在农产品购销领域，农业合作社体系收购了法国 60％的农产品，控制了法国谷物的 71％。

不同合作社之间的组合。1962 年，法国颁布了《农业共同经营组合法》，规定给予农业经营者组合以优惠贷款和一定数量的无偿补贴。鼓励已经合并的农场进一步改造，并建立集生产、加工、贸易三位一体的农工合作社。在政府的支持下，60 年代中期创办起一批农业组合，到 70 年代末已发展到 1 万个，经营的土地面积达到 80 多万公顷。

合作社体系与批发市场体系的对接。与单独发展生产型合作社的做法不同，欧洲合作社的发展伴随着国家公益批发市场的建设，为合作社打通购销体系奠定了坚实的基础。

仍以法国为例，1953 年法国颁布了一项被称为"国家公益市场网络"的第 53 - 959 号政令。政令第一条就提出建设全国的国家公益市场。包括巴黎在内的 23 家批发市场被指定为国家公益市场，并在这些市场设立了信息中心。全法的农产品流通网络由 9 个大规模公益性批发市场和其他中小农产品批发市场组成。根据法国公益市场联合会（FFMIN）对外公布的数据，目前法国拥有 18 家公益市场，据有关资料，法国农产品的 40％通过批发市场销售。

合作社与政府的对接。依据合作社的章程，合作社应该将农民收获的粮食都买下来，在欧盟的支持下，一般每年都能卖出好价钱，但是当粮食过剩时，合作社没有办法在市场卖掉粮食，进而不能全部收购生产者愿意出售的粮食，可以求助于粮管局的干预。粮管局作为政府公共机构，必须收购生产者的这部分粮食，支付的价格是干预价格。当粮食市场供求关系改善，市场粮价回升到合理水平时，公共储存的粮食才能重新投入市场或出口，粮管局的粮食一般通过拍卖进行销售，或者卖给出口商。

第五节　日本农协政经一体化模式

日本农协全称"日本农业协同组合"。日本农协区别于一般合作社的关键点是其政经一体化的特征。具体而言，日本农协既是农民的组织，又是政府的代理机构，在粮食安全保障方面发挥着不可替代的作用。据日本农协官方网站消息，截至 2015 年，日本农协包括 58 个日本贸易联合会、13 个劳工银行、228 个大学合作社、612 个消费者合作社、66 个劳动者合作社、32 384个商业合作社、770 个农业合作社、711 个林业合作社、117 个中间福利合作社、162 个信贷合作社、279 个联合信贷合作社、1 092 个渔业合作社，共 36 000 个组织、8 000 万会员、64 万雇员。据日本农林水产省统计，2012 年日本农产品产值 58 790 亿日元，经由农协销售 32 397 亿日元，占 55.1%，其中大米占总产值的 48.7%。

日本农协起源于 1900 年的产业组合，后经战时的"农业会"，至 1947 年依据《农业协同组合法》兴建起全国网络的农业协同组合。农业协同组合英文简称"JA"。JA 包括全国中央农协、农林中央金库（简称"农林中金"）、全国农业协同组合联合会（简称"全农"）、全国共济农业协同组合联合会（简称"全共联"）。JA 在日本都道府县都有相应的下级组织。

从历史沿革上可以看出，日本农协与政府有着割不断的联系。从 1931 年到 1937 年抗日战争爆发，日本对内实行经济统制。1942 年政府颁布《粮食管理法》规定，产业组合变更为"农业会"，强调所有农户入会，协助国家统治、管理粮食，成为国家粮食政策的实际执行者。战争期间，日本政府不断强化农业会的职能。1931 年秋，日本政府首先制定了确保农业会信用社业务顺畅运行的《产业组合中央金库特别融通及损失补偿法》《债务临时调停法》《农业劝产信用法》等一系列金融法规，以保证生产和战备资金的来源；1932年制定了强化农业会购销大米职能的《米谷统制法》，实行强硬的粮食统购统销政策；1933年实施《产业组合扩充五年计划》，解散村镇其他组织，全体农户须加入农业会。

日本战败后3年，农业会被解散。美国将日本的农业团体重新改编为美国式的农协，日本政府于1947年颁布了《农业协同组合法》。但新农协毕竟是在农业会的基础上发展起来，其发展与政府的主导和推动关系密切。1954年，日本在都道府县及国家一级设立了"农业协同组合中央会"，作为农协的综合指导组织。

日本农协与政府的非常关系从大米的交易和减反政策可见一斑。日本的大米由政府下设的粮食厅控制，粮食厅指定收购团体进行大米收购，农协组织占据了72%的份额。粮食厅卖给批发商的价格比收购价格低，差额部分由财政弥补，被称为政府米。

所谓"减反"是对种植大米的农户要求减少耕地面积的农业政策。二战后到20世纪60年代，日本政府用固定价格收购大米，大米产量迅速提高，同时日本国民饮食西方化，大米消费量呈现递减趋势，政府米出现了大量积压。政府就通过农协禁止新开发稻田，政府收购实行限额，以调整生产结构。

除了为政府做代理之外，日本农协还积极为成员提供销售服务。销售服务是以《农业协同组合法》为依据、农协承担的经济类服务中的一项主要内容，其核心是"合作销售"，即由日本农协统一组织销售由农协成员生产的谷物、水果和蔬菜等农产品。

在日本农协的销售服务中，无条件委托、均衡销售和统一结算是合作销售的三原则。其中，无条件委托是指农业从业者把自身的农产品销售委托给农协时不确定销售价格、销售时间和销售对象等条件，即不附带任何条件，将农产品销售完全交由日本农协决定的委托形式；均衡销售是日本农协将集中起来的农产品在区域和时间上进行平均销售，以获得在整体上有利于生产者的销售价格；统一结算是为平衡在区域和时间上农产品价格的差异，以一定时期内农产品的平均价格计算成员销售收益的核算方法。

尽管合作销售中仍存在不尽如人意的地方，比如，同一种农产品在不同的时间和地区销售有不同的价格，A 的价格为 1 000 日元，B 的价格为 800 日元，农协则以 900 元的价格与二人结算，导致某种程度的不公平。但是作为保障国家粮食安全的主要载体，日本农协以规模取胜，不仅使政府米政策得以正常运行，而且在稳定全国价格的基础上提高了单个成员的效率。

第六节　农业跨国公司主导全球农业发展

全球经济一体化加快推进，跨国公司对世界经济影响日益深入，国家综合实力、产业发展能力等的竞争日益表现为跨国企业之间的竞争。据瑞士联邦理工学院近年研究结果，全球 1 318 家跨国公司控制了全球经济利润的 60％以上，其中 147 家跨国公司控制了全球经济 40％的财富[①]。在农业领域，六大粮商已成为世界农业国际竞争力的重要载体与标志。

——美国阿彻丹尼尔斯米德兰公司（ADM）。1905 年在美国正式注册成立 Archer Daniels，总部设在美国伊利诺伊州狄克多市，1923 年并购了米兰亚麻子产物公司后，公司正式更名为 Archer Daniels Midland，ADM 公司由此诞生，经营范围逐渐拓展，包括了面粉工业、食品加工业、饲料业、特殊食品业、可可业以及营养品工业等。

20 世纪 80 年代起，ADM 开始走向世界。1983 年在香港设立亚太分公司，1986 年启动欧洲扩张，在荷兰和德国进行收购，2000 年正式进入中国大陆。目前，ADM 已成为庞大的跨国公司，旗下约 270 家各种各样的制造工厂，分布在世界各地，从事可可、玉米加工、食品添加物、营养补助品、类固醇、食用油等的生产和市场推销，同时还介入有关农粮储备与运输交通等行业，成为全球农产品储运和贸易大型跨国公司。同时，ADM 以化学研究支撑其发展壮大，是世界第一大活化燃油乙醇的生产商。

2015 年，ADM 实现营业收入 677.02 亿美元。其中，43.8％收入来自于农业物流与贸易服务，37.2％收入来自于油籽加工，14.7％收入来自于玉米加工（表 4-1）。

---

① Teasing apart the world's economic network reveals who's pulling the strings，Andy Coghlan and Debora MacKenzie［New. Scientist］. 2011，Volume（212）. No（2835）.

表 4-1　ADM 公司近五年主要财务数据

单位：亿美元

	2011 年	2012 年	2013 年	2014 年	2015 年
总资产	417.71	451.36	437.52	439.97	401.57
营业总收入	806.76	890.38	898.04	812.01	677.02
净利润	20.36	12.23	13.42	22.48	18.49

资料来源：ADM 公司 2013—2015 年年度报告。

——美国邦吉（Bunge）。邦吉于 1818 年在荷兰的阿姆斯特丹创立，1859 年总部迁至比利时，初期主要从事海外殖民地香料与橡胶生意，1876 年开始在美洲发展。加盟犹太粮食交易商赫斯（Alfred Hirsch）后，经营开始扩及其他的农作物，主要包括粮食与油籽。1999 年，总部正式迁至美国纽约。2000 年，邦吉正式进入中国，同时加大了东欧地区投资。目前邦吉已成为巴西最大的谷物出口商，阿根廷第七大谷物出口商，美国第二大大豆产品出口商、第三大谷物出口商、第三大大豆加工商，全球第四大谷物出口商、最大油料作物加工商。除粮食加工与出口，营业范围涵盖纺织、化肥、油漆以及银行等行业。

邦吉注重从农场到终端的全过程。在产业链上游，邦吉把自己生产的化肥卖给农业生产者，在中游，收购农产品并进行深加工，在下游，把加工的食品在全世界范围内销售。2013 年邦吉在全球拥有 220 座仓储设施、51 座大豆加工处理厂、67 个物流分销中心，其加工仓储能力的 36% 在南美、29% 在北美、20% 在欧洲，15% 在亚洲。主要市场包括欧洲、美国和亚洲，三大区域营销份额合计占其总销售量的 75.2%，其中粮食产业链以南美洲为主、其他粮食产区为辅进行粮食生产，在世界主要粮食消费区收购或自建加工厂和物流中心，最终利用庞大的运力和资本优势把不同层次的产品销往世界各地。

2015 年，邦吉实现营业收入 434.55 亿美元。其中，71.9% 收入来自于农产品流通贸易，15.4% 收入来自于食用油加工，8% 左右收入来自于糖与生物能源加工（表 4-2）。

表 4-2　Bunge 公司近五年主要财务数据

单位：亿美元

	2011 年	2012 年	2013 年	2014 年	2015 年
总资产	252.21	272.80	267.81	214.32	179.22
营业总收入	560.97	609.91	613.47	571.65	434.55
净利润	9.42	0.64	3.06	5.15	7.91

资料来源：邦吉公司 2013—2015 年年度报告。

——**美国嘉吉**（Cargill）。嘉吉创立于 1865 年，1875 年将其总部迁至 Wisconsin，发展至今业务领域涵盖食品配料、动物营养、金融服务、能源、运输及工业贸易等领域，拥有世界排名第一的粮食输出和交易业务，是法国第三大粮食输出公司，美国最大的玉米饲料制造商，美国第三大面粉加工企业和屠宰、肉类包装加工厂，最大的养猪和禽类（如肉鸡、火鸡）养殖场，业务区域横跨五大洲及 66 个国家。

嘉吉公司注重物流环节和风险管理，拥有 400 条平底运粮拖船和 2 000 辆大货柜车，位于日内瓦的欧洲大宗商品交易中心负责管理超过 30 个大宗商品交易的供应链，这些供应链以大宗粮食贸易为依托。风险管理能力是嘉吉的核心竞争力之一，嘉吉的风险管理部门共有几千人，同时建立拥有超过 100 亿美元资产的避险基金——黑河资产管理（Black River Asset Management）。

2015 年，嘉吉实现营业收入 1 203.93 亿美元（表 4-3）。其中，37% 收入来于于北美，23% 收入来于于亚太，18% 收入来于于欧洲，14% 的收入来自于拉美，6% 收入来于于北非中东，2% 收入来自于撒哈拉以南非洲地区。

表 4-3　Cargill 公司近五年主要财务数据

单位：亿美元

	2011 年	2012 年	2013 年	2014 年	2015 年
总资产	722.94	625.82	598.80		
营业总收入	1 194.69	1 338.59	1 366.54	1 348.72	1 203.93
净利润	26.93	11.75	23.12	15.83	18.22

资料来源：嘉吉公司 2013—2015 年年度报告。

——**法国路易达孚**（Louis Dreyfus）。创建于 1851 年，早期业务聚焦于谷物贸易，以欧洲为主要基地，后来发展成为遍布全球的多元化经营公司，总部设于巴黎。路易达孚银行是法国第五大银行，路易达孚目前是世界最大的棉花贸易商，全球糖业三大销售及贸易商之一、世界三大柑橘产品供应商之一、世界第三及法国第一粮食输出商和世界粮食输往俄罗斯的第一出口商，世界散货海运业的十大公司之一，在全球 53 个国家进行经营活动。路易达孚以全产业链多元化经营、强大的物流和风险管理能力最引人注目。

现有业务共分四大板块，分别是粮食等大宗商品、能源业务、房地产以及其他业务比如交通、物流等。在四大业务中，只有大宗商品部是农业方面的业务，涵盖粮食等大宗商品的加工、贸易和销售。路易达孚是全球散货以及物流方面的领导者，全球最大的租船实体之一，并为其全球商品贸易活动提供支持，利用期权、期货进行风险管理，是最早开始使用期权、期货的公司之一。

2015 年，路易达孚实现营业收入 557.33 亿美元（表 4 - 4）。其中，32%收入来自于北拉美，18%收入来自于中东非洲，15%收入来自于欧洲黑海，13%收入来自于亚洲，12%收入来自于北美，10%收入来自于南美西拉美。

表 4 - 4　Louis Dreyfus 公司近五年主要财务数据

单位：亿美元

	2011 年	2012 年	2013 年	2014 年	2015 年
总资产	227.49	191.19	191.75	194.33	185.92
营业总收入	576.68	571.40	635.96	647.19	557.33
净利润	6.28	9.52	6.39	6.48	2.11

资料来源：路易达孚公司 2013—2015 年年度报告。

——**日本全农**。1970 年，全农参股的 CGB 公司在美国粮食主产区密苏里州的圣路易斯成立，目前 CGB 公司在全球有 95 个分支机构、超过 1 500名职员，业务领域包括向农户提供金融和风险管理服务，从事购买、存储、销售和运输农作物等业务，是美国等内河航运领域市场份额最大的公司。

除 CGB 公司之外，全农在美国设立了全农谷物公司，不断加强玉米船运基础设施建设，在美国西海岸与美国最大农业合作组织 CHS 合作建立了一套谷物采购和出口系统。在美国发展的同时，全农与阿根廷的 ACA（供应玉米、大麦、高粱等）、巴西的 COAMO（供应大豆、玉米）、澳大利亚的CBH（供应大麦、小麦、高粱、牧草等）和欧洲的 INVIVO（玉米、大麦、小麦、甜菜等）等海外农业合作组织建立了合作关系。

全农在世界最大的粮食出口国美国以及世界主要的粮食产区南美洲、欧洲、澳洲都建立了自己的粮食收购和仓储物流体系，实现在全球范围内推行粮食由主产区向主销区的跨国流动。目前，全农每年船运玉米、大豆、小麦等农产品总量达到约 1 200 万吨，每年经全农出口的玉米、大豆、高粱总数达到 1 100 万吨，是我国出口量的约 20 倍。

——**日本丸红**。日本丸红是日本具有代表性的大型综合商社，1858 年创立以来，至今已有 140 多年的历史，主要从事国内、进出口贸易、国际间商品技术服务贸易，并利用投资、融资等功能不断扩大经营领域，在世界 74 个国家建立了 126 个海外分支机构和 459 家投资企业。2013 年，日本丸红食品板块实现营业收入 994 亿日元，净利润 171 亿日元。

丸红在国际粮食市场的扩张路径与全农相似，1978 年，在美国波特兰成立哥伦比亚谷物公司，建有出口码头、仓库和火车卸货场，将通过铁路从中西部粮食主产区运来的小麦供应日本市场。此后，通过收购美国 FGDI 公司，将业务拓展到东部大豆、玉米主产区。

近年来加速扩张步伐，2008 年收购美国 AG Processing 公司旗下的 AGP Grain 公司的粮库资产，获得位于美国中北部的北达科他州及明尼苏达州的筒仓和农资储存仓库，强化了在美国中北部的北达科他州、明尼苏达州的采购能力及影响力。同时丸红借助其综合商社功能优势，将业务扩展重点不断放到新兴国家市场，在全球范围内开展了一系列的合作与投资活动。

2009 年，丸红首先与中储粮油脂签署合作意向书，并先后与巴西粮商 AMAGGI、阿根廷粮商 Molino Canuelas 签署了多层面合作协议。其中，AMAGGI 最大特点是不但拥有从农户直接购买的渠道，还拥有 320 万亩的非转基因大豆农场；Molino Canuelas 则是阿根廷最大独立系粮商，与 1 万多家农庄有业务关系，年收购量占阿根廷交易量的 8％。通过与这两家公司建立合作关系，2010 年，丸红大豆调配量增加了 150 万吨以上。

2012 年，丸红收购美国 Gavilon 公司，获得了该公司在全美拥有的约 140 个谷物收购点，以及该公司在巴西、澳洲、乌克兰等美国以外的主要产地配备的基地。这些基地与丸红已有资产组合在一起，进一步扩充了该公司谷物贸易的全球采购和销售体系，使丸红建立了全球范围的生产地采购网与消费国贩卖网，2015 年，丸红谷物事业年经销量高达 3 300 万吨，高居日本综合商社之首。

综合欧美的 ABCD 四大传统跨国粮商[①]，以及日本丸红、全农等[②]新兴跨国粮商的实践经验。在经济全球化深度发展、农产品市场日益开放、农业贸易日趋频繁的背景下，国际大粮商逐步形成并发展壮大。国际大粮商是指以抢占农业主产国原料资源为战略基础，以加快渗入主销国农产品市场为战略开拓，以强化控制全球农产品贸易规模与价格为战略核心，以影响农产品期货和参与资本运作为战略手段，以构建全球农产品物流与供应体系为战略支撑，进而掌控资源、价格和利润话语权的少数巨型综合农业跨国企业集团（图 4-1）。

国际大粮商呈现出了以下主要特征与一般规律：

一是以全产业链为导向的全球化布局。国际大粮商均牢牢控制"从种子到餐桌"的农业产业链各个环节，形成从产业下游利润较高的贸易、储运、加工等环节逐渐向上游产地生产控制的产业链条，特别是建立了强大的物流系统，面向全球提供从农田运输到加工厂，再到销售终端的服务，实现整个企业集团利润最大化的经营。在全产业链经营理念下，着眼于全球农业资源与贸易变动格局与趋势，进行全球范围的产业布局、资源开发和宽领域经营，构建农业生产、仓储物流、加工设施和市场营销等在内的全球一体化网络，实现对各国资源与市场的协同控制，攫取超额利润（图 4-2）。如 ADM 在全球 32 个国家和地区、嘉吉在全球 68 个国家和地区、路易达孚在全球 53 个国家和地区、邦吉在全球 30 多国家和地区广泛开展全产业链经营业务，通过全球化的布局和资源配置，有效协调控制各地资源和市场，增强垄断和控制力量。

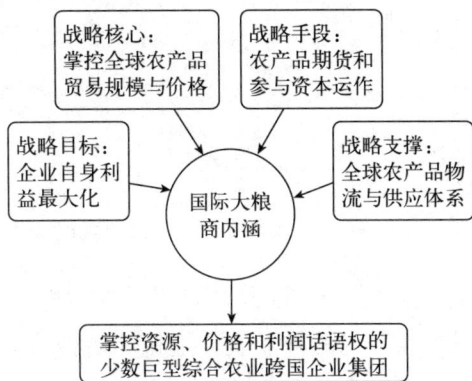

图 4-1　国际大粮商内涵示意图

---

① 林玉伟. 揭开国际四大粮商的神秘面纱（一、二、三、四）[J]. 黑龙江粮食，2010（2）（3）（4）（5）.

② 嘉琳. 日本籍国际粮商的起伏与战略（一、二、三、四、五）[J]. 环球财经，2013（9）（10）（11）（12），2014（5）.

粮商自己生产；或与种子公司合作，向农户提供专用农药、化肥

散布于南美、亚洲等全球主产国的收购站和仓储设施

ADM自有运输车队；邦吉有运营铁路

四大粮商在全球重要港口均有自己港口码头

提高原料价格，极力提升贸易环节的利润，压低加工环节竞争对手的利润

化肥农药

种子 → 农场主 → 收购仓储 → 物流 → 港口码头 → 贸易 → 中国等全球市场

与孟山都等知名种业公司结成战略联盟共同开拓市场

产区加工 ← 加工 ← 出口加工

根据各自优势，主攻不同领域。大都包括燃料乙醇加工、大豆压榨等

四大粮商均在港口码头建设加工区，便于调配全球原料来源，并降低豆粕等出口成本

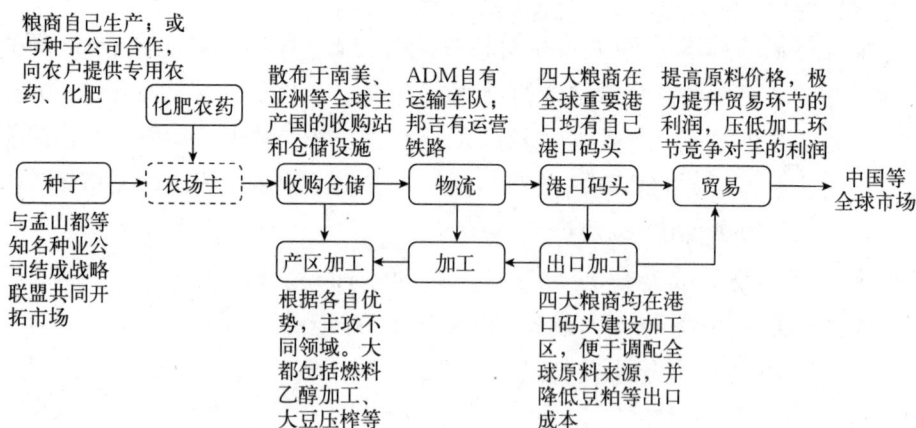

图 4-2　四大粮商全球全产业链运营示意图

二是以价值链为目标的关联产业多元化发展。国际跨国粮商的经营业务领域不仅仅局限在粮食产业链，也涉及其他重要的农产品和涉农产业，乃至金融证券、房地产、咨询、电信等高端产业领域。如邦吉的经营业务在涵盖粮食和油料农产品加工贸易、食品加工和零售等领域的同时，还是南美洲最大化肥制造商；嘉吉除粮食产业链经营外，还涉及盐、铁、化工业、金融和食品等行业。实践表明，跨国粮商不断抓住机遇，积极发展收益率高、成长空间大的高端产业，在夯实核心业务基础上，突破粮食与农业范畴，逐步涉足土地密集型、资本要素密集型行业，实施宽领域多元化经营，形成以农业为基础，向金融、食品等多领域拓展的业务体系，强化业务之间融合与合作，不断拓展价值空间，延长产业价值链，大大增强了风险综合防御能力。

三是以资本融入为纽带的企业集团化扩张。国际大粮商发展史是一部资本扩张史，兼并、收购是国际大粮商资本扩张和资源整合的基本手段，通过横向和纵向的资本扩张，快速进入和控制农业产业链关键环节，控制上游和下游核心企业，从而实现对农产品生产、流通、贸易和销售的全过程控制和产业链各环节的利润分配。金融服务一直是国际大粮商主宰全产业链条、强化风险管理的重要方式与手段，资本运营是国际粮食扩张的枢纽杠杆，在扩张过程中实现了产业链与金融服务的深度融合。同时金融为其他业务发展提供了信息支撑和资本后盾，其中，路易达孚在四大粮商中最早与金融业建立业务联系，建有完善的期货交易机制，在利用金融市场控制农产品现货市场

方面具有领先优势,在市场风险管理方面拥有全面、完善的管理与决策机制。各大粮商普遍将金融服务贯穿产业链各环节,进一步密切与各类经营主体合作关系,强化合作机制,形成稳定牢靠的竞争优势。

四是以技术创新为核心的产业竞争力提升。国际大粮商十分注重科技研发,专利技术是其垄断优势的重要组成部分,是其控制产业高端的重要手段。国际大粮商始终保持研发上的大规模投入,建立了遍布全球的专利技术,构筑了有效技术知识壁垒,使后来者无力超越,为其发展提供了有效的技术支撑和永续的竞争优势。ADM 在世界多国拥有研究基地,在生物能源、加工模型、动物营养等多领域开展持续的研发活动;邦吉公司在食物营养等方面拥有强大的创新团队,在食用油制造、生物燃料等方面不断推出创新产品;嘉吉公司在全球设有 200 多个研究机构,围绕食品配料、动物营养、鱼类饲养、生物工业、生物燃料等开展研究,在全球拥有超过 1 900 项专利。

五是以本土公益文化为载体的企业形象塑造。国际大粮商在开拓国际资源与市场的过程中,通过公益活动和本土化管理,积极融入当地的经济社会与文化环境,将企业价值理念与当地文化风俗有机融合,塑造出具有长久竞争力的软实力。全力实施人才本土化战略吸引全球优秀人才,培育强大的人才优势。在公益活动方面,ADM 设立 ADM 关爱基金,投资支持生态农业、改善社区生活、开展志愿者活动,塑造良好公司形象;邦吉在巴西、阿根廷、北美洲、亚洲和欧洲等地大力援助非政府组织、慈善机构和学校,致力于改善当地社区生活;嘉吉在世界众多国家投资开展环境保护、食品安全、粮食安全、农村发展、社区工作和教育等合作,为企业在当地发展创造和谐稳定的环境;路易达孚在南美洲长期致力于生产安全、工业健康与节能减排,支持非政府组织和社区慈善活动,支持贫困儿童和青年的教育。

第七节　寡头垄断与新型产销体系的建立

从美国、欧洲、日本等发达国家保障国家粮食安全的做法看,尽管其承担政策实施的载体不同,在美国为行政公司,在欧洲为合作社,在日本为农协,但是其共同点则在于均具有规模效应。在法国,合作社粮食销量的40%由合作社体系完成,日本农协则承担了 72%的政府米的购销。据美国农业部数据，自1939年至今，通过CCC公司对小麦价格支持数量最高的年份为1953年，共5.5亿蒲式耳，占总产量的47.1%；水稻价格支持数量最高年度为1986/1987年度，共1.32亿吨，占总产量的98.8%；玉米价格支持数量最高的年度为1986/1987年度，共48.94亿蒲式耳，占总产量的59.5%。

在发达国家的粮食购销体系中，大型购销机构均实现了该领域的寡头垄断。按照西方微观经济学理论，只要不存在外部性，完全竞争的市场就会自动实现帕累托最优的资源配置；而其他的市场形式则不能保证做到这一点。从而得出了一个结论：完全竞争市场是经济效率最高的市场形式，而垄断则扼杀竞争，阻碍技术进步和创新，不仅对整个经济不利，也使企业本身缺乏竞争力。尽管从理论上完全竞争的市场结构最有效率，但现实生活中在成熟行业里的市场结构却往往是由几家或十几家企业垄断某个市场的半数甚至更多市场份额，即寡头垄断市场。

寡头垄断的市场结构理论表明，在寡头型市场上，少数几个大企业之间易采取策略性博弈行为，协调各自的行动，从而达到具有相对稳定性的纳什均衡状态。这种市场结构不仅具有更高的效率，而且具有较强的稳定性。芝加哥大学的Harold Demsetz教授指出，高效率的企业可以占有较大的市场份额，并伴随着产业集中度的提高，优秀企业的良好绩效是因为效率而不是因为市场垄断造成的。也就是说，寡头垄断的市场结构其实是非常有效率的。垄断虽然是竞争的矛盾对立面，但它的存在并没有消灭竞争，尤其是寡头垄断改变的只是竞争形式，而非竞争本身。

寡头企业在资金筹集、规模效益、风险防范以及技术创新等方面表现出了更高的效率。在资金筹集方面，由于有强大的经济实力，破产风险相对较小，因而它能得到利息较低、数额较大的贷款，使资金成本节约，资金有保证。在生产方面，由于生产规模巨大，在大多数情况下，都能获得规模效益，使单位产品成本大大降低。由于一般实行多样化经营，所以企业总体风险较小，可在各种业务、各个方面平衡盈亏，因而具有较强的应变能力和生存能力。在技术进步和创新方面，由于有强大的财力支持，可以投入大量研究和开发费用，因而更有可能不断推出新产品。

现代农业的发展与全球农业的竞争要求我国加快建立新型高效的粮食产销体系。人民公社解体后，统购统销的购销体系解体，但我国并未及时建立起新的购销体系。从政策层面看,粮食的生产、销售和进出口的管理工作分散在农业部、粮食局和商务部,政策上的整体性和连续性受到影响;从载体方面看,粮食收购企业虽然具有收储方面的规模效应,但是由于缺乏与合作社的组织化联系,脱离生产环节,难以形成生产上的规模效应,对于降低农民生产成本、提高农民收入帮助不大。另外,由于定位的双重性特征,导致其既要追求利益最大化,又要维护价格平衡,实践中常常处于两难的境地。

粮食进出口企业虽然掌握粮食进出口权和一定的港口码头方面的优势,并开始涉足粮食的生产、加工、运输、销售等各个方面,但其核心业务仍然是食品的加工和销售。与种植环节的对接重在满足其食品加工销售的需求,和粮食收购企业一样,缺乏大规模地与生产环节的组织化联系,较难满足新型购销体系主体的要求。

尽管合作社在政策的引导下逐步发展起来,但是,缺乏规模效应。据国家工商局数据,2014 年,全国登记在册的农民专业合作社数量为 128.88 万个,参加的农户达到 9 400 万户。平均每个合作社 70 多户,按每户平均 3 亩地计算,整个合作社总共才 200 多亩地,生产规模过小。另外,缺乏地区性联合和全国性组织,体系程度较低。合作社与国家粮食购销政策不接轨,难以充当新型购销载体。

大规模的新型产销体系的建立,既需要与种植环节的无缝连接,又需要与销售环节的无缝连接。其中,通过农民愿意接受的组织化的方法建立起粮食生产环节的规模化效应,同时对接规模化的销售通道,成为关键。

第五章

新时期农垦改革发展的机遇与挑战

新时期国内外环境发生深刻变化，赋予了农垦新的时代责任。从国内看，我国经济发展进入新常态，正从高速增长转向中高速增长，社会经济结构正在发生深刻变化，对加快推进农业现代化的要求越来越迫切。从国际上看，在全球经济一体化格局下，国际形势复杂多变，应对日趋激烈的国际竞争，迫切需要尽快提高我国农业现代化建设水平。农垦不仅要建设成调得动、应得急的粮食生产基地，而且要在参与国际粮食流通和市场竞争中发挥更大的作用，巩固提升国家对粮食安全的可持续掌控能力。

第一，我国农业发展面临资源条件和生态环境两大"紧箍咒"。新时期，我国农业发展资源环境约束不断加大。一方面，农业资源短缺、开发利用强度过大，占多补少、占优补劣、占近补远、占水田补旱地等行为造成了耕地总量和质量同步下降，农业用水缺口不断扩大。另一方面，农业生态环境严重受损，农药、化肥、农膜等用量居高难下，造成土地越种越薄，面源污染、白色污染愈演愈烈，环境的承载能力已接近极限。如何在资源环境硬约束下保障农产品有效供给和质量安全、提升农业可持续发展能力，是我国农业必须应对的一个重大挑战。作为农业领域的国家队和现代农业建设的示范引领者，农垦的组织化程度、经营管理水平、职工文化素质、生产经营规模等方面都走在全国前列，有责任率先探索出一条产出高效、产品安全、资源节约、环境友好的现代农业发展道路。

第二，国际农业竞争愈演愈烈，我国农产品市场面临两个"天花板"和一个"地板"双重挤压。两个"天花板"是价格天花板和补贴天花板。目前，国内大宗农产品价格已普遍高于国际市场价格，主要农产品价格已普遍超过进口农产品到岸价格，继续提价遇到价格"天花板"。补贴"天花板"方面，我国加入世贸组织时承诺"黄箱"综合支持量不超过农业总产值的8.5%，特定农产品的支持量不超过该产品总产值的8.5%，目前小麦、玉米、稻谷、棉花等农产品加大"黄箱"支持遇到了承诺上限天花板。不断抬升的"地板"指的是国内农业生产成本的快速攀升。如何在"天花板"和"地板"双重挤压下创新农业支持保护政策、提高农业国际竞争力，是我国农业必须面对的一个重大考验。农垦作为我国国有农业经济的集中代表，必须要增强加快转变发展方式的自觉性和主动性，围绕培育国际大粮商，推动农垦产业结构、市场结构、要素结构优化升级，全面增强自身实力，切实提升农业战略产业的市场竞争力。

第三，国际农业垄断寡头加快布局，保障国家粮食安全和农产品供给任务更加艰巨。保障国家粮食安全是一个永恒的课题。我国是世界第一大粮食消费国，约占世界年消费量的1/5，且目前我国粮食消费的峰值还未到来，粮食的对外依存度还在上升通道中。同时，国际农业垄断寡头对跨国粮食流通的垄断格局已经基本形成，以ABCD四大粮商等为代表的农业跨国寡头全面进入中国并加速战略布局，从贸易环节向全产业链渗透、从沿海地区向内陆城市布局、从合资合作向独资经营转变、从经济作物向三大谷物延伸，对我国粮食安全已经形成了战略威胁。农垦是实施国家粮食安全战略的重要主体，为应对新形势下我国农业产业面临的前所未有的挑战，必须在更大范围、更广领域、更高层次整合资源，提高产业集中度，建立国家掌控的开放型农业经济体系，确保我国农业在激烈的国际竞争中实现产业安全、供应安全、市场安全。

第一节　开放程度进一步提高
背景下的机遇与挑战

当前，全球经济一体化发展和我国农业对外开放程度逐步提高，农垦改革发展和参与国际竞争面临拓展提升机遇和严峻的挑战。

当前，我国农业生产、贸易与国际市场加快接轨，农业"引进来"和"走出去"的水平不断提高。据联合国贸易发展委员会统计显示，2015年全球跨国直接投资总额达到 1.76 万亿美元，是 20 世纪 70 年代初的近百倍^①；全球农产品与食品国际出口贸易规模达到 1.38 万亿美元，自 1995 年以来实现年均增长 6.5%左右。2009—2014 年间，我国小麦、稻谷和食糖进口年均增长分别达到 27.25%、48.2%和 26.9%，保持较快增长势头。2014 年，我国农林牧渔业实际使用外商直接投资达 15.2 亿美元，接近 2001 年的 2 倍，同时对外直接投资也不断增加，2014 年达到了 20 亿美元，累计实现对外投资达 96.9 亿美元，分别是 2008 年的 11.8 倍和 6.6 倍，年均增速分别高达 50.8%和 37.1%。

开放程度的提高推进着农垦参与全球农业资源配置，加快全产业链构建和全球化布局，拓宽业务领域，发展混合型经济。全球农产品市场规模稳步拓展，中国市场规模日渐占据重要地位，为加快农垦发展营造良好的市场机遇。近 30 年全球农产品贸易呈现加速增长态势，联合国人口基金会《世界人口白皮书》预计，2050 年世界人口将增至 91 亿人，全球 70%的人口将居住在城市。FAO《2050 年如何养好世界》报告预测，到 2050 年要实现世界粮食安全，世界粮食总产量必须增长 70%。未来发展中国家粮食进口可能会大幅增加，谷物进口量预计将从当前的 1.4 亿吨左右增至 2050 年的 3 亿吨，农垦参与全球竞争的市场潜力仍然巨大。我国目前已成为世界农产品贸易的重要市场，2015 年中国农产品及其加工品进口金额合计达 1 054 亿美元，占全球农产品及其加工品出口总额的 7.6%，是同期印度农业进口额的 5 倍以上。其中，中国大豆、皮棉、棉绒、羊毛等农产品进口量占世界总进口量的比重均在 40%以上，中国农产品市场需求在全球日益发挥举足轻重的作用。我国巨大的市场需求规模为推动农垦参与国际竞争提供了便利的条件。

全球合作格局日趋多元化，发展中国家合作利益诉求日渐趋同，也为农垦在全球范围广泛合作创造了历史机遇。特别是随着中国、印度等发展中国家的崛起以及拥有 10 亿人口的非洲国家步入快速增长期，欧美日等发达国家对全球经济的控制力相对减弱，全球经济在实现一体化的同时多元化势头不断增强，为各国追求自身利益提供了更多可供选择的合作对象及合作方式。2013 年，来自亚非拉地区企业的跨国直接投资占全球跨国投资总额的

---

① 联合国贸易和发展组织（UNCTAD），《2016 年世界投资报告》。

比重由 1991 年的 6.4% 提升至 34.6%，投资意愿与能力开始不断增强，欧美日等传统发达国家投资比重趋于下降。长期以来，我国与其他发展中国家、第三世界国家有良好的友谊基础，在经济、政治等领域有着共同的利益，具有明显的互补性，非洲和南美等发展中国家摆脱过分依赖欧美的愿望强烈。在现有全球政治经济地缘格局演变背景下，培育壮大农垦、打造中国农业领域的航母出现了难得的时代机遇。

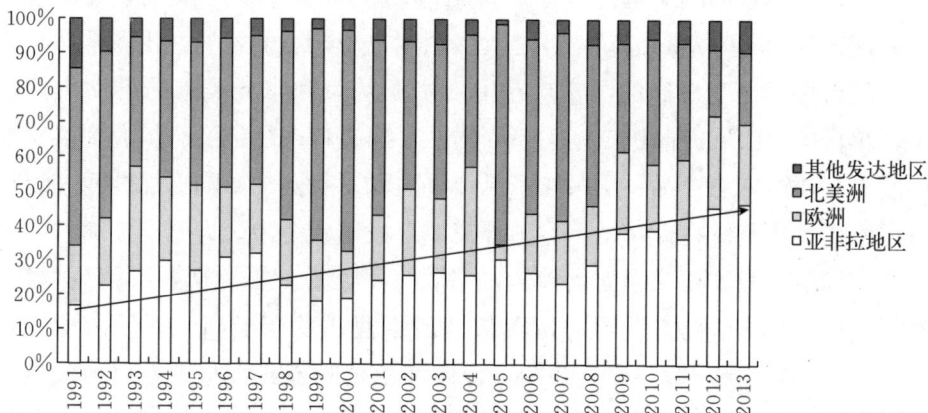

图 5-1　全球各地区跨国投资占全球跨国投资比重变动趋势图

资料来源：联合国贸易与发展大会（UNCTAD）ITC（International Trade Center）。

当然，外资不断冲击国内市场，在全球化竞争中的资金、技术和管理等优势明显，农垦境内外的拓展空间受到挤压，发展的市场风险较大。跨国粮商在全球范围加速拓展，大宗农产品贸易被少数跨国公司掌控，具有准垄断性。国际粮商在全球市场不断攻城略地，ABCD 四大国际粮商的小麦和玉米贸易份额占全球贸易的比重已超过 70%、大豆份额超过 60%。依靠产业纵向一体化运营模式，以芝加哥农产品期货市场做交易平台，结合美国农业部信息发布话语权，通过与食品产业巨头和超市零售巨头的联盟合作，逐步掌控国际粮食市场主导权和定价权。同时，日本粮商强势崛起，借助中国市场需求扩大全球采购规模，增加对粮食生产国的谈判能力，2015 年丸红谷物经销量已高达 3 300 万吨。2015 年，ABCD 四大粮商营业收入均在 400 亿美元以上，农垦营业总收入最大的新疆生产建设兵团收入仅 300 亿美元，差距明显。寡头垄断的竞争格局抬高了农垦参与全球竞争的门槛。全球农产品市场风险也加速向国内市场传导，国外资本加快向国内市场渗透，我国企业发展空间受到挤压，市场综合风险急剧增加。

受气候变化、生物质能源及投机资本影响，全球农产品市场呈现波动性、不确定性和风险性加剧的态势。其中，生物质能源发展大幅增加了对农产品的非传统需求，增强了农产品市场与能源市场的互动，美国每年用于生产液态生物燃料所消耗的粮食超过1亿吨，生物质能源的农产品消费价格弹性较大，增加了农产品市场价格变动的复杂性；投机资本在农产品市场的大进大出，进一步加剧了国际农产品价格波动。2008年下半年至今国际粮价已出现多次大起大落，波动幅度之大、周期之短，历史罕见。我国是世界上农产品市场开放度最高的国家，在国内资源约束和市场需求的推动与拉动下，粮食等大宗农产品进口动力不断增强，净进口产品范围已扩大到粮棉油糖所有主要大宗农产品，国际农产品市场波动对我国的影响更加全面、更加直接、更加深刻。在此背景下，国外资本对我国农业渗透力度日渐加大，目前全国榨油大豆主要来自四大粮商，棕榈油供应2/3来自丰益国际，益海嘉里、嘉吉、邦吉、路易达孚等国际粮商的大豆压榨产能和压榨量占全国近40%[①]。同时，跨国粮商通过并购、合作和租赁等方式大举进入我国粮食收储物流和贸易领域，对国内市场已经获得一定话语权。大量进口和外资对特定产业的过度进入导致国内企业发展空间受到严重挤压和抑制，农垦发展的国内市场竞争格局日趋严峻。提升农垦的全球供应能力，既要避免进口打压国内价格、冲击国内生产，又要保证国内粮食产业发展具有必要的利益激励和动力，要求更高、难度更大。

现阶段农垦自身竞争能力还不够强。农垦农产品物流供应系统较薄弱，金融资本运作和扩张能力有限，有效应对当前国内外市场带来的挑战任务艰巨。由于长期以来农垦重视生产而忽视仓储物流与营销能力建设，在产业链下游的加工、仓储、物流和贸易等环节竞争能力较弱，物流体系建设尚不健全，缺少粮食专用码头、仓储等基础设施，农产品物流体系滞后于培育国际大粮商的要求。如黑龙江垦区粮食运往南方销区一般情况下需要15～25天的时间，是发达国家相同运输距离所需时间的2倍多，物流所需的成本占粮食销售价格的15%～25%，比发达国家高出一倍左右[②]。金融资本运作是扩

---

① 张旭. 中储粮摸底大粮商 调查外资对粮油市场影响 [N]. 21世纪经济报，2011-09-06.

② 王莹. 黑龙江垦区粮食物流发展问题研究 [D]. 哈尔滨：东北农业大学，2013.

大产能与规模的有效路径，但当前农垦发展总体仍依赖自身资本积累，资金使用效率不高、扩张步伐较缓慢，在全产业链发展金融服务和防范全球市场风险方面滞后明显，对全球农产品期货的参与和影响程度较低。在当前背景下，农垦不仅需要强化自身的改革建设，也要围绕组建联合战舰，强化农垦的金融服务能力和资本运作能力，提升期货市场风险管理和价格发现能力，为农垦快速发展与扩展提供有效的战略工具（图 5-2）。

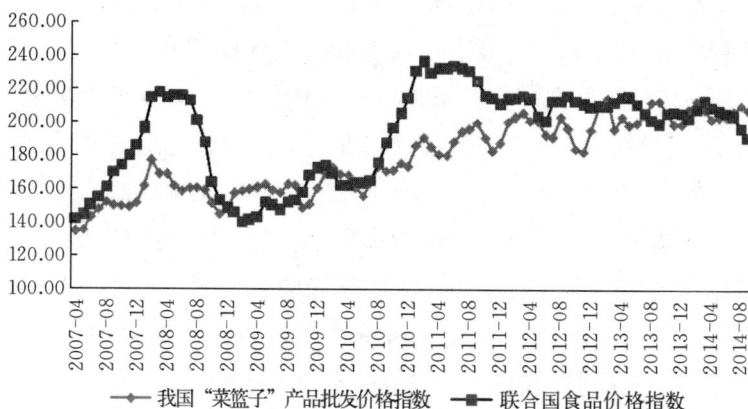

图 5-2　国内外农产品价格指数的变化情况

资料来源：国家统计局、FAO。

第二节　现代农业步入新阶段
背景下的机遇与挑战

近年来，我国农业和粮食生产在高基数上实现稳产增产，农民收入在高起点上继续保持增长势头，农业农村改革稳步推进、领域拓宽，标志着我国现代农业发展进入一个新的关键阶段。农业综合生产能力达到稳定较高的阶段性水平，粮食总产连续 10 年稳定在 1 万亿斤以上，单产、总产连创新高，蔬菜、畜产品、水产品等"菜篮子"产品产量稳步提升，供应充裕。

农民收入水平和结构发生阶段性变化。2013 年农民工资性收入首次超过农民家庭经营收入成为农民收入最大来源，城乡居民收入差距逐渐缩小。现代农业生产的要素投入结构呈现阶段性特征，农业增长贡献由主要依靠土地、劳动力等传统要素更明显地转向科技、资本等现代要素，农业科技进步贡献率超过 56%，耕种收综合机械化水平达到 61%。经营方式发生深刻变化，新型经营主体大量涌现，适度规模经营快速发展。但我国农业底子薄、农民收入低、城乡差距大的矛盾由自然、历史等诸多因素长期累积形成，非一朝一夕能够得到根本性改变。站在新的历史起点，现代农业发展与改革深入推进，为做大做强农垦提供了良好的机遇，同时也提出了新的更高要求。

全国农村土地改革深入推进，现代农业经营体制加快创新，为拓展农垦的生产规模空间提供了重大机遇。随着农村土地确权和制度改革继续深化，"三权分置"的新型农地制度成为农村土地集体所有制的有效实现形式，为促进农村土地有序流转奠定了坚实的制度基础。农村土地流转的规模扩张逐步加速，为农垦积极参与土地公开市场流转交易带来难得的历史机遇，特别是当前农民外出务工数量与日俱增，农户兼业化，农业人口老龄化，农村空心化现象日益突出。留守劳动力多为妇孺老弱者，对农业新技术和机械化作业的掌握程度不高，导致不少地区抛荒现象普遍，给农垦参与流转地方土地、扩大生产规模提供了极其有利的条件。通过承租流转农村土地方式，直接扩大农垦农业资源掌控范围，建立起农垦专业化、集约化的原料生产基地。家庭经营、合作经营、集体经营、企业经营等农业联合经营模式不断涌现，为农垦以社会化服务、订单农业等方式直接或间接参与各类经营带来良好机遇。

因地制宜地探索推广农业科技与设施装备集成应用模式，为农垦科技优势、体制优势、科技研发与服务优势提供了施展平台。当前我国科技进步贡献率低于发达国家 20 个百分点左右，农业科技成果转化率只有 40% 左右，远低于发达国家 80% 以上的水平；除大宗粮棉油等主要农作物育种外，50% 以上的生猪、蛋肉鸡、奶牛良种，90% 以上的高端蔬菜花卉品种依赖进口①。未来，突破资源制约瓶颈、加快转移农村劳动力、保障粮食等主要农产品有效供给和农业农村经济持续稳定发展，从根本上说需要加快提高农业科技创新和应用水平。这将给农垦实施"前沿农垦""智慧农垦"战略提供了创新机遇。

---

① 李扬. 经济蓝皮书春季号——中国经济前景分析 2012 年春季报告［M］. 北京：社会科学文献出版社，2012.

新阶段下"四化同步"加快推进，相互之间不断创造新的市场需求、构建新的发展平台与空间，工业化、信息化、城镇化对现代农业的牵引作用更加有力①，为培育农垦塑造了更持久的动力和更广阔的空间。工业化快速发展为改造传统农业提供了现代生产要素和管理手段，我国工业化已经进入中后期阶段，为改造传统农业提供更多现代要素的能力大大增强。城镇化加速推进为进一步转移农村剩余劳动力、推进农业适度规模经营创造了条件，也拉动了农产品需求不断增长。2012 年城镇人口首次超过农村人口，目前城镇化率达 54.8%，城镇化进程不断加快。目前，我国每年大约新增人口 650 万人，新增城镇人口约 2 100 万人，满足上述需求，每年需要增加粮食 200 亿斤、肉类 80 万吨②。信息化加快发展为改造现代农业提供了重要的技术支撑，信息技术加速应用将极大推动现代农业生产效率，特别是对农业生产的各种要素实行数字化设计、智能化控制、精准化运行、科学化管理，为提高我国农业综合竞争力带来新的手段与机遇。

新阶段现代农业发展的新形势新任务，也对农垦提出了更高要求。我国农业农村改革已经步入深水区和攻坚期，各种利益交织错综复杂，农民利益诉求日趋多元，改革阻力难度日增。同时，我国农业长期存在生产、加工、流通等产业链相关领域的相互分割问题，不同主体局限在各生产环节，上下游产业有效衔接机制仍不完善。有效整合各方面资源，合理分配各方利益，构建长效的产业链联结机制与通道，提高农业生产、加工、流通诸环节的效率，降低成本，成为农垦培育全产业链的基本要求。

发挥国家粮食安全保障作用，有效确保粮食等重要农产品总量平衡、结构平衡、质量安全是农垦的重要使命。随着全国人口总量增长、城镇人口比例上升、消费水平升级以及农产品工业用途拓展，我国农产品总量需求的刚性增长态势明显，农产品供求关系呈现基本平衡、结构短缺的特征。预计到2020 年粮食总产可达到 13 000 亿斤左右，供需缺口约 1 400 亿斤。从品种结构看，未来粮食缺口主要在玉米和大豆，将分别达到 400 多亿斤和 1 400 多亿斤。此外，棉油糖以及生鲜乳都会有不同程度缺口。

全国资源约束日益趋紧，农业生态环境更加脆弱，农业面源污染加剧态

---

① 余欣荣. 我国现代农业发展形势和任务 [J]. 行政管理改革，2013 (12).
② 韩长赋. 全面实施新形势下国家粮食安全战略 [J]. 求是，2014 (19).

势未得到根本扭转，农药污染耕地面积达 1.4 亿亩，农产品产地环境污染问题更加突出，保障农产品质量安全面临更大挑战，稳产量保供给与提质量保安全的矛盾更加凸显。这些问题和矛盾，增加农产品生产稳定增长、保障国家粮食安全的难度，对培育壮大农垦提出了更高要求。

充分发挥农垦对农民和农村带动作用，有效确保全产业链利润分配均衡、促进农民增收面临更高要求。农业生产经营进入高投入、高成本阶段，提高农业比较效益、促进农民增收的任务日益繁重。受生产资料、土地、劳动力等要素价格上涨影响，我国主要农产品生产的经济成本越来越高。据统计，2003 年以来，化肥价格上涨超过 81％，远超同期全国居民消费价格涨幅 28.2％；人工和土地费用占总成本的比重超过 50％，而且物流成本普遍增加。农产品价格并未随着成本的增加而同步同幅上涨，农业比较效益偏低的问题日益突出。据测算，近年来小麦、水稻、玉米三种粮食每亩年净利润分别维持在 118 元、371 元和 263 元左右[①]。农垦要在加工、贸易等领域与跨国企业展开激励竞争的同时，更要加快完善与农户的利益分配机制，在生产领域千方百计降低生产成本，提高农业比较效益，积极推动农业生产经营由高投入、低效益向获得全社会平均利润转变。

第三节　农垦进一步深化改革
背景下的机遇与挑战

经过多年改革发展，农垦初步实现了从传统经营方式向现代经营方式转变，从单纯农业生产向一二三产业综合发展转变，从单纯国有经济向多种经济成分共同发展转变。农垦进一步深化改革，发展环境日趋有利，但面临的问题更加复杂。未来伴随着农垦在政治、经济、社会领域改革的全面深化，培育农垦既面临着有利的政策环境，同时也面临着系列深度复杂的问题。

一方面，从发展的有利环境来看，当前诸多改革政策的叠加，有利于更充分地利用好市场与政府的双重作用，为农垦从更广范围、更宽领域获取资源或合作对象，实现联合联盟联营带来政策机遇。

农垦产业化、集团化和股份化改革深入推进，有效激发了农垦发展活

---

① 韩长赋在 2012 年全国农业工作会上的讲话。

力，增强了农垦企业市场竞争力，提升了农垦战略地位和作用。目前，集团化垦区已经成为农垦事业的骨干力量，35 个垦区中已有 17 个垦区实行了集团化管理，基本实现从行政管理向集团化经营的转型。2016 年，17 个集团化垦区实现生产总值 4 703.71 亿元，总资产达到 13 370.7 亿元，营业总收入 6 731.6 亿元，利润 167.9 亿元，集团化垦区生产总值、资产总额、营业总收入、利润总额分别占全国农垦的 63.9％、89.7％、92.6％和 97.33％。集团化垦区 2016 年职工人均收入为 4.52 万元，是属地化管理垦区职工收入 2.06 万元的 2.20 倍。在集团化垦区的带动下，涌现出一批大型龙头企业，农垦已拥有国家农业产业化重点龙头企业 65 家，省级龙头企业 438 家，有力促进了农垦二三产业加快发展，农垦一二三次产业之比由 1990 年的 50：33：17 发展为 2016 年的 24.5：45.43：30.2。中央推进农垦改革发展的意见提出推进农垦改革发展，建设现代农业的大基地、大企业、大产业，将为农垦的集团化扩张带来新一轮政策机遇。垦区集团化、市场化改革日益成为全面深化改革的核心，充分发挥市场配置资源的决定性作用，有利于通过股权多元化改革吸引更多的社会资本与农垦共同发展，促进农垦国有资本、集体资本、非公有资本等交叉持股、相互融合，通过资本管理运营最大限度地发挥农垦国有经济的竞争力、控制力和影响力，也促进农垦企业进一步完善法人治理结构和内部运行机制。以混合所有制为导向的国有企业改革，有利于引入民间资本和战略投资者，拓宽融资渠道，推进农垦国有企业做大做强，为发展壮大农垦带来了前所未有的机遇。

　　同时，围绕国有农场管理体制上的政企分开和社企分开，国有农场办社会职能改革不断深入，部分垦区逐步将农场办社会职能移交地方政府管理，广东、黑龙江等部分垦区推进社会职能与经营职能在内部分开，一些垦区实行以场建政履行办社会职能，实行场镇合一或场区合一。总体上，坚持垦区集团化和国有农场企业化的改革主导方向，使得农垦自我发展能力大大增强，农场和职工负担有所减轻，但由于部分改革不彻底，一些深度的体制机制问题亟待理顺。庞大的国有资产和国有土地是农垦做强做大、更好地服务国家利益的重要物质基础，随着农场土地确权发证、土地权能释放等改革工作深入推进，将为农垦资源资产化、资产资本化、资本股份化奠定坚实的基础，为垦区之间、垦区与外部集团之间通过资本运营实现联合联盟联营创造更好的条件。

农垦与地方在经济与产业领域深度融合，为农垦充分利用地方资源和市场潜力，扩张自身规模，获取更广阔的发展空间带来了机遇。当前我国确立了"两横三纵"城镇化战略格局，提出了区域协同发展的要求，有利于农垦围绕全产业链经营，把握各类资源、市场和政策需求，继续深化完善与地方的合作机制，获取更大的发展空间与潜力。农垦有 917 个小城镇星罗棋布地分布在全国各地，多年来通过垦地融合发展，在促进全国区域协同发展的大格局中发挥了重要作用。长期以来，依托自身组织优势、产业优势，通过农垦企业或园区有效带动了周边一批农产品加工、农村服务业和休闲旅游等新型产业蓬勃兴起，为当地农民提供就近就地就业的机会、带动农民增收，探索出了"垦区集团＋农场＋社会化服务组织＋地方"等各类合作经营模式，在产业、市场和政策等领域均建立了广泛的合作机制。

另一方面，从面临的挑战来看，新时期农垦事业的发展，无论是与过去相比，还是与其他行业和系统相比，都面临许多异常复杂的难题。

农垦管理体制改革亟待理顺。农垦管理体系不完整，部分垦区省级层面未设立行政管理机构，加挂牌子的省级农垦行政管理机构大多仅作为协调各方关系、争取政策支持的平台，土地管理、国资监管等关系农垦事业发展职能未得到有效落实。垦区管理体制多样，部分垦区内部区域分隔，管理模式不同，诉求多样，导致系统纵向联系力不从心，形不成整体合力。

农垦经营机制仍然不活，集团化改革不彻底，不利于农垦联合联盟联营战略的顺利实施。农垦拥有庞大的资产和国有土地，但受各方面因素制约，农垦仍存在国有资产权属不清晰、出资人职责不明确等问题，造成国有资产大量流失和严重浪费，特别是许多市县属农场的国有土地、林木、企业等资产被随意处置。

农垦企业法人治理结构仍存在较大缺陷，管理主体过多、高度分散，有的已经集团化改革的垦区仍存在产权结构单一、产权关系不够清晰、权责不够明确等问题，所有权和经营权没有有效分开，诸多长期存在的体制性问题为垦区间的联合联盟联营带来了较大难度。

农场改革进程缓慢，有的农场行政化明显，办社会职能改革不彻底，制约了农垦的发展活力。部分农场仍然处于政事企不分的状态，导致干部职工思想认识模糊，除了极少数农场主要领导明确有公务员身份外，多数农场干部身份处于尴尬境地。

　　国家现行政策体系全面支持农垦的渠道不畅，发展政策基本上都要靠逐一争取，政策系统性、整体性和针对性不强，经常存在"落空"或者慢半拍现象。财政补助与办社会职能实际支出缺口大，国有农场社会负担依然沉重。进一步深入推进国有农场办社会职能改革事关垦区内部、农垦与地方政府之间一系列重大利益关系、利益格局调整，是一项系统性、全局性的复杂工程。新老问题的重合叠加，体制性制约长期存在，均给农垦带来了复杂、巨大的困难。

第六章

新时期农垦改革发展的顶层设计

2015年11月27日，中共中央、国务院印发《关于进一步推进农垦改革发展的意见》，这是时隔24年后中央再次出台全面指导农垦改革发展的专门文件。文件立足全局，深刻阐述和回答了农垦事业发展的一系列现实问题，是指导新时期农垦改革发展的纲领性文件，是新时期推进农垦改革发展的顶层设计。充分体现了新形势下全面深化农垦改革、发展壮大农垦事业对于推进农业现代化建设和国家经济社会发展全局具有十分重要的意义。

中央农垦改革发展文件实现了三个突破。一是理论上的突破。提出农垦是中国特色农业经济体系不可或缺的重要组成部分，明确提出农垦在国家全局中的战略地位，即成为保障国家粮食安全和重要农产品有效供给的国家队、中国特色新型农业现代化的示范区、农业对外合作的排头兵、安边固疆的稳定器。二是改革上的突破。坚持社会主义市场经济改革方向，以垦区集团化、农场企业化为主线，重点回答了垦区怎么改、农场怎么改，以及人员、资产和土地管理体制机制怎么办等问题。同时又结合农垦实际提出了"一个机构、两块牌子""内部分开、管办分离"等改革过渡路径。三是政策上的突破。提出要实现"一个同步实施、两个全面覆盖"，即各项规划要在农垦同步实施，国家强农惠农富农和改善民生政策要在农垦全面覆盖。创新财政资金投入方式，提出要以政府性资金为引导，设立农垦产业发展股权投资基金。创新农垦土地管理方式，提出要管理好、保护好、利用好农垦国有土地，稳步推进农垦土地资产化和资本化。

第一节　新时期农垦的战略定位

新形势下农垦在保障国家粮食安全、示范现代农业建设、提高我国农业国际竞争力、安边固疆等方面将继续发挥国家队、示范区、排头兵和稳定器的作用。

保障国家粮食安全和重要农产品有效供给的国家队。长期以来，农垦在粮食和重要农产品供给上优势突出，特别是粮棉糖胶乳等主要农产品生产能力不断提高，重要农产品供应保障作用凸显。如果将农垦放在全国各省中排名，粮食总产排第四，棉花总产排第二，牛奶排名第四，肉类和水产品总产分别居第十五和第十三位。农垦已成为在关键时刻调得动、顶得上、应得急的保障国家农产品供给安全、稳定国内市场的重要战略力量。在我国农产品供求关系呈现紧平衡的格局下，农垦要继续发挥大基地、大企业、大产业和市场化、专业化、组织化等独特优势，不断提高农业综合生产能力，在保障国家粮食安全和重要农产品有效供给上继续发挥国家队的关键作用。

中国特色新型农业现代化的示范区。农垦具有组织化、规模化、产业化等优势，在科技成果推广应用、农业机械化水平和产业化经营能力等方面始终走在全国前列，有承担现代农业先行先试的责任和义务。在农业规模化经营方面，农垦农业生产组织化程度高、经营方式灵活；在农业物质装备方面，大马力、高性能、多功能、复式作业农机快速增长，部分垦区主要农机装备已达到国内或世界先进水平；农业科技应用水平方面，农垦系统已形成以农场科技人员为主体，集生产管理、技术推广和部分行业管理职能为一体、具有较强应用能力的农技推广服务体系；在现代农业示范带动方面，目前，全国农垦已有不同类型现代农业示范区400多个，一些垦区还与当地政府合作共建了农业科技示范园、产业开发园、小城镇等。农垦辐射引领周边地区农业发展能力不断增强，在探索推进农业现代化方面发挥着重要的示范带动作用。

农业对外合作的排头兵。农垦在农业对外合作和开发领域始终走在全国前列。近年来，在国家政策的大力支持下，农垦"走出去"规模进一步扩大、投资领域更加广泛、合作层次不断升级，具备了更好更快发展的基础和条件。随着全球经济一体化进程不断加快，从深层次上实现国内外农业资源的有效配置，以缓解国内资源、环境与可持续发展之间的矛盾，必须进一步提高我国粮食等重要农产品境外生产水平。其中，培育大型跨国集团、建立一支农业"走出去"队伍是全面提升我国农业国际竞争力的重要内容。今后一个时期，农垦企业应在农业"走出去"中继续发挥排头兵的引领作用，以服务国家经济发展和外交大局为中心，在"走出去"模式和风险防范等方面积累经验、搭建平台，带动其他各类农业经营主体抱团"走出去"，实现企业经营行为和国家战略目标的有机统一。

安边固疆的稳定器。边境安全是国家安全的重要组成部分。随着国际国内形势不断变化，新时期屯垦戍边的内容更加广泛、责任更加重大、意义更加深远，农垦维护边境安全、促进边疆稳定的作用显得更为重要。农垦有边境农场276个，分布在全国8个省区108个县（市、旗），所处边境线长5 794公里，涵盖10个垦区。边境农场独特的地理位置决定了它处在抵御外来势力渗透和反分裂斗争的最前沿，在维护边境安全、促进民族地区发展上具有天然优势，是国家不可或缺的一支重要力量。垦区的民兵预备役队伍也始终保持和继承了人民解放军的光荣传统，一直在战备执勤、军事训练、正规化建设等方面加强能力建设。随着新时期屯垦戍边任务更加艰巨，农垦在边境反恐、打击境外敌对势力渗透、禁毒以及阻击外来动植物疫病等方面必将继续发挥特殊而又重要的作用。

第二节　新时期农垦改革发展的指导思想

坚持一个方向——坚持社会主义市场经济改革方向。党的十八届三中全会强调，要坚持社会主义市场经济改革方向。这不仅是全面深化改革的总体要求，也是推进农垦改革发展必须牢牢把握的基本遵循。新时期农垦改革发展，就是要坚定不移地沿着社会主义市场经济道路，坚持市场化改革导向，着力理顺政企、社企关系，进一步确立国有农场的市场主体地位，充分把握市场化发展机遇，促进农垦更快更好更深入地融入社会主义市场经济体系。

坚定一个核心——以保障国家粮食安全和重要农产品有效供给为核心。我国是世界人口最多的国家，是粮食生产大国，更是粮食消费大国和进口大国。习近平总书记在2013年底的中央农村工作会议上强调，"解决好吃饭问题始终是治国理政的头等大事。""一个国家只有立足粮食基本自给，才能掌握粮食安全主动权，进而才能掌控经济社会发展这个大局。"保障粮食安全和重要农产品供给事关经济社会发展战略全局，事关国家安全，事关党的执政基础。农垦作为国有农业经济的骨干和代表，坚定这一核心是责无旁贷的。

坚守一条主线——以推进垦区集团化、农场企业化改革为主线。推进垦区集团化、农场企业化改革，既是在改革中坚持社会主义市场经济改革方向的具体体现，也被历史和实践证明是正确的道路。新时期农垦改革发展要坚守这条主线，一是改革发展实践中各有关方面的思想认识要统一于这条主线；二是制定改革措施要紧紧围绕这条主线；三是评估改革发展进程要依据这条主线。

大力推进"三联"——实施"联合联盟联营"战略。依靠创新驱动，加快转变发展方式，加快推进农垦资源资产整合和产业优化升级。农垦的土地、资金、资产、人才、科技等各种要素资源十分丰富，关键问题是一些垦区存在各自为政现象、难以形成发展的合力，制约了农垦经济进一步转型升级。立足农垦资源禀赋、管理体制、资产规模等优势，加快实施"联合联盟联营"战略，在粮食、天然橡胶、乳业等产业上，在种业、科技创新、电商、仓储物流、品牌建设等关键环节上推动垦区间的大联合、大联盟、大联营，全面加快打造具有国际竞争力的现代农业企业进程。

加快建设"三大"——建设现代农业的大基地、大企业、大产业。农垦作为现代农业的国家队，要切实发挥农垦在现代农业建设中的骨干引领作用。总体来看，农垦土地资源丰富，农业生产基础好、比较优势强，加快建设一大批农牧产品生产供应的大基地，培育一批具有市场竞争力的现代农业企业集团，打造一个具有国际先进水平的现代农业大产业，在保障国家粮食和重要农产品安全供给、维持农产品市场价格稳定、提高我国农业国际竞争力上具有十分重要的作用。

中央农垦改革发展文件提出的"大基地、大企业、大产业"，是保障粮食安全和重要农产品供给的基础，是农垦以现代农业建设为己任、坚持姓农务农兴农富农的具体体现，是对新时期农垦发展战略目标的凝练和概括，也是农垦服从服务于国家战略需要的现实抉择。

全面增强"三力"——全面增强农垦内生动力、发展活力和整体实力。党的十八届三中全会指出，必须毫不动摇巩固和发展公有制经济，坚持公有制主体地位，发挥国有经济主导作用，不断增强国有经济活力、控制力和影响力。国有农场和农垦企业是市场主体，无论是要保持企业的健康可持续发展，还是要在加强宏观调控农业、提高我国农业国际竞争力中发挥战略作用，关键在于增强自身的内生动力、发展活力、整体实力，全面做大做强国有农业经济，进而增强国有农业经济的活力、控制力、影响力和抗风险能力。

服务"四化同步"——切实发挥农垦在现代农业建设中的骨干引领作用，着力探索中国特色新型农业现代化道路，为协同推进新型工业化、信息化、城镇化、农业现代化提供有力支撑。党的十八大指出，坚持走中国特色新型工业化、信息化、城镇化、农业现代化道路，推动信息化和工业化深度融合、工业化和城镇化良性互动、城镇化和农业现代化相互协调，促进工业化、信息化、城镇化、农业现代化同步发展。

推动新型工业化、信息化、城镇化和农业现代化同步发展。其中，农业现代化是基础。农垦的现代农业发展水平始终走在全国前列，是我国最早一批将现代信息技术应用于农业生产的先驱者；同时建设了一大批服务农村、带动周边的综合性小城镇。农垦有能力在推进"四化同步"发展上发挥独特作用。

第三节　新时期农垦改革发展的基本原则

中央农垦改革发展文件明确了农垦改革发展要遵循的四条基本原则，即坚持国有属性、服务大局；坚持市场导向、政府支持；坚持分类指导、分级负责；坚持统筹兼顾、稳步推进。提出这四条基本原则，主要基于以下三方面考虑：一是坚决体现和贯彻中央关于全面深化改革等文件的精神，处理好农垦战略定位与改革发展目标的关系。二是切实立足垦情，突出农垦特点，处理好坚持改革发展方向与允许采取过渡性安排的关系。三是充分考虑农垦发展的内外部环境，处理好农垦做大做强与妥善解决历史遗留问题的关系。

坚持国有属性，服务大局。这是实现新形势下推进农垦改革发展必须坚守的底线。农垦改革必须始终围绕国家战略需要，服务于国家全局利益，不断探索完善国有农业经济的有效实现形式。要坚持社会主义公有制，坚持以农业经营为主，坚持走规模化道路，决不能把公有制改没了、把农业改弱了、把规模改小了。必须守住三条底线：

第一，决不能把国有经济改没了。农垦以国有土地为基本依托，以国有农场为基本构成单位，是国有经济在农业经济中的集中代表和主要实现形式。农垦的国有属性决定了其首要职责是贯彻国家战略安排，服从国家全局需要。为此，农垦改革发展决不能把国有经济改没了，要不断完善国有农业经济实现形式，从而努力在国家粮食安全战略、农业现代化战略、农业"走出去"战略、新型城镇化战略乃至国家经济安全、产业安全、边境安全等各个领域发挥独到的作用。

第二，决不能把农业改弱了。农垦是探索和实践中国特色新型农业现代化道路的先锋部队，新时期农垦要继续坚持以农业经营为主，努力发挥农垦在农业现代化中的"排头兵""领头羊"的作用，努力发挥国有农业企业在农业农村领域的主导作用。坚持以农为主，通过深化改革，做大做强农垦经济，增强国有经济对农业战略产业的控制力和影响力。农垦只能加强，不能削弱，只能发展，不能萎缩。

第三，决不能把规模改小了。农垦要坚持走规模化道路，把规模化作为最大优势。与农村集体土地和农民家庭经营相比，农垦国有农用地集中连片，人均面积大，土地资源潜力大，在土地、资源、资金、人才、农产品产量、市场以及农业全产业链上的各个环节，规模化优势都比较突出，打造了一大批专业化、规模化、现代化的国有农场，具备发展现代农业的规模优势。要充分发挥农垦在规模上的独特优势，走农业规模化发展道路，把农垦建成重要农产品生产基地和现代农业的示范带动力量。

坚持市场导向，政府支持。这是农垦改革发展需要坚持的根本方向，是处理市场和政府关系的基本准则。

第一，坚持市场化改革的根本方向。这不仅是全面深化改革的总体要求，也是推进农垦改革发展必须牢牢把握的基本遵循。充分发挥市场在资源配置中的决定性作用，最根本的就是要明确农垦企业的市场主体地位。深化体制机制改革，建立符合市场经济规律的企业运行机制，促进农垦企业在市场经济活动中优化产业结构、激发内在活力、提升整体竞争力，推动农垦企业充分参与国内外市场竞争。

第二，积极争取政府对农垦改革发展的支持。长期以来，农垦政策边缘化问题依然比较突出，政策"落空"或者慢半拍现象依然比较严重。推进农垦改革发展，一方面，要调动各级党委、政府和有关部门参与和支持农垦改革发展的积极性，并明确其具体职责。另一方面，确保农垦平等地落实普惠制政策，积极争取中央和地方各级财政对农垦现代农业建设、民生建设、办社会职能、社会保障等方面予以资金和政策扶持。

坚持分类指导，分级负责。这是针对目前农垦管理体制、资源禀赋、发展水平的差异性和不同特点设立的。

第一，分类指导是基于垦区农场差异性的必然选择。 国有农场在地理位置、资源环境、体制机制、发展水平等方面都存在较大的差异性，在改革发展方式的选择上不能"一刀切"和"齐步走"。

第二，采取科学合理的改革方式和措施。 结合集团化垦区与非集团化垦区、大垦区与小垦区、中央直属垦区与地方管理垦区的特点，探索合理有效的改革途径和改革举措。

第三，进行科学的功能定位。 各垦区和国有农场结合自身区位条件和资源优势，确定发展目标和功能定位，促进多样化发展，分别打造保障国家粮食和重要农产品安全垦区、保障重要城市食品供应和市场稳定垦区、保障国家边境稳定和生态可持续发展垦区。

第四，明确各级政府部门的职责分工。 中央直属垦区实行"部省双重领导、以省为主"的管理体制，改革发展由农业部、财政部、国家发展改革委等部委按照中央的统一要求，结合当地实际，与中央直属垦区所在省共同研究制定推动农垦改革发展的实施方案和政策措施。由省和市县属地化管理的垦区，所在地政府要按照中央的统一要求，结合当地实际，研究制定和贯彻落实推动农垦改革发展的实施方案和政策措施。

坚持统筹兼顾，稳步推进。推进农垦改革发展的艰巨性、复杂性和特殊性需要坚持的原则。农垦位于城乡二元结构交汇处，国有经济和农业农村经济相互交织，改革发展中既面临"三农"和国企的共性问题，也存在自有问题。

第一，农垦改革发展，既要全面推进，也要重点突破。 既要从实际出发，把握好改革的节奏和力度，平稳有序推进；又要鼓励部分地方在条件允许的情况下大胆探索、先行先试，以试点的方式积累有益的改革经验。推进农垦改革发展没有现成的路子可供借鉴，既不能简单照搬农村集体经济做法、也不能简单照抄国有企业的改革办法。要注重改革的系统性、整体性和协调性，在确保垦区整体稳定基础上科学谋划、大胆探索。

第二，统筹处理好改革发展中的各种关系。农垦改革发展涉及党政、政企、社企、垦地、城乡、三次产业以及垦区间、集团与农场、农场与职工、农场与外来人员及居民等之间的各种关系，统筹兼顾和处理协调这些关系，特别是处理好国家、企业和职工之间的利益关系，是农垦改革发展顺利推进的根本保障。

第四节　新时期农垦改革发展的主要目标

总体目标是要贯彻农垦改革发展的指导思想和基本原则，围绕垦区率先基本实现农业现代化、率先全面建成小康社会的发展目标，并从改革、发展和民生建设等三个方面提出了到 2020 年农垦改革发展的具体目标。

农垦改革的核心目标，就是要创新农垦行业指导管理体制、企业市场化经营体制、农场经营管理体制，建立符合农垦特点的国有资产监管体制，完善现代企业制度，打造一批具有国际竞争力的现代农业企业集团。这是从维护国家农业战略产业安全、保护农民利益和消费者权益、统筹利用两个市场两种资源、立足农垦体制机制和经济实力等各方面综合考量提出的目标。

从现实基础来看，农垦已经培育出一大批具有雄厚经济实力和较强市场竞争力的现代农业企业集团。通过深化垦区集团化、农场企业化改革，创新行业管理体制、企业市场化经营体制和农场经营管理体制，建立符合农垦特点的国有资产监管体制和土地管理制度，逐步健全适应社会主义市场经济要求的管理体制和经营机制，全面增强农垦内生动力、发展活力、整体实力，农垦完全有能力、有条件打造一批具有国际竞争力的现代农业企业集团。

打造农垦国际大粮商必须立足我国国情农情，从粮食安全的新形势出发，既不同于以追求利润最大化为目的的农业跨国公司，也不同于发达国家以对外倾销富余农产品为目的的国际大粮商，而是建设保障国家粮食和主要农产品供给安全的农垦国际大粮商。

第一，农垦是综合商。农垦是一个综合的概念，内涵和外延极为丰富，不只局限于粮食的范畴，而要树立"大食物"战略产业理念，以粮食特别是谷物为核心和根本，面向整个粮棉油糖胶乳肉等农业战略产业。农垦首要目标是提高国家对农业战略产业的掌控能力，构筑更加安全可靠的粮食安全体系，保障国内主要农产品价格调控在合理水平，确保"中国人的饭碗任何时候都要牢牢端在自己手上"。

第二，农垦是生产商。我国人多地少水缺的基本国情，决定了确保粮食安全必须立足国内，确保谷物基本自给、口粮绝对安全。农垦必须始终坚持"我们的饭碗应该主要装中国粮"的方针，着力打造绿色流动大粮仓。我国的土地所有制性质和国外不同，农业发展模式与美洲新大陆国家农业发展模式也不相同，要满足保障国家粮食和重要农产品供给安全的战略目标，农垦必须在国内拥有一定比例直接掌控的生产基地和稳定可靠的粮源。

第三，农垦是供应商。农垦是保障国内市场调控的供应商，不仅仅要具备完整的仓储和物流体系，满足产业链全球布局的需要；而且建立的供应网络必须是持续稳定的，以确保国内主要大中城市粮食和农产品充足供应。农垦的供应网络体系，要确保无论是在平时还是应急状态，都能够随时响应国家指令，抓得住、调得动、应得急，为平抑市场异常波动、保持大局稳定提供基础支撑。

第四，农垦是带动商。农垦是扎根农村、带动农民的大粮商，不仅要占据科技研发、市场营销等产业链高端，在跨国贸易和资本运作等环节取得利润；而且要统筹兼顾产业链各个环节的利润分配，以先进生产要素带领农民闯市场，保护和增加农民的物质利益。农垦通过"政府＋农场＋农民"等模式，将农民家庭经营纳入企业经营体系，以企业为载体实现行政推动向市场机制转换，促进城乡间生产要素的双向流动和平等交换，促进农民就地市民化、职业化和新型城镇化进程，促进"三农"融合、"四化同步"和区域协调发展。

农垦发展的目标，是对新时期农垦功能作用的明晰化、具体化。中央农垦改革发展文件提出，要围绕粮食、棉花、糖料、天然橡胶、牛奶、肉类、种子、油料等农垦优势主导产业，加快建成国家稳定可靠的大型生产供应基地。同时，要加快形成集技术研发、人才培养、物质装备、基础设施、质量安全等于一体的完善的现代农业产业体系，积极打造农业全产业链，引领带动现代农业产业的发展。

根据自然环境、资源条件、地理区位不同，农垦系统大体上可分为三个功能区域：

第一，保障国家粮食和重要农产品安全垦区。黑龙江、新疆生产建设兵团、内蒙古、辽宁、湖北、江苏、吉林、新疆畜牧、江西、湖南等垦区是农垦的主要粮食生产垦区，粮食年产量均在 10 亿斤以上。目前，农垦粮食播种面积 7 494.5 万亩，总产 700 多亿斤。发展重点是强化粮食综合生产能力，确保每年提供商品粮 600 亿斤以上。海南、云南和广东垦区，拥有天然橡胶林面积 640 多万亩，国内年产量稳定在 25 万吨以上。发展重点是加强境内外天然橡胶生产基地和营销能力建设，确保国外资源年掌控量达到 35 万吨以上。新疆生产建设兵团、新疆畜牧、新疆农业、湖北、河北等垦区是农垦的主要棉花生产垦区，五垦区常年种植面积 1 100 多万亩。发展重点是大力推进棉花高产高效绿色发展，确保棉花生产稳定，种植面积不少于 1 200 万亩，总产 180 万吨以上。广西、广东、新疆生产建设兵团、云南、内蒙古和海南等垦区是农垦主要糖料生产垦区，目前，农垦糖料种植面积 120 余万亩，总产量 700 余万吨。发展重点是加强科技创新，提高糖料生产水平和机械化水平，产能保持在 700 万吨以上，打造一批龙头加工企业，提高市场竞争力。黑龙江、新疆生产建设兵团、河北、内蒙古、上海、北京、辽宁、新疆畜牧、宁夏、天津、广东、广州等垦区是农垦主要牛奶生产垦区，目前，农垦牛奶产量为 370 余万吨。发展重点是加强标准化、规模化奶牛场建设，提高生鲜乳市场占有率，推动农垦乳业全产业链发展，打造国际一流乳业集团。黑龙江、新疆生产建设兵团、辽宁、北京、湖北、湖南、广西、海南、广东等垦区是农垦主要肉类生产垦区。目前，农垦肉类产量为 251 余万吨。发展重点是以生猪、肉牛、肉羊等优势产业为核心，进一步提升规模化、标准化水平，确保猪肉、禽肉和牛羊肉的生产供应。黑龙江、新疆生产建设兵团、江苏、安徽、河南、甘肃、湖北、上海、重庆等垦区种子生产供应能力强，农垦种子企业常年种子产量达 100 万吨。发展重点是通过深入推进农垦种业企业"联合联盟联营"发展，打造国内一流种业企业集团。内蒙古、新疆生产建设兵团、湖北、湖南、新疆畜牧、江西等垦区是农垦的主要油料生产垦区。目前，农垦油料种植面积 542 万亩，总产量 82 万吨。发展重点是调整品质结构、提高单产，培育高油大豆和"双低"油菜及特色油料，打造全产业链。

　　第二，保障重要城市食品供应和市场稳定垦区。北京、天津、上海、重庆、广州等城郊型垦区，是城市粮食、蔬菜、乳制品、肉产品、水产品的重要生产供应平台。发展重点是增强主要农副产品的综合生产供应能力，为市民提供从田间到餐桌的放心食品，进一步增强对大中城市的农产品供应和调控能力，保障市场稳定。上海光明集团每年可向上海市场供应粮食 150 万吨、生猪 125 万头、奶牛养殖 7.2 万头、水产养殖面积 11 万亩，分别达到上海最低保有量的 150％、50％、120％、33％，蔬菜交易量占全市的 75％，食糖贸易量超过 300 万吨，位居全国行业第一。重庆农垦乳制品加工能力超过 50 万吨，年乳制品供应量超过重庆 70％的市场份额；生猪年出栏量近 80 万头，年屠宰量超过 200 万头，占重庆主城区生鲜猪肉食品供应量的 40％；冷链物流产业年冷冻食品交易额超过 180 亿元，占重庆冷冻食品市场供应量 90％以上的市场份额。

第三，保障国家边境稳定和生态可持续发展垦区。新疆生产建设兵团、新疆畜牧、新疆农业、黑龙江、吉林、辽宁、内蒙古、广西、云南等垦区共有 276 个农场位于边境地带，这些边境农场大多处于民族地区，承担着反恐维稳、禁毒巡逻、对外合作、阻击境外动物疫病和有害生物传入等功能，是保障国家边疆安全和民族团结的重要基石。湖北、湖南、江西、福建、四川、贵州等垦区，共有 195 个农场位于沿江沿湖、草原湿地和山区林区，建设重点是健全生态屏障体系，强化生态涵养和水源保护功能，保障可持续发展。

保障改善民生、持续增进垦区人民福祉，是推进农垦改革发展的出发点和落脚点。增加职工收入是保障和改善民生的根本，要多途径拓宽职工致富增收渠道；扎实推进垦区新型城镇化发展，统筹做好道路、饮水、供电、危房改造等基础设施建设，建立健全教育、科技、文化、卫生、社会保障等公共服务，切实改善垦区生产生活面貌，让广大职工群众共享改革发展成果。

通过推进国有农场办社会职能改革，完善农垦社会保障机制，加强边境农场和贫困农场建设，改善道路、供水、供电、供暖、供气、垃圾和污水处理等基础设施建设，提高垦区义务教育、基本医疗与公共卫生、公共文化、公共交通服务等公共服务水平，切实保障职工权益，逐步完善垦区治理体系，不断提高垦区治理能力，促进垦区社会和谐稳定。重点加强农垦小城镇建设，通过大力促进垦区新型城镇化发展、不断提高垦区城镇化水平，助推垦区第二、三产业进一步快速发展，吸引和聚集更多企业到垦区落户生根，增加垦区就业容量，引导农村居民低成本实现市民化，充分发挥农垦小城镇对新型城镇化发展的独特带动作用。

第七章
新时期深化农垦改革的重点举措

　　农垦国有农场是在特定历史条件下、为完成国家赋予的特殊任务而建立的。在发展历程中，农垦为支持国家经济建设、增加粮棉油胶等主要农产品供给、探索我国农业现代化发展道路、以先进生产力示范带动农村、安置复转官兵作出了重要贡献、形成了独有的资源优势、产业优势、规模优势、科技优势、组织优势，这是农垦市场竞争力的主要支撑，是进一步发展壮大的坚实基础，也是在新时期体现地位和作用的重要保证。在新时期，深化农垦改革必须巩固和提升农垦独特优势，推动农垦在国家战略全局中发挥更大作用。

第一节　集团化是垦区改革的主导方向

　　全国农垦管理体制大体可分为集团化和非集团化两种形式。其中集团化垦区农场一般归属所在省管理，集团化管理体制改革是把省级农垦管理部门改组为集团母公司，农场和所属企业改为子公司或分公司，形成以资本为纽带的母子公司体制；但同时基本保留了省级农垦管理机构牌子，承担垦区行政和社会管理职能。非集团化垦区一般是农场归属市县管理，省级设有行政或事业性质的农垦管理机构，主要履行行业指导、管理和服务职能。

　　改革开放以来，为打破传统体制的束缚，解放和发展生产力，农垦系统以市场为导向，围绕体制机制创新进行了不懈的努力和大胆地探索。17 个垦区由原来的以行政管理为主整体向企业集团转变，建设成经济实力和市场竞争力较强的大型企业集团。

党的十八届三中全会明确指出，国有企业是推进国家现代化、保障人民共同利益的重要力量，必须适应市场化、国际化新形势，推动国有企业完善现代企业制度、提高经营效率，更好地承担社会责任。

尽管农垦兼具区域性、社会性等特征，但其基本特征仍是以国有土地为依托、主要从事农业生产经营的经济实体。作为国有农业企业，农垦尽管有不同于一般国有工商企业的特殊属性，但也必须遵循社会主义市场经济改革的基本方向和国有企业改革的基本规律，紧紧围绕市场在资源配置中起决定性作用和更好发挥政府作用来深化体制机制改革，从"政企、社企不分，内部封闭"中走出来，加快推进垦区集团化、农场企业化改革，建立健全协调运转、有效制衡的公司法人治理结构，把农垦培育成充满活力、有竞争能力的市场主体。

经过长期的建设和发展，农垦的组织化程度、规模化水平、物质装备水平、综合生产能力都走在全国前列，成为国家在关键时刻抓得住、用得上的重要力量。但要应对日益加大的农业发展资源环境约束和日趋激烈的国际农业竞争，提高农垦在保障国家粮食安全、探索中国特色新型农业现代化道路中的作用，则必须通过改革创新，整合农垦资源、放大农垦优势，增强垦区整体经济实力、市场竞争力和示范带动能力来实现。

在新的历史条件下，大力推进垦区集团化、农场企业化改革，通过体制创新把农垦打造成具有国际竞争力的现代农业企业集团，以巩固其国有农场市场主体地位、提高农垦市场竞争力、激发农垦发展活力，从而进一步发挥农垦的独特优势，使农垦更好地服从服务于国家粮食安全、建设中国特色新型农业现代化、实施"一带一路"等需要。

1995年，农业部在总结各地实践的基础上，明确提出了农垦管理体制改革的总体思路，要求有条件的垦区要按照社会主义市场经济体制要求，积极向集团化、公司化过渡。垦区集团化改革从此全面启动，全国35个垦区中，有17个垦区按照集团化方向推进着。经过20多年的发展，集团化垦区经济发展速度、质量和整体实力全面提高，已成为农垦核心竞争力的代表，对全国农垦经济发展和支持当地经济社会发展的贡献更加凸显。2016年，17个集团垦区实现生产总值4 703.71亿元、利润总额167.94亿元，分别占全国农垦的63.86%和97.33%。实践证明，垦区集团化改革能够打破传统体制形成的条块分割、各自为战的分散经营格局，实现资源整合，提高管理水平，能够切实增强垦区内生动力、发展活力和整体实力。

垦区集团化改革是垦区改革的主导方向，是国家为农垦在新时期更好地发挥战略作用、在总结农垦体制机制创新和改革发展经验的基础上做出的重要判断，是被实践证明有利于做强做大农垦经济、提升农垦地位作用的重大举措，将对新形势下全面深化农垦改革产生深远影响。要站在农垦事业发展全局的高度，充分认识垦区集团化改革的重大意义。

《国务院关于 2005 年深化经济体制改革的意见》（国发〔2005〕9 号），要求全面推进垦区集团化改革，加快垦区集团现代企业制度建设。中央农垦改革发展文件再次强调集团化是垦区改革的主导方向。要求继续推进垦区集团化改革，建立健全适应市场经济要求、充满活力、富有效率的管理体制和经营机制，打造一批具有国际竞争力的现代农业企业集团，并对完善母子公司体制、现代企业制度、股权多元化改革、理顺行政管理体制等改革关键领域做出了重要部署。

垦区集团化改革涉及领域非常广泛，而且不同垦区现行管理体制、外部环境、资源禀赋和产业构成也不尽相同，要结合垦区实际探索集团化改革路径。不同的垦区，改革思路、改革重点、改革措施以及推进改革的方式方法和时机选择都有所不同，要在坚持集团化改革是垦区改革主导方向的前提下，明确垦区集团着力转换体制机制的重点及农场归市县管理垦区的集团化改革路径。

对国有农场都归属省级农垦部门直接管理的垦区，要整建制转换体制机制，加快推进直属企业的整合重组和国有农场的公司化改造，努力打造大型现代农业企业集团，真正实现从传统的行政性管理体制向以资本为纽带的母子公司管理体制转变。

对于国有农场归属市县管理的垦区，尽管组建省级垦区企业集团难度很大，但仍然要坚持集团化改革方向。有条件的可以组建区域性现代农业企业集团，产业特色明显的可以联合组建农业产业公司，探索自下而上的垦区集团化改革路径。

这是在充分考虑垦区体制、各类生产要素市场化程度等多方面因素的情况下，做出的符合垦区发展实际的路径安排，而不是简单的一刀切、齐步走、一个模式。

按照市场经济规律要求，着力转换垦区集团经营体制机制。规范集团化改革、建立规范化制度，是集团垦区健康成长的基础和保障，对农垦这样从计划经济传统体制中走过来的国有企业尤其重要。

对于集团化垦区而言，已经具备了集团的整体架构，关键是要按照现代企业制度要求，建立健全协调运转、有效制衡的公司法人治理结构。要切实构建起以资本为纽带的母子公司管理体制，增强集团母公司管控能力。同时，要稳步推动国有农场等所属企业的公司化改造、股份制改革，加快发展专业化产业公司，增强企业的内生发展活力。

对于农场归属市县管理的垦区，要着力增强国有农场的经济实力，大力推进国有农场的企业化改造，采取市场化手段发展专业化集团，创造条件逐步建立综合性垦区企业集团。

要依法推进集团公司股权多元化改革试点。引入多元化的投资主体，这是推进垦区集团化改革的重要措施。一方面有利于农垦企业尽快建立现代企业制度，形成自上而下、从内到外的约束机制，促进政企分开，使企业成为市场经济的法人实体和竞争主体；另一方面有利于扩大投资来源，分散经营风险，增强国有资本的支配能力和运行效率。

农业作为涉及国计民生的重要战略性基础产业，而且涉及国有土地资产的处置，股权多元化改革必须稳妥有序地加以推进。要在确保国有资本控股前提下，积极引进战略投资者，依法推进集团公司股权多元化改革试点，稳慎实现集团公司从国有独资向多元投资的转变。

要根据中央关于国有企业改革的精神，结合农垦实际，在深入调查研究的基础上，科学制订试点方案，依法有序开展试点。对于集团下属的企业，可结合集团发展方向积极发展国有资本、集体资本、非公有资本等交叉持股、相互融合的混合所有制，探索推进职工持股，形成资本所有者和职工利益共同体，最大限度放大农垦国有资本控制力和影响力，共同做优做强做大农垦企业。

要创新农垦行业指导管理体制。推进垦区集团化改革需要一定过程，有的难以一步到位，需要采取分步走的策略。农垦与一般的工业企业不同，其所特有的集经济功能、社会功能、区域功能为一体的特性，决定了难以一步跨越成为现代企业集团。因此，在垦区集团化改革路径上，必须在坚持方向的前提下，考虑农垦经济性与区域性、社会性融为一体的特点以及垦区所处区域经济社会发展的不平衡性，允许有过渡性安排，逐步分离办社会等不应由企业所承担的职能。结合农垦实际探索多种形式的改革路径并逐步完成。在改革过渡期内，整建制实行集团化改革的垦区可保留省级农垦管理机构的牌子，实行一个机构、两块牌子，加快推进政企、社企分开，逐步过渡到一个机构、一块牌子，全面实行集团化企业管理。农垦管理机关人员经批准允许到农垦企业兼职，但应从严掌握，且须严格执行兼职不兼薪的政策。

实践证明，近些年发展势头好、贡献大的垦区，都是实行一个机构、两块牌子的管理形式。一方面大力推进集团化改革，促使农垦经济快速发展；另一方面，又在加快办社会职能改革的同时，加强行政管理和指导服务。如果简单地将垦区企业集团和管理机构截然分开，容易导致经济和行政、社会管理相互脱节，出现"两张皮"现象。那种两套机构、两套人马和完全去行政化一步到位的做法，在实践中已经证明是不可取的。

因此，现阶段要通过创新行政管理体制理顺政企关系，特别是在垦区集团化、农场企业化改革还不到位的情况下，必须充分发挥行政管理的指导作用，不断将改革引向深入。

垦区集团化改革虽然起步较早，也取得了显著的成绩。但改革的广度和深度还不能完全适应市场经济体制的需要，有很多问题需要解决，改革的任务仍然十分艰巨。

一是坚持改革方向不动摇。只有坚定不移地按照集团化道路走下去，才能快速做优做强做大企业，才能真正提高农垦的整体实力、市场竞争力和影响力，也才能在发展中推动解决历史遗留问题。各级农垦管理部门要进一步统一思想、提高认识，坚定集团化的改革方向，按照中央的有关部署，结合垦区实际，加强顶层设计，明确集团化改革的具体途径，统筹、协调推进各领域的改革。

在改革过程中，要注意处理好集团母公司与子公司、基地分公司、存续农场的利益关系，处理好企业与职工之间的利益关系，处理好垦区与地方各级政府及有关部门的关系。通过统筹协调好各方面的利益关系，形成合力，为改革发展创造一个良好的环境。

二是确保国有性质不改变。保障国家粮食安全和重要农产品有效供给、示范带动中国特色农业现代化，是新时期中央赋予农垦的根本任务和农垦工作的主题。

推进集团化改革要与国家对农业的总体发展战略和农垦承担的战略任务相适应，要始终高举现代农业建设的旗帜，把主攻方向放在保障供给、发展现代农业上，坚决防止国有资产流失、决不能把农垦改没了；坚决把农业生产作为核心任务，决不能把农业改弱了；坚决把发展适度规模经营作为主要方式，决不能把规模改小了，切实发挥农垦在国家战略全局中的作用。

三是大力推进联合联盟联营。在市场经济条件下，农垦要实现大发展，农垦企业要做强做大，必须打破门户偏见，推进联合联盟联营。纵向上，要以打造农业全产业链为抓手，形成大型企业集团带动产业公司、国有农场、新型经营主体和传统农户的发展格局；横向上，要立足垦区资源禀赋优势，采取多种措施，加强垦区间联合，尽快把农垦的优势产业在全国范围内整合起来，积极引入科研院所、金融资本、民营企业等优质资源，共同组建联盟，做强做大。

要高度重视并切实加强垦区与地方的合作共建，大力推进农垦企业与地方经济社会融合发展。要充分利用国内外两个市场、两种资源，稳步实施"走出去"战略，提高境外资源开发利用能力和水平，拓展企业发展空间。

第二节　坚定不移推进国有农场办社会职能改革

国有农场办社会是伴随农场开发建设历史进程逐步形成的，为支撑农垦事业建设和带动周边地区发展发挥了重要作用。

随着我国社会主义市场经济的发展和国家社会管理体制的不断完善，国有农场办社会职能的弊端日益凸显。党的十四届三中全会以来，国有农场围绕管理体制上的政企分开和社企分开，采取多种形式探索推进国有农场办社会职能改革，取得了显著成效。

2012 年，国务院农村综合改革工作小组开展了国有农场办社会职能改革试点，共有 16 个垦区纳入试点范围。但绝大多数垦区和国有农场尚未因此真正解决农场办社会问题，不仅农垦职工群众日益增长的社会管理和公共服务需求难以满足，而且农场负担日趋加重，严重制约了农场经济社会发展。

中央农垦改革发展文件对改革国有农场办社会职能做出了一系列重要规定，明确了改革的方向和举措，体现了国家推进国有农场办社会职能改革的决心。改革国有农场办社会职能、理顺政企社企关系是推进垦区集团化、农场企业化的重要举措，直接关系到国有农场市场主体地位能否真正确立、国有农场的内生动力和发展活力能否得到全面提高。必须充分认识改革国有农场办社会职能对推动整个农垦事业发展的重大意义。

首先，改革国有农场办社会职能是农垦管理体制改革的关键环节。新时期农垦改革的目标是通过深化垦区集团化、农场企业化改革，建成一批具有国际竞争力的现代农业企业集团。国有农场是农垦的基本单元，虽然国有农场具有经济性、社会性和区域性的特点，但它的基本属性是企业，必须遵循市场经济规律和企业发展规律，沿着企业化发展路径推进国有农场办社会职能改革，坚持政企分开、社企分开，把农场打造成为真正的企业和市场主体，让企业干企业的事，政府干政府的事，社会干社会的事。

这个问题如果得不到有效解决，国有农场就难以向主业突出的经营性企业转变，难以建立一套规范运作、决策科学的运行机制，行政性翻牌公司的问题难以从根本上得以解决，整个农垦改革的任务就不能根本完成，建立与社会主义市场经济相适应的体制机制的目标也就不可能实现。

其次，改革国有农场办社会职能是提高国有农场发展活力的必由之路。增强国有农场活力是办好国有农场的本质要求。随着社会主义市场经济体制的逐步完善和对外开放水平的不断提高，国有农场的生存与发展环境发生了巨大变化，不仅要与实力不断壮大的非公有制经济竞争，更要在国际竞争中面对大型跨国企业集团的挑战。

目前，国有农场作为企业既要向政府纳税、又要在企业利润中承担本该由政府承担的社会职能支出，双重叠加的负荷不仅降低了国有农场的整体经济效益，更削弱了企业的市场竞争力。据统计，2016 年，不包括办社会所需的基本建设支出，农垦自办社会机构及职能实际经费支出总额为 355 亿元，其中农垦企业经费补助 130 亿元。农垦办社会形成的债务达 758 亿元。

在农场经营收入来源较为单一的情况下，国有农场所承担的办社会负担经层层分解，又落到了职工身上，加重了农场职工负担，并引发了一系列社会问题。因此，要加快推进国有农场办社会职能改革，推进社会管理职能的属地化，为国有农场公平参与市场竞争创造条件。

再次，改革国有农场办社会职能是推动农场社会事业发展的有力保障。一直以来，由于垦区社会事业管理不能纳入政府管理序列和财政预算，很多政策落实都只能是"一事一议"，经常出现"落空"和"慢半拍"的现象。

同时，国有农场的资金既要投入生产经营，又要投入社会管理，有限的资金很难满足当前垦区发展教育、卫生、文化等事业的需要，特别是经济困难的农场，根本无力承担。长期以来资金投入的严重不足，造成垦区的许多社会职能履行不到位，公共服务、基础设施严重落后，影响了垦区社会事业的长远发展。

要真正解决"政策边缘化"和公共服务均等化问题，则必须理顺政企关系，从体制上把农垦的社会发展和社会管理纳入各级政府管理体系。

改革国有农场办社会职能的目的是理顺农场社会管理体制和经营机制，将属于政府职能的事务纳入公共财政保障范围，在不断减轻农场办社会负担、提升农场经济功能的同时，切实提高社会管理和服务能力，保障垦区经济社会协调发展。由于改革事关垦区内部、农垦与地方政府之间一系列重大利益关系、利益格局的调整，涉及机构和职能、编制和人员、资产和债务的处置，涉及经费保障和基本建设投入渠道的理顺，改革国有农场办社会职能可以说是一项系统性、全局性的复杂工程。

首先，要稳步推进国有农场社会管理属地化。改革国有农场办社会职能是国有农场改革的核心，也是整个农垦改革的难点之一。国有农场的基本定位是企业，本质上是以国有土地为依托、主要从事农业生产经营的经济组织。由国有农场承担办社会职能，不仅使农垦企业无法真正参与市场竞争，垦区的社会发展也无法全部纳入公共财政保障，广大职工群众提高公益性社会事业发展和公共服务水平的要求就很难完全满足。

2012年，国有农场办社会职能改革试点的政策目标主要就是将办社会职能通过移交或明确管理、资金渠道等办法纳入公共财政保障范围，提高社会公共资源利用效率，减轻农场和农工负担，建立与市场经济体制相适应的国有农场管理体制。因此，要在试点基础上，坚持社企分开的改革方向，推进国有农场生产经营企业化和社会管理属地化。中央农垦改革发展文件综合考虑农垦对改革成本的承受能力、各地经济发展及政府财政收入状况、垦区内外认识已逐步统一等条件，提出用3年左右的时间，将国有农场承担的社会管理和公共服务职能纳入地方政府统一管理，妥善解决机构编制、人员安置、所需经费等问题。

将国有农场承担的社会管理和公共服务职能纳入地方政府统一管理，与全面将国有农场社会职能移交地方政府管理有着根本区别。纳入地方政府统一管理是指国有农场社会管理机构的编制、人员、经费纳入地方统筹。其中，国有农场内部机构承担场域范围内社会管理职能的，由政府授权履行社会职能，机构、人员、公用经费、基本建设经费等由公共财政承担，编制纳入地方政府社会管理机构编制范围，从而全面理顺国有农场社会管理体系和政策落实渠道。移交地方政府的社会管理机构，地方政府妥善解决机构编制、人员安置、所需经费等问题，确保工作有序衔接，职能履行到位。

其次，要因地制宜、多种途径地改革国有农场办社会职能。国有农场所处区域经济发展的承受能力，决定了国有农场不同于其他一般国有工商企业，现阶段很难将农场全部办社会职能移交给政府，由政府背负支出和所有管理责任。因此，需要因地制宜、采取多种途径分步推进改革，允许各地结合区域经济社会发展实际分类分步推进办社会职能改革。

公检法、基础教育、基本医疗和公共卫生等管理边界清楚、系统管理成熟度高的办社会职能，要一次性移交地方政府管理，暂不具备条件的要在一定过渡期内分步分项移交。远离中心城镇或区域相对独立等不宜移交社会职能的国有农场，为避免在周边社会管理发育不成熟条件下硬性推动分离，造成经营管理和社会管理"两张皮"，可设立行使社会管理和公共服务职能的内部社会管理机构，探索以授权委托、购买服务等方式推进国有农场办社会职能内部分开、管办分离。

推进国有农场办社会职能内部分开、管办分离改革，要在国有农场内部明确社会管理机构，具体承办国有农场区域内的社会管理和公共服务事务，并与农场企业经营机构实行机构分开、职能分开、人员分开、资产分开、财务核算分开。地方政府或通过授权方式赋予国有农场社会管理机构适当管理权限，或通过购买服务的方式实现国有农场社会事务由政府统一管理，人员、公用、基本建设经费等由政府承担，从而打通国有农场社会事业的政策和资金渠道。

再次，要加大对改革国有农场办社会职能的支持力度。为支持国有农场办社会职能改革，需要有两项重要支持政策。

一是充分考虑国有农场的特殊性和地方财政承受能力，借鉴国务院农村综合改革工作小组开展国有农场办社会职能改革试点的经验，提出了中央财政对改革国有农场办社会职能予以适当补助。

二是为妥善解决办社会职能改革工作存在的遗留问题，对农垦政策性、社会性等原因形成的债务根据实际情况进行甄别和处理。对于企业办社会职能等原因形成的债务，凡属于政府应当偿还的债务应纳入政府债务统一管理。其他由于办社会职能原因形成的债务，特别是已经构成银行呆坏账的，由金融机构按照相关规定予以处理，真正使国有农场轻装上阵。

改革国有农场办社会职能，既是我国经济体制改革的大势所趋，也是农垦事业发展的内在需要，时间紧、任务重、难度大。必须进一步坚定推进改革的信心和决心，进一步增强推进改革的责任感和紧迫感，抓住当前难得的历史机遇，认真借鉴以往改革的成功经验和做法，深入细致地做好各项工作，坚定不移地将改革推向前进。

要扎实做好基础工作。国有农场办社会职能情况复杂、类型多样，各级农垦管理部门要对承担的各项行政性、事业性、服务性职能以及机构、人员、经费、债务等情况进行全面清理核实，对基础数据进行全面调查统计，做好数据测算，如实反映有关社会职能单位的现实状况，避免出现数据遗漏、缺失或不实等问题，为推进改革创造条件。

要积极争取政府和有关部门的支持。改革国有农场办社会职能涉及地方政府和国有农场的利益调整，必须得到各级政府部门的大力支持。农垦系统要加强与当地政府和有关部门的沟通和协调，主动汇报，共同研究确定改革方式和实施步骤。对改革国有农场办社会职能的具体途径，要着重把握资产与债务处理、人员安置、经费保障、机构编制等关键问题，破解难点问题，防止产生遗留问题。对改革中遇到的特殊性问题，要客观历史地对待，做到既坚持原则、规范操作、不给将来留下尾巴和隐患，又要不失灵活性、从实际出发、尽可能照顾到各方面的利益和关切。

要制定明确的时间表和路线图。要实现用 3 年左右的时间、将国有农场承担的社会管理和公共服务职能纳入地方政府统一管理的工作目标，各级农垦管理部门必须进一步统一思想、提高认识，坚定信心、迎难而上，倒排工作计划，早谋划、早安排、早行动。

无论是采取一次性整体移交、分步分项移交还是内部分开、管办分离授权委托、购买服务哪种改革方式，都要结合垦区和国有农场实际提出年度工作任务，明确责任人和监督考核办法，确保按时完成改革任务。特别是前期已经纳入国有农场办社会职能改革试点的 16 个垦区，更要加快推进，提前完成改革任务，为其他垦区提供经验借鉴。

要扎实做好职工群众的思想工作。改革国有农场办社会职能涉及垦区管理体制的重大调整和广大职工的切身利益。改革过程中，若政策不到位、工作不扎实，很容易造成不同群体之间的利益反差，带来不必要的矛盾和纠纷，影响垦区社会的和谐稳定。

要牢固树立稳定是基础、稳定是前提的意识，不管社会职能采取什么方式进行改革，都要深入开展宣传解释工作，及时掌握职工群众的思想动态，做好职工群众的思想工作，保证国有农场办社会职能改革工作的顺利进行。

要处理好国有农场办社会职能改革和其他各项改革之间的关系。改革国有农场办社会职能不是简单地将国有农场办社会负担转换为各级财政负担，而是以此为突破，深入推进垦区集团化、农场企业化改革。

要同步推进国有农场管理体制改革，降低管理成本、提高运行效率。有条件的农场要加强资源整合，培育壮大优势主导产业，加快推进公司制改造，逐步建立现代企业制度。创新农场农业经营管理体制，优化配置土地、人员等各类生产要素，增强农垦内生动力、发展活力、整体实力。

表 7-1 典型国有农场办社会职能的类型与主要内容

类 型	内 涵	主要内容
社会行政性职能	需要政府部门授予或委托相应行政执法权的职能	土地管理；小城镇和居民点建设与管理；居民自治管理；环境卫生与绿化管理；卫生监督；计划生育管理；综合治理（包括治安管理、环境保护）；安全生产监督；市容监察；市场管理；房屋及房地产管理（包括拆迁）；道路、公路及桥梁管理；农田水利基础设施管理；林木管理；渔政管理；农机监理；水资源管理；动物防疫等
社会事业性职能	需要政府部门授予或委托相应管理权的事业性管理职能	民政（包括优抚恤、敬老、助残、济困、居民最低保障、赈灾）；居民社会保险（包括养老、医疗、工伤、生育保险）；离退休人员管理；社区党建（非企业）；人武部（包括义务兵役、民兵训练）；司法（包括社区矫正、群众信访、民调、法律服务）；劳动力就业培训指导；社区劳动事务代理；社区文化宣传（包括广播、有线电视、网络）等
社会服务性职能	为场域内生产生活服务的社会公益性、服务性事业，可以按照市场化方式运行的职能	场域企业生产和居民生活水电气的管理与服务；社区物业管理与服务；医疗卫生管理与服务（包括社区公共卫生、防疫等）；教育管理和服务（包括义务教育、幼儿教育等），等等

注：由于垦区农场所处地域差异性较大，一些城郊型垦区农场承担社会职能较少，而一些地处边远垦区农场承担社会职能会更多。

第三节　创新农垦农业经营管理体制

农业经营体系是各类农业经营主体及其相互关系的总和。创新农业经营管理体制是加速推进现代农业建设的内在动力，也是农垦建设现代农业的现实要求，是推进现代农业建设的重要基础和保障。党的十八大提出构建集约化、专业化、组织化、社会化相结合的新型农业经营体系，农垦要顺应时代发展的要求，加快推进农业经营体系的改革创新，构建符合社会主义社会市场经济要求的国有现代农业经营体系。

当前农垦现代农业发展已进入加快转型升级的重要阶段，必须进一步创新和完善农业经营体系，要在坚持和完善双层经营体制基础上，强化国有农场经营管理服务职能，大力培育新型农业经营主体，推进农业适度规模经营，夯实现代农业建设的制度基础。

农业现代化包括生产条件现代化、生产技术科学化、生产组织社会化、生态环境可持续化等，既包括了物质装备等基础设施的现代化，也包括了社会化服务体系等经营方式的现代化，核心是人的现代化。

现阶段，我国农村以分散经营为主的市场主体在参与农业现代化建设、抵御各类风险、参与国际竞争等方面的能力十分有限；国有农场也普遍存在农工年龄老化、知识结构陈旧、农场社会化服务体系不够健全等问题。要促进"四化同步"、率先基本实现农业现代化，农垦必须加速推进农业经营体系改革和创新，积极构建国有现代农业经营体系，使生产关系能够适应生产力不断发展的需要，进而确立和不断提升农垦战略地位，带动各类农业经营主体实现共同发展。这不仅关系到农垦自身发展，也事关农业农村经济的发展和国家经济社会全局，是农垦率先基本实现农业现代化的根本制度保障。

农垦改革的主线是垦区集团化、农场企业化，目标是打造具有国际竞争力的现代农业企业集团，这对创新农垦农业经营管理体制提出了更新更高的要求。

创新农业经营管理体制是推进垦区改革发展的内在动力。垦区集团化的根基是农场企业化，农场的企业化离不开农业的规模化、组织化和产业化，改革的核心是创新体制机制，强化农场经济功能。必须以市场为导向，以企业化、一体化经营为主要方向，通过构建以家庭农场为基础、以国有农场为核心、以产业公司为龙头、以合作组织为辅助、社会化服务贯穿始终、市场化运作覆盖全程的农垦农业经营体系，形成家庭农场和国有农场、产业龙头之间更为合理、更为紧密的利益分享和风险共担机制，实现统一经营与分散经营有机结合、传统主体与新型主体竞相发展的农垦新型农业经营机制，才能进一步放大农垦农业专业化、集约化、规模化、组织化优势，实现企业生产效率、资源配置效率最优化和经营效益最大化，为农垦改革发展取得实质性进展提供强有力的制度支撑。

国有农场与家庭农场是农垦农业经营管理体制中最重要的两个主体，其相互关系也是管理体制中最重要的关系。现行的农垦双层经营管理体制充分调动了家庭农场的生产积极性，也发挥了国有农场的统一经营优势，对推进农垦经济社会发展发挥了重要作用。

随着农业产业化、规模化、信息化进一步发展，农垦经营管理体制也还存在一些与新形势新要求不相适应的地方。如少数农场对农垦国有土地经营与集体土地经营的本质认识不到位，实行了类似于农村的土地承包经营，相对固化了农户承包经营关系，制约了规模经营的进一步发展；家庭经营与国有农场统一经营之间的利益联结机制还有待完善；农场统一经营服务能力还有待进一步提高等，这些都已成为农垦农业转型升级的制约因素。需要调整完善家庭农场与国有农场之间的关系，使沟通衔接更为协调、利益联结更加紧密、各自优势充分发挥，以更好地适应新形势下农垦改革发展的需要。

创新农垦农业经营管理体制，需要在完善农业经营制度、明晰法律关系、明确承包租赁管理制度等方面作出制度安排。

首先，要坚持和完善统分结合的双层经营体制。以职工家庭经营为基础、大农场统筹小农场的农业双层经营体制，符合现阶段农业生产特点和农垦实际，必须坚持和完善。

改革开放以前，农垦农业长期实行生产"大集体"、劳动"大呼隆"、分配"大锅饭"、产品统购统销的高度集中的计划经济模式。1982年，通过借鉴农村改革成功经验，农垦开始实行家庭联产承包责任制，实现了传统农业经营体制的重大变革。1983年，在"大包干"基础上，农垦系统开始大力兴办职工家庭农场，开始形成以国有农场统一经营为主导、职工家庭分散经营为基础，通过土地承包关系形成的大农场套小农场、统分结合的双层经营农业经营体制。这次将大农场"套"小农场改为大农场"统筹"小农场，进一步明确了完善农垦农业经营体制的方向,具有深刻的内涵。"套"带有行政色彩,具有明显的计划时代特征,其对象主要是农场的职工家庭农场。"统筹"更多强调经济关系,强调服务,具有市场化的内涵。统筹对象既包括农场职工家庭农场、非职工家庭农场,还包括农村家庭农场等,也体现了农垦对地方农村发展的带动作用。

家庭农场作为直接从事农业生产的分散主体,是农场经济发展、社会稳定的基础,要充分调动生产积极性,切实保障其生产经营自主权。国有农场作为统一经营主体,要保持和发挥自身组织优势,在基础设施建设、作物和产业布局、生产要素投入、农产品销售等方面发挥好统筹职能,解决家庭经营办不了、办不好和办了不划算的问题,决不能将土地一租了之,回避作为企业经营主体应承担的风险和管理责任。要充分调动农场和农工两方面的积极性,强化农场与职工间合理的利益分享和风险共担机制,稳固农垦现代农业建设和发展根基。

其次,要强化国有农场农业统一经营管理和服务职能。这是完善双层经营体制的重点和难点,也是农场企业化的关键所在。国有农场作为企业管理和资产经营的主体,要保持和发挥自身组织优势,在农田基础设施建设、作物和产业布局、生产要素投入、农产品销售等方面发挥好统筹职能,在农业生产产前、产中、产后服务等方面体现出更大的作用。

增强国有农场统一经营服务能力,是创新农垦农业经营管理体系的主导方向,大体要经历三个阶段。

第一阶段:以家庭农场经营为主,生产费用和生活费用自理,产品由家庭农场自行处置或农场统一指导销售,农场提供生产技术,代耕代收等基本经营服务功能,家庭农场和大农场利益连接较弱,生产经营的主要风险由家庭农场承担。

第二阶段:随着农场统一经营服务能力的增强,国有农场对家庭农场的产品具有更强的深加工能力以及与市场对接的能力。家庭农场的产品大部分通过农场统一的口子进入市场,产品附加值得到提升,家庭农场和大农场结成统一的利益联合体。家庭农场主要承担生产环节的风险,其他主要风险由农场承担。

第三阶段:随着机械化、信息化、规模化的进一步发展,国有农场有能力对土地进行统一经营,实行产加销一体化,农场农业职工转变为农业产业职工，不再以家庭农场的形式组织农业生产。生产经营的全部风险由农场承担，农场彻底转变为公司化运营。

要将农业社会化服务作为农垦重点发展的新兴战略产业，下大力气加以扶持壮大。农垦企业要努力构建"集团公司＋分公司（子公司）＋国有农场＋家庭农场＋社会化服务"发展模式，提高国有农场的统一经营和集团公司的市场竞争能力，整合碎片化资源和不同功能主体，构建纵向一体化经营管理体制，实现整体经营实力的不断提升。

第三，要积极发展多种形式的适度规模经营。适度规模经营是发展现代农业的必由之路，农垦具有发展适度规模经营的特殊优势。农垦要准确把握中央关于引导土地适度规模经营的精神，以保障供给、企业增效、职工增收为主要任务，坚持土地国家所有、国有农场拥有使用权的基本前提，积极探索符合农垦实际的规模经营实现方式，巩固和完善国有农业经济制度。

要积极培育规模化农业经营主体，发展股份制、公司制等农业经营形式，推进适度规模经营，既要防止土地碎片化，又要防止土地过度集中。要综合运用行政、市场和法律等手段，实行差别化的扶持政策，逐步消除过度占有土地资源的经营主体。研究土地分配管理办法，通过市场化竞争实现经营能力和土地面积间的有效对接，在确保公平公正前提下，重点向有潜力、有实力的家庭农场倾斜，推动其向适度规模经营发展。鼓励有条件的垦区探索农场统一经营的有效实现形式。

第四，要构建权利义务清晰的国有土地经营制度。农业职工与国有农场之间实质上是具有劳动关系的债权关系。完善农垦农业经营体系，首先要明晰国有农场与职工之间的法律关系，界定职责分工，在实践中不断探索统分结合的优势，形成两者有机契合的最佳模式，最终确立权利义务清晰的国有土地经营制度。

要全面推行土地经营合同管理，不断完善农场职工与家庭承包租赁制度。完善经营主体间利益联结关系，强化市场机制的作用，推动家庭农场、国有农场、合作组织、龙头企业等主体间深度融合发展。根据垦区和农场实际，建立经营面积、收费标准、承包租赁期限等同职工身份相适应的衔接机制，防止长期简单固化土地承包租赁经营关系。在经营收费上，要严格管理，通过全面推进财务公开和监督审计，确保费用收支合理。在经营期限上，要求职工承包期不得超过退休年限，职工退休时在同等条件下其承包租赁土地可由在农场务农的子女优先租赁经营，具体条件由垦区或农场制定。

农民土地承包经营和职工承包租赁的区别

国有农场土地和农村集体土地性质有着根本的不同，国有农场职工土地承包租赁也与农村集体土地承包经营有着本质区别。国有农场土地所有权归国家，农场拥有使用权。农村集体土地所有权归村集体，农民拥有承包经营权，承包经营权是根据村民的成员身份权产生的物权，可确权发证、可继承。国有农场土地使用权属于用益物权，具有占有、使用、收益和部分处分的权能，承担着支持农场生产的经济职能和维持职工生活的保障职能。国有农场土地经营权主要体现为对农业生产的规划布局、组织调度等统一经营权能和对职工土地发包管理权能。职工家庭承包国有农场土地，是在劳动关系基础上、通过土地承包合同建立起来的债权关系，不可确权发证、不可继承，非经约定不得流转。

尽管国有农场在实践中借用了农村土地承包经营的名义，但与农村土地承包经营有着本质的区别：

合同性质不同。农村土地承包合同具有物权的公示效力，只要承包合同成立，就意味着国家法律对身份性家庭承包经营权赋予了物权性质的保护。而国有农场与农场职工之间既有由《劳动法》和《劳动合同法》等法律规范的企业与职工之间的劳动关系，又有由《合同法》规范的土地租赁关系，农垦职工家庭承包合同属于具有劳动合同性质的租赁合同，是农场进行生产经营的一种民事行为。

合同内容不同。农村土地承包合同遵循物权法定原则，《土地承包法》对于土地承包合同的期限、权利义务、征占补偿等基本内容都进行了明确规定，合同双方主体不得任意更改。农垦土地承包经营合同遵循的是债权约定原则，承包期限、面积、承包费用等基本内容由农场和职工双方商定，并通过职工代表大会通过，依据的是债权公平、自愿、有偿的基本原则。

权利性质不同。农村土地承包经营权体现的是物权的绝对性、对世性、支配性、排他性，权利主体完全可以依据自己的意志和意愿行使自己的权利，农民在自己承包土地上进行的合法生产经营活动不受任何人干涉。农垦职工土地承包经营权体现的是债权的请求权，依据合同双方当事人的约定而形成，体现的是相对性、平等性、相容性，农垦职工的生产经营活动需要依合同约定并符合农场生产规划（债权是在民法上可以请求他人为一定行为的权利。国有农场与职工之间的债权关系体现为双方以土地为标的物签订土地租赁合同。国有农场有权要求职工按照合同约定交付土地租金，职工有权要求国有农场按照合同约定的时间、面积和位置将土地交付给职工经营管理。用益物权是物权的一种，是指对他人所有不动产或动产依法享有占有、使用、收益的权利。农垦国有农场土地使用权是国有农场在国家所有的土地上拥有的占有、使用、收益的权利，属于用益物权）。

要坚决清理管理人员承包土地，已经建立承包租赁关系的，合同到期后应终止续约。要探索建立农业经营人员准入制度，从年龄、学历、专业和履历等方面制定标准，建立规范的招录、培训和考核制度，吸引优秀的职工子女和外来大中专毕业生从事农业生产经营。对于符合农垦农业经营准入制度人员范围的，同等条件下可以优先选择职工子女继续承包租赁经营，其前提条件是退休职工的子女已经在农场从事农业生产。

创新农垦农业经营管理体制，要紧紧围绕建立健全适应市场经济要求、充满活力、富有效率的管理体制和经营机制，培育具有国际竞争力的现代农业企业集团这一目标，以市场为导向，以适度规模经营为核心，以农业生产效率、资源配置效率最优化和经营效益最大化为主要任务，加快形成具有中国特色的国有现代农业经营制度。实践中既要大胆探索、也要谨慎稳妥。

一是坚持从实际出发。农垦农业在长期实践中形成了较高的农业生产力水平，具有独特的组织优势。创新和完善农垦农业经营体制必须适应垦区农业生产力发展要求，要有利于农垦农业规模化、专业化、组织化等优势发挥和生产力水平的进一步提升。同时，要充分考虑垦区间、农场间管理体制、资源禀赋、生产力水平等方面的差异性，坚持因地制宜、分类指导，不搞一刀切、一种模式，也不能用这种模式否定另一种模式。

二是坚持市场化改革方向。要充分发挥市场在资源配置中的决定性作用，逐步减少和取消农业生产经营中的行政干预，促进生产要素的合理流动和优化组合。始终坚持以提高经济效益和经营效率为中心，通过创新完善经营体制，更好地调动经营主体积极性，不断增强经营主体竞争力，持续提高农业产业水平和经营效益。通过市场培育造就新型农业经营主体、协调处理利益关系、检验经营体制运行效果。

三是尊重职工意愿和基层创造。当前和今后一个时期，农业职工仍然是农垦农业生产经营体系中最重要的主体。创新和完善农业经营体制，要充分尊重农工的意愿。在发展多种形式的联合、合作和统一经营时，必须坚持自愿联合、自由进出，做到引导不强迫、支持不包办、服务不干预。对于改革中出现的新事物、新做法，要坚持鼓励试、允许看、不争论、不轻易否定，发现典型、注重总结并及时上升为政策措施，确保农垦农业发展不断注入新的活力和持久动力。

四是遵循稳中求进的推进方式。创新和完善农垦农业经营体制是一个渐进的历史过程，要在保持总体稳定的基础上，与时俱进地推进农垦农业经营体制的适当调整和创新完善。要特别注重时机和条件，不能急于求成、强行推进。要严格遵循自然规律和经济规律，果敢而又审慎，坚定而又持续，全面推进相关配套改革和政策调整，做到体制机制、政策措施和落实行动有机结合、相互衔接、相互促进。

第四节　构建新型劳动用工制度

构建新型劳动用工制度，是针对农垦面临的"今后谁来种地"问题以及推进垦区集团化、农场企业化改革要求提出的，旨在从根本上建立适应现代农业发展需要的农垦农业从业人员更新换代机制。劳动用工是人力资源管理的重要内容，不仅关系到企业的改革发展，更影响到社会的稳定。在全面依法治国、推进农垦改革发展的关键时期，构建农垦新型劳动用工制度具有重要的现实意义。

2008年《劳动合同法》实施后，农垦国有农场劳动用工制度得到进一步完善，劳动合同签订率大幅提高，对稳定农业职工队伍、提高农业职工生产积极性、促进农垦经济社会发展发挥了重要作用。但也有部分农场延续传统的经营管理模式，维持原有的用人理念和劳动管理制度，未能充分利用劳动合同实施劳动管理，劳动用工机制还比较僵化，职业内在动力不足。

按照《劳动法》和《劳动合同法》要求，国有企业必须规范劳动用工管理，全面实施劳动合同制。对国有农场来说，更要适应提高企业经营水平的需要，遵循现代农业发展规律和市场经济运行规律，依法全面深化国有农场农业劳动用工制度改革，这是适应我国劳动管理法制化要求的必然选择。要结合农垦改革发展和农业经营体系创新进程，按照相关法律要求，深化劳动用工制度改革，切实保障劳动者和经营者的合法权益。通过推进劳动合同管理，逐步建立以劳动合同制为核心的市场用工制度，健全完善职工招录、培训和考核体系，为建立能进能出、优胜劣汰的市场化用工机制提供制度保证。

20世纪90年代以来，按照国家有关要求，国有农场停止了职工子女"自然增长"的招工制度，对原农场职工保持其身份不变，其他农业从业人员基本不再招收为职工，而是通过签订土地租赁经营合同建立起经济关系，逐渐形成了土地承包经营管理和劳动关系管理并行的管理模式。

目前，国有农场农业从业人员结构已发生了较大变化，未建立劳动关系的农业从业人员数量逐渐增加，农业从业人员年龄结构和知识结构不尽合理。据2014年对14个垦区的典型调查显示，垦区农业从业人员中，劳动年龄内的非职工农业从业人员约占总人数的39％，40岁以上的农业从业人员约占总人数的60％，初中及以下学历的农业从业人员比重为67％，大专及以上学历人数仅占7％；取得各类农业行业职业资格证书人数约占20％，这些都对国有农场企业化和发展现代农业带来了一定挑战。

要解决农垦"谁来种地"和"地怎么种"问题，就需要通过劳动用工制度改革，在国有农场形成有活力的生生不息的职业农工队伍，这是农垦率先基本实现农业现代化的根本需要。

人是农场最基本、最活跃的生产要素，是农场改革发展的核心资源之一。只有建立和谐共处、平等合作的劳动关系，才能不断提高国有农场的经营管理水平。国有农场所处的环境和产业性质决定了其吸引人才的优势并不突出，这就更需要构建农垦新型劳动用工制度，通过适当的激励机制引导职工提高技能，打造高素质农业生产经营者和新型职业农工队伍，调动职工和农场的积极性，促进农场的健康持续发展。

新形势下，构建农垦新型劳动用工制度，就是要着力推进劳动合同管理，建立符合社会主义市场经济和现代农业发展要求的农垦农业职工准入、退出、培训、选拔提升制度，构建规范有序、公正合理、互利共赢、和谐稳定、共同发展的农垦新型劳动关系。

一是逐步建立以劳动合同制为核心的市场化用工制度。为建立符合社会主义市场经济要求的劳动用工制度，中央农垦改革发展文件强调市场化用工方向，提出推进农垦劳动用工制度改革，健全职工招录、培训和考核体系，逐步建立以劳动合同制为核心的市场化用工制度。对长期在农场从事农业生产经营的职工子女、外来落户人员等从业人员，结合国有农场改革发展进程，依法签订劳动合同。

在劳动合同内容方面，要根据相关法律法规，确定符合农业产业特点和农业经营方式的合同条款，做到劳动合同管理制度健全、内容规范。

在劳动合同订立方面，要在合法、公平、平等自愿、协商一致、诚实信用的基础上签订劳动合同，提高劳动合同的签约率。

在劳动合同履行方面，国有农场与农业职工应按照劳动合同的约定，全面履行各自的义务。劳动合同需要变更、续订、解除或终止时，必须严格按照法定程序进行，做到程序合法、履行良好。

目前，垦区非职工农业从业人员数量庞大、构成复杂。在短期内将其全部转为劳动关系管理，农场难以承担由此而产生的社会保险缴费，而且可能引发不同群体人员攀比。国有农场要根据所处的发展阶段、农业企业劳动管理特点、社保缴费能力等实际情况，从现代农业发展用工需求出发，按照一定的标准，有计划、有步骤地与长期在农场从事农业生产经营的职工子女、外来落户人员等从业人员，在土地租赁合同的基础上依法签订劳动合同。

在农场长期从事农业生产职工子女、外来落户人员等从业人员，是否与国有农场之间存在劳动关系？

2005 年，原劳动和社会保障部下发的《关于确立劳动关系有关事项的通知》（劳社部发〔2005〕12 号），对如何认定用人单位与劳动者之间存在劳动关系做了规范。按照通知规定，对未订立书面劳动合同的，需要同时具备以下三种情形，劳动关系才能成立。一是用人单位和劳动者符合法律、法规规定的主体资格；二是用人单位依法制定的各项劳动规章制度适用于劳动者，劳动者受用人单位的劳动管理，从事用人单位安排的有报酬的劳动；三是劳动者提供的劳动是用人单位业务的组成部分。

根据现行的法律制度和农业生产实际，未与国有农场签订劳动合同的长期从事农业生产的职工子女、外来落户人员等从业人员，不能简单地凭借土地租赁合同，认定农场与非职工农业从业人员之间存在劳动关系。一是农场和非职工农业从业人员缺乏认定劳动关系的基本要件。绝大多数国有农场实行的是大农场统筹小农场、统分结合的双层农业经营体制，对于未按企业招工渠道进入国有农场的非职工农业从业人员，农场与其之间的经济来往主要是土地承包费，除土地外的生产资料均由个人购买使用，土地收益归个人支配；农场没有设置相应的劳动规章制度，没有实施劳动管理和提供劳动保护，也没有直接支付工资。二是农业生产特点和国有农场农业生产方式均无法支撑认定劳动关系后企业的责任。劳动关系是社保关系的前提和基础，企业与职工建立劳动关系后相应地负有参加社会保险的义务。若将非农业从业人员全员认定为劳动关系，国有农场将难以承担由此而产生的社会保险缴费责任。三是国有农场形成大规模的非职工农业从业人员在一定意义上是履行社会责任的结果。目前，国有农场仍承担着保障区域内人口基本生活的部分职责。但由于国有农场二、三产业发展较为滞后，国有农场土地承载起了较多的保障功能，随之形成了大量依靠租赁国有农场土地建立起基本生活来源的职工家属及外来人员。四是农业从业人员数量巨大、流动性强，构成复杂，短期内若采取某一标准认定劳动关系，很可能引发不同群体人员攀比。

二是鼓励和引导职工子女扎根农场务农兴业。企业的生命力来源于职工。打造高素质农业生产经营者和新型职业农工队伍，是提高现代农业发展水平和企业经营水平的需要。针对农场农业从业人员年龄结构和素质不高的问题，提出鼓励和引导职工子女扎根农场务农兴业。这是基于对职工子女对农场的感情认同出发，为解决长期在农场务农职工子女身份问题所做出的制度安排。

随着农业生产技术水平的进一步提高，垦区逐步提升从业人员的准入条件和资格要求，通过面向社会、择优招录等方式，有计划、有步骤地吸引大中专毕业生和高素质劳动力来垦区从事农业生产经营活动，逐步提高专业化、高素质农工在垦区农业从业人员中的比重。

同时，鼓励和引导职工子女留在农场务农兴业、创业、就业。以农业实用技术、生产经营管理、农业信息服务等为重点，开展多形式、经常性的专业技能培训，不断提高职工子女等垦区职业农工的整体素质。探索将承包经营规模与技能水平挂钩，推动强农惠农政策向高技能职业农工倾斜，形成有利于培育懂技术、懂经营的新型农工用人机制。

三是加大政策支持力度，拓展就业渠道。从农场的区域性特点考虑，国家就业扶持政策需要全覆盖，农场区域人口也需要通过公共就业服务政策享受到平等就业的权利，为构建新型劳动用工制度提供保障。

要加强技能培训和就业服务，加大政策扶持力度，拓展就业渠道。各级农垦管理部门要积极协调，争取在垦区全面落实就业扶持政策，对有能力实现市场化就业的，要加大培训和就业辅导力度，提供职业介绍、职业指导、职业培训等有针对性的就业服务，帮助实现市场化就业。

对符合条件的农垦企业失业人员及时进行失业登记，并按规定享受失业保险待遇。将符合当地就业援助条件的就业困难人员和零就业家庭纳入当地就业援助范围，给予税费减免、贷款贴息、社会保险补贴、岗位补贴等优先扶持和重点帮助。

农垦劳动用工制度改革是农垦改革的重要组成部分。新型劳动用工制度要从选人用人、劳动激励、劳动矛盾协调等多方面着手，使农垦劳动用工制度适应农垦经营管理体制改革创新的需要，符合市场经济体制改革的要求，从而达到农垦劳动用工与其他生产要素的有效结合，全方位释放国有农场发展活力。

要着力建立更为灵活的劳动用工机制。目前，国有农场农业用工尚未形成能进能出、自主灵活的劳动力流动机制，竞争激励作用未得到有效发挥。各国有农场在构建新型劳动用工制度的过程中，要突出劳动力市场化配置的理念，通过劳动合同制打破垦区传统的招工和一包到底的观念，既使企业能够根据生产需要，开辟多种渠道，吸纳社会人才，又为农垦职工能进能出、实现合理报酬提供机制保障。

要着力强化劳动关系的激励作用。尽管农垦国有农场通过实施多种农业经营方式，在一定程度上引入了竞争机制，但与其他职业相比，农垦农业职工更多的是把从事农业生产当作生存而不是个人发展的现实手段，农业职工的收入水平也主要与其所承包经营的土地等最基本的生产资料有关，而与其自身技能水平并无太多的关联。各农场要通过建立收入、发展途径、资源与能力相匹配的机制，突出在农垦从事农业生产经营对个人发展和成就事业的价值，使农垦劳动用工制度与职工个人发展形成良性的互动机制，增强农垦的归属感。

要着力完善劳动关系的协调机制。由于国有农场体制和管理方式的特殊性，以往国有农场劳动关系中由政府、企业、工会组成的三方协调机制主体地位不平等，工会组织基本职能弱化。各国有农场要进一步强化以职代会为基本形式的企业协商民主，突出职工的主体地位，扩大职工的知情权、表达权、参与权和监督权。不断完善由政府、工会、农垦企业组成的劳动关系协调机制，使符合农业产业特点的三方协调制度与劳动合同制度、集体合同制度一起构成协调和规范劳动关系的机制，促进国有农场劳动关系的和谐稳定。

第五节　完善农垦社会保障机制

随着国家社会保障体制改革的不断深化，农垦职工的社会保障逐步实现规范化运作，以职工基本养老保险社会统筹为核心，医疗、失业、生育、工伤保险为基础，最低生活保障、自然灾害救助等社会救助为配套的农垦社会保障工作基本纳入国家社会保障体系统筹管理，但同时也存在不少历史遗留问题。中央农垦改革发展文件在我国社会保障制度框架内，对完善农垦社会保障机制提出了具体任务和推进举措。

近年来，各垦区在各级政府和有关部门的大力支持下，结合自身实际，采取多种措施，推进农垦社保工作取得了新的成效，基本形成了保障形式多样化、筹资渠道多元化、管理服务社会化的格局，为促进农垦经济社会发展、构建垦区和谐社会做出了重要贡献。

2015 年，全国农垦职工养老和医疗保险参保率达到 94.0％和 96.0％，退休人员养老和医疗保险参保率达到 99.3％和 95.0％，退休人员年人均基本养老金为 22 021 元，基本做到按时足额发放。绝大多数垦区居民也已纳入当地居民养老和医疗保险体系。32.23 万户家庭、61.89 万人享受到居民最低生活保障，同时，医疗救助、教育救助等专项救助和临时救助也在垦区得到落实，垦区社会保障基本实现了广覆盖。

　　与此同时，受农垦企业产业特点、发展水平、职工收入、区位分布、体制机制等因素的影响，农垦社会保障工作还面临不少问题：部分企业和职工还未参加养老和医疗保险；部分农垦困难企业和职工难以负担逐年增长的社会保险缴费，造成一定数额的社会保险欠费，部分职工中断社保；农垦企业养老保险缺口也在一定程度上扩大了所在地社保基金缺口。目前，农垦职工和居民对社会保障的关注度越来越高，社会保障对农垦经济社会的影响也越来越广泛。面对新的形势和要求，我们必须从全局和战略的高度，充分认识完善农垦社会保障机制的重大意义。

　　完善农垦社会保障机制是农垦率先全面建成小康社会的内在要求。社会保障是民生之基，关系着每一个人、每一个家庭的福祉，受到社会公众的高度关注，也直接影响到垦区社会的和谐稳定。一方面，随着农垦劳动用工制度的不断完善，农垦社会保障机制必须持续增强；另一方面，随着农垦城镇化进程的不断推进，农垦区域社会保障机制也必须更加注重公平性。因此，只有从制度层面加快完善农垦社会保障机制，促进社会公平和正义，提升个人的安全感和幸福感，才能推动率先全面建成小康社会目标的实现。

　　完善农垦社会保障机制有利于推进垦区集团化、农场企业化改革。社会保障制度作为市场经济体制的重要组成部分，是深化国有企业改革的基础工程和制度保证。国有农场要真正成为充满活力的市场竞争主体，就必须转换经营机制，建立现代企业制度，而这一系列的改革都需要完善的社会保障制度加以支撑。通过社会保障制度构筑"安全网"和"减震器"，减少农场职工的后顾之忧，减轻农场的养老负担，增强农场应对市场风险、自然风险的能力，保障国有农场改革的顺利推进。

　　完善农垦社会保障机制是协调推进农垦经济社会改革发展的重要实践。完善社会保障机制的过程，是收入分配结构再调整的过程，会倒逼农垦企业规范企业管理、提高经营效益。国有农场人员结构复杂，不同人员的社会保障诉求各不相同，各地财政保障能力和各项社会保险的推进程度也不尽一致。这些都要求农垦在完善社会保障机制方面进行大胆的探索创新，其积累的经验对农垦经济社会领域的其他改革将产生广泛而深远的影响。

　　完善农垦社会保障机制，实现农垦社会保障与社会发展同步推进，需要通过国家政策体系的不断完善和农垦企业实力的不断增强而逐步解决，同时针对农垦社会保障的特殊问题，还要通过政策倾斜加以解决。

社会保障尤其是社会保险实行属地管理是我国社会保险制度的一般原则，目的是在较大的范围内增强社会保险基金统筹调剂和抵御风险的能力。农垦社会保障机制也必须坚持这一原则。实行农垦社会保险属地管理，可以明确政府和农垦企业对职工社会保险所各自承担的责任，有利于减轻农垦的社会事务负担，也更有利于保证社会保险基金及时足额给付。

2003 年经国务院批准，原劳动和社会保障部、财政部、农业部、国务院侨务办公室下发了《关于农垦企业参加企业职工基本养老保险有关问题的通知》（劳社部发〔2003〕15 号），将农垦企业及其职工纳入当地基本养老保险范围。

2011 年，民政部、农业部联合下发了《关于进一步做好农垦国有农场救灾工作的通知》（民发〔2011〕109 号），提出按照属地管理的原则，在自然灾害应急救助、过渡期救助和倒损住房恢复重建阶段，将农垦国有农场受灾人员纳入民政自然灾害救助范围。

根据国家社会保障体系建设总体要求和农垦实际，完善农垦社会保障机制必须按照属地管理原则，将农垦职工和垦区居民纳入相应的社会保险、社会救助等社会保障体系，从根本上保障农垦职工群众参保和获得救助的权利。

国有农场职工的社保缴费主要依靠农业收入，农场职工收入的增长一般赶不上当地社会平均工资的上涨，有不堪重负的趋势。劳社部发〔2003〕15 号文件在明确将农垦企业及其职工纳入当地基本养老保险范围时，提出"从事农业生产的企业和职工，实行符合农业生产特点的参保办法。从事农业生产的职工，缴费基数可按本省农垦企业平均工资核定，缴费方式可以采取按月申报，按月或按季、收获季节缴纳"。这是在充分考虑农垦国有农场的发展水平、农垦企业及职工的缴费能力、农业生产特点的情况下确定的。从垦区养老保险运行情况来看，也符合农垦实际，基本解决了农场职工及退休人员的养老保险问题。

根据我国基本养老保险金的核定机制，基本养老金与缴费年限、缴费工资、个人账户金额等相关，也就是说工作期间养老保险费缴得越多，退休后的养老金就越高。因此，有条件的垦区还应尽可能执行当地统一的企业职工社会保险缴费政策。

如何理解符合农业生产特点的参保缴费办法？符合农业生产特点的参保

缴费办法是指考虑农垦企业和职工的缴费能力、农业生产特点，采取有别于城镇工商企业的社会保险缴费制度，主要包括缴费基数和缴费方式两个方面。在缴费基数上，工商企业职工按照上一年度本人月平均工资为缴费基数，缴费基数不低于省社平工资60%、不高于300%；农场农业职工的缴费基数可按本省农垦企业平均工资核定。在缴费方式上，农场农业职工缴纳社会保险费可根据农作物生长周期，采取按月或按季度、收获季节缴纳。

社会保险新体制与旧体制的最大区别，是将传统体制下职工养老、医疗全部由国家和企业承担改为国家、企业、职工个人三方共同负担。《社会保险法》规定，中华人民共和国境内的用人单位和个人依法缴纳社会保险费。因此，农垦企业及其职工要承担按时足额缴费义务，同时要落实地方政府主体责任，将未参加养老和医疗保险或中途断保的职工，按规定纳入参保范围。考虑到农垦社保问题的根本原因是农业生产比较效益低，在短期内还难以实现与工商企业相同的收益率。为缓解农场和农工的缴费负担，确保为国家建设做出重要贡献的离退休老职工安度晚年，中央要求各级财政进一步加大社会保障投入力度，支持落实好农垦职工和垦区居民的社会保障政策。

《社会保险法》规定，对参加基本养老保险的个人，达到法定退休年龄时累计缴费满十五年的，按月领取基本养老金。参加基本养老保险的个人，达到法定退休年龄时累计缴费不足十五年的，可以缴费至满十五年，按月领取基本养老金；也可以转入新型农村社会养老保险或者城镇居民社会养老保险，按照国务院规定享受相应的养老保险待遇。参加职工基本医疗保险的个人，达到法定退休年龄时累计缴费达到国家规定年限的，退休后不再缴纳基本医疗保险费，按照国家规定享受基本医疗保险待遇；未达到国家规定年限的，可以缴费至国家规定年限。为保证社会保险基金健康运转，养老保险和医疗保险统筹层级的地方政府在法律框架下，制定了具体的政策规定。

2003年，各地在将农垦企业及其职工纳入当地基本养老保险范围时，根据劳社部发〔2003〕15号的有关要求，对未参加和中断养老保险的农垦企业职工如何办理和接续社保关系也做了相应规定。同时，考虑到国有农场的发展水平和农业生产特点，部分地方政府也给予了一定的政策扶持。

黑龙江和广东农垦两个中央直属垦区是老国有企业，抚养比高，再加上养老金待遇水平提高因素，两垦区养老保险出现了较大缺口。2016年，黑龙江垦区和广东垦区养老保险收支缺口达到 79.69 亿元。由于两垦区参保人员趋于饱和，扩面增加缴费潜力小、退休人员增速快，预计今后若干年内收支缺口还将继续扩大。为缓解地方政府的压力，确保退休人员养老金按时足额发放，考虑中央直属垦区财政关系在中央，中央农垦改革发展文件提出统筹研究中央直属垦区养老保险缺口问题。

完善农垦社会保障机制，既是农垦改革和民生改善的重要内容，又是促进各项重大改革顺利实施、实现农垦经济又好又快发展和维护垦区社会和谐稳定的重要保障。要采取切实有力的措施，稳妥解决社保工作面临的困难和问题。

一是推动社会保险全覆盖。扩大职工社会保险覆盖面，是农垦社保工作的中心任务，也是最重要的民生问题之一。从政策层面看，扩大职工养老及医疗保险的覆盖面不存在政策障碍，在工作中要根据实际分类推进。

对政策实行初期未按规定参保造成现阶段纳入有困难的，积极争取政策支持尽快参保。可借鉴江苏省在推动江苏农垦等单位属地参加城镇职工基本医疗保险的办法，由单位按上年度人均医保基金余额补缴保费后纳入当地城镇职工基本医疗保险。

对因缴费困难断保的，要采取有针对性的措施，支持帮助垦区居民根据自身特点和能力，选择适合自身实际的社保制度和参保方式，做好续保工作。有缴费能力的，鼓励和引导其以灵活就业人员身份参加企业职工养老和医疗保险；收入水平不高、不具备缴费能力或接近法定退休年龄，连续缴费年限达不到 15 年的，参加居民社会保障；外来未落户的人员，鼓励和引导其在户籍所在地参保。

二是增强社会保险缴费能力。按照履行缴费义务和享受相应权利对等原则，按时足额缴纳社保基金，是农垦企业和职工应尽的义务，也是维护社保体系正常运行的必要条件。

一方面，垦区和农场要采取更加有效的办法，通过打造农业全产业链、创新农业经营管理体制、优化种植结构，增强农垦企业实力，提高企业和职工的缴费能力。

另一方面，要结合农场发展水平以及企业、职工承受能力，对现阶段难以按照当地统一的企业职工社会保险政策缴费的，积极协调实行符合农业生产特点的参保缴费办法。

三是创新社会救助工作机制。在我国多层次的社会保障体系中，社会保险是基本保障的主体和核心，而社会救助是社会保障的最后一道防护线和安全网，有利于促进社会公平和维护社会稳定。

要按照《社会救助暂行办法》的有关规定，加强与当地政府的沟通和协调，落实社会救助相关政策，明确农场困难职工家庭申请、审批、落实社会救助的程序，将符合条件的困难职工家庭全部纳入救助范围，为困难群众提供托底性、长期性的生活保障。

第六节　健全农垦国有资产监管体制

农垦国有资产是农垦履行保障粮食等重要农产品有效供给、发展现代农业、维护农业产业安全、促进农垦区域经济发展的重要物质基础。中央农垦改革发展文件对健全农垦国有资产监管体制提出了明确要求，作出了制度安排，需要在实践中积极探索、不断完善，切实发挥出农垦国有资产的重要作用。

农垦作为国有农业经济的骨干和代表，是我国以公有制为主体、多种所有制经济共同发展的基本经济制度在农业农村领域的重要体现，也是农业农村发展不断取得成就的基本保障。大力发展农垦经济，增强国有农业经济的活力、控制力、影响力和抗风险能力，根本任务就是做大做强农垦系统国有资产，凸显出以农垦为代表的农业国有经济在农业农村经济及经济社会全局中的重要地位。

农垦国有资产是农垦系统国有属性的本质体现。目前，全国农垦企业资产总额14 907.74亿元，还有数量庞大没有计价的国有土地资源资产。新时期农垦将承担更加艰巨的历史使命，这对国有资产的使用和监管提出了更高要求。健全农垦国有资产监管体制，加强国有资产监管，有利于农垦更好地承担起新时期国家赋予的历史使命。

农垦系统经过几十年的发展，培育了一批具有国际竞争力的大型农业企业，形成了在农业领域具有较大影响力的企业集群。中央农垦改革发展文件提出，农垦要"建立健全适应社会主义市场经济要求的管理体制和经营机制，打造一批具有国际竞争力的现代农业企业集团。建成一批稳定可靠的大型粮食、棉花、糖料、天然橡胶、牛奶、种子等重要农产品生产加工基地，形成完善的现代农业产业体系。"农垦国有资产监管体制是农垦管理体制和经营机制的重要基础。

健全国有资产监管制度，能够增强对国有资产的优化配置和合理调度，进一步在关键领域和核心环节进行聚集整合，聚焦在关系到国计民生的农业战略产业上，有利于更好地提升农垦经济实力、产业竞争力和行业影响力。通过加强资源整合，打破行政区域和所有制的限制，在纵向上整合产业链的各个环节，在横向上强化联合和优势互补，形成强大合力，提升农垦经济实力、产业竞争力和行业影响力，确保国有资产保值增值。

农垦系统的国有资产有相当部分配置在文教卫等公共服务领域，承担着促进垦区稳定发展、增加农垦职工收入、建设垦区和谐社会等方面的重要使命。

一直以来，以农垦国有资产为基础形成的收益是农垦职工的主要收入来源，也被用于支持农垦区域小城镇建设，补助办社会机构运转和社会事业建设等方面。

农垦要率先全面建成小康社会，推进垦区民生建设，大幅提高职工收入，健全基础设施和基本公共服务，促进新型城镇化健康发展，保持垦区社会和谐稳定，这对加强农垦系统国有资产监管提出了更高要求。

一方面要进行分类管理，正确区分经营性国有资产和公益性国有资产，有针对性地提出监管目标和模式；另一方面，要提升经营性国有资产的运营效率，增强垦区经济发展的动力，完善经营收益的分配格局，让发展成果更多地惠及垦区职工和居民。健全农垦国有资产监管体制，对更好地促进农垦区域经济社会和谐发展具有积极的作用。

当前，农垦国有资产管理主要存在以下问题：一是农垦国有资产情况复杂，管理难度大。国有资产既包括企业经营性资产，也包括社会服务公益性资产；既包括金融、实物等入账资产，又包括土地、道路、桥涵、树木等未入账资产，土地资产管理难度大，监管力度不足。二是农垦国有资产和资源管理分散，未形成合力。农垦国有资产分布于几千家企业，管理主体过多，尚未形成足够整体优势和竞争合力；同时，由于农业生产经营的特殊性，单纯以短期效益来要求和考核，必然造成资本脱离农业产业。三是农垦部分国有资产权属不清、出资人职责不明，没有建立起规范的出资人制度，资产管理权属不清晰、出资人主体不明确、职责履行不到位。

　　健全农垦系统国有资产监管体制的总体要求是：按照十八届三中全会关于完善国有资产管理体制的部署和《中共中央关于深化国有企业改革的指导意见》，在保值增值的基础上履行国家赋予农垦的历史使命，逐步由资产管理向资本监管转变，将加强顶层设计与各垦区探索实践相结合，建立健全符合农垦实际、以管资本为主的农垦的国有资产监管体制。

　　首先，健全农垦国有资产监管体制的目标是保值增值和履行国家使命的高度统一。保值增值是国有资产监管的基础性任务，也是壮大国有经济的必然要求。在市场经济条件下，农垦企业必须适应市场规则，保持可持续运营，具备较强的竞争力，资产价值才能得到市场认可，在激烈的市场竞争中才能生存下去。

　　同时，农垦还肩负着履行国家使命的光荣职责，要发挥国有经济主导作用，建成保障国家粮食安全和重要农产品有效供给的国家队、中国特色新型农业现代化的示范区、农业"走出去"的排头兵、安边固疆的稳定器，更好地服务国家战略需要。

　　企业不发展壮大，不能促进国有资产保值增值，根本谈不上履行国家使命；同时履行国家使命对保值增值也提出了更高要求。必须在保值增值的过程中履行国家使命，两者高度统一、不可分割、不可偏废。健全农垦系统国有资产监管制度就是要将两方面的要求融合在一起，形成相互促进、相互支持、同步推进的格局。

　　其次，健全农垦国有资产监管体制的路径是从资产管理到资本监管的有序转化。十八届三中全会明确了进一步深化国有企业改革的方向，提出"完善国有资产管理体制，以管资本为主加强国有资产监管"。管资本就是国有企业要按照现代企业制度的要求，通过股份化、多元化，建立完善的法人治理结构，从管资产为主向管资本为主转变，这将有利于优化国有资本配置，落实国家发展战略和产业政策，从而实现保值增值和履行国家使命的高度统一。

　　农垦系统健全国有资产监管制度的路径就是要从多个层级上推动从资产管理到资本监管的有序转化。中央层面上，通过建立国有资本投资、运营公司和农垦产业发展股权投资基金，促进各方面资本力量的有效整合，形成国家能够掌控的战略力量。

　　在垦区层面上，要推动垦区集团化、农场企业化，建立现代企业管理制度和法人治理结构。

农场企业化，就是要明晰农场国有资产权属，规范农场国有资产经营行为，明确政府、主管部门等主体的权责，使农场成为具有自主运营能力的独立法人。垦区集团化就是要在农场企业化的基础上，通过资本纽带，建立起权责统一的现代企业管理制度。

另外，要引入多元化的资本力量，实现中央与地方，国有与民营的混合交融，建立现代企业法人治理结构。

再次，健全农垦国有资产监管体制的方法是顶层设计和垦区实践的有机结合。农垦系统的国有资产存在形式多样，管理主体差异很大，情况十分复杂，短期内要求全系统完全按照一种模式进行国资监管操作上难度很大，不具有可行性。

一方面要做好顶层设计，在垦区层面和中央层面，明确健全国有资产监管体制的路径。另一方面，要注重不同垦区和国有农场管理体制、资源禀赋、发展水平的差异性，不搞"一刀切"和"齐步走"，不在"下放""上收"问题上"翻烧饼"，允许各垦区根据实际情况和发展阶段，在坚定改革方向的前提下，作出过渡性的制度安排，采取有针对性的改革举措，促进多样化发展，逐步健全和完善农垦国有资产监管体制。

构建符合农垦特点、以管资本为主的农垦国有资产监管体制，就是要以更好发挥农垦国有资本在国家战略中的作用为导向，按照中央对国有资产管理体制的统一要求，结合农垦改革发展实际，强化对粮食和重要农产品生产供应、国有土地资源性资产、投入农业资本力度等的专项监管，着力理顺政府和企业的出资关系，确立企业真正的市场主体地位；明确以管资本为主的资产监管体制，科学界定农垦国有资产监管权责；开展改组组建农垦国有资本投资、运营公司试点，积极探索优化国有资本布局、壮大国有资本实力的有效途径。

一是推进垦区集团化和农场企业化改革，完善法人治理结构。以提高农垦国有资本效率，增强农垦国有企业活力、竞争力为中心，完善产权清晰、权责明确、政企分开、管理科学的现代企业制度。大力推进垦区集团化改革，推动资源资产整合重组，建设具有国际竞争力的大型现代农业企业集团，促进国有资产保值增值，发挥农垦国有资本服务国家农业产业安全战略作用。明晰企业产权关系，构建以资本为纽带的母子公司管理体制，完善集团公司对下级企业依法开展管控活动机制。在确保国有资本控股前提下，积极引进战略投资者，依法推进集团公司企业股权多元化改革试点。推进农场企业化改革，多渠道、多方式推进办社会职能改革，促进经营性资产、社会公益性资产管理和核算分开。农场归属市县管理的垦区要着力增强国有农场的经济实力，具备条件的国有农场要以资本为纽带，探索组建区域性农垦企业集团，产业特色明显的国有农场可以联合组建专业性公司，规模较小的国有农场可以合并重组。

二是强化农垦管理部门监管职责，加强和改进对农垦企业监管。农垦管理部门要结合垦区实践，依法通过明确授权，切实履行好出资人职责。坚持以管资本为主的改革方向，重点管好农垦国有资本布局、规范资本运作、提高资本回报、维护资本安全，更好履行国家战略使命。围绕保障国家粮食等重要农产品安全、维护农场职工利益和确保农场可持续发展等方面，加大对农垦国有资本投向的专项监督，完善对监管企业功能界定、分类以及资源资产整合的管理方式，提高资本运作能力，优化农垦国有资本布局，壮大农垦国有资本实力。全面开展包括土地在内的国有资产清产核资工作，加强对农垦国有资本运营质量及监管企业财务状况的监测，确保国有资产保值增值，严格责任追究，杜绝国有资产流失。按组织程序推荐任命农垦企业负责人，加强企业负责人薪酬和业务费管理。

三是开展改组组建农垦国有资本投资公司、运营公司试点，提升资产运行效率和效益。以提升国有资本运行效率、提高国有资本回报为主要目标，按照中央和各地开展国有资本投资、运行公司试点的工作安排，主动参与，大胆探索，可通过农垦管理部门等出资人组建、或选择具备条件的农垦国有独资企业集团改组设立以及政府直接授权设立等方式，积极开展农垦国有资本投资、运营公司试点。通过股权运作、价值管理、有序进退等方式，开展投资融资、产业培育和资本整合，推动农垦优势产业集聚和转型升级，促进农垦国有资本合理流动，布局优化、实力壮大，更好履行农垦服务国家战略的职责使命。

第七节　创新农垦土地管理方式

土地是农垦最重要的生产资料，是农垦的生存之本、发展之基、民生所依，是国有资产的重要组成部分，是构建中国特色社会主义农业经济体系的重要物质基础。

近年来，农垦在土地确权保护和开发利用等方面做了大量有益尝试，取得了显著成效。但随着农垦改革发展的不断深化，农垦土地监管不严、保护不力、利用不充分等问题日益凸显，制约了经济社会的进一步发展。中央农垦改革发展文件在总结全国农垦土地管理经验的基础上，借鉴国内成熟经验和先进做法，立足当前、着眼长远，从战略和全局的高度明确了创新农垦土地管理方式的方向、重点和要求，无论从理论上、还是从实践上看都有重大突破，是此次农垦改革的一大突出亮点，必将对农垦改革发展产生广泛而深远影响。

土地制度是中国特色农业经济制度的重要内容。纵观我国农业领域历次重大变革，无一不是来自土地制度的根本性调整。当前和今后一个时期农垦改革发展的主要任务是打造一批具有国际竞争力的现代农业企业集团。土地是农垦企业最宝贵的资源，必须管理好、保护好、利用好。创新管理方式，建立更加适应农垦改革发展的新型土地管理制度和运行机制，对于保护农垦国有土地资源、推进垦区集团化和农场企业化改革、促进区域协调发展具有重要意义。

创新土地管理方式，是保护国有土地资源、夯实国有农业基础、保障国家粮食安全和重要农产品有效供给的当务之急。

土地是农垦建设现代农业的根基和命脉，是发挥农垦农业国家队作用的基本物质条件，是国有资产的重要组成部分。长期以来，农垦土地管理体制机制不健全、制度不完善，土地保护缺乏必备的职能和手段，导致国有土地流失严重，国有农业经济基础作用不能充分发挥。如果不严格土地管理，坚决遏制耕地流失的趋势，农垦保障国家粮食安全的基础就会被严重削弱。

创新土地管理方式，就是要将保护农垦土地资源放在突出位置，通过土地确权发证、划定永久基本农田、严格用途管制等手段，加强农垦土地管理、强化土地保护硬约束，确保农垦国家大粮仓和国际大粮商的基础不动摇、地位不降低。

创新土地管理方式，是盘活农垦土地资源、激发企业发展活力、壮大农业国有经济实力、促进职工增收的有力支撑。

农垦是国有农业经济的骨干和代表，是中国特色农业经济体系不可或缺的重要组成部分。土地是农垦最重要、最核心的生产资料，对农垦建设现代农业、实现经济社会持续稳定发展具有十分重要的基础作用。目前，我国国有农用地利用制度仍是空白，开发利用无法可依，致使农垦土地不能充分参与市场资源配置，土地资产属性和资本价值体现不充分，很大程度上制约了农垦改革发展。

中央农垦改革发展文件就盘活农垦土地特别是国有农用地资源，推进资源资产化、资产资本化作出了一系列的制度安排，这对于释放农垦土地潜能、放大土地价值、提高土地市场化配置水平，进而增强农垦核心竞争力、巩固和壮大农业国有经济、促进职工增收意义重大。

创新土地管理方式，是优化土地资源资产配置、强化垦地合作、促进区域协调发展的重大举措。

农垦是示范带动农业农村经济发展的农业国家队，是促进农村与城市区域协调发展的重要战略力量。一直以来，垦地土地管理机制衔接不顺、农垦土地市场化水平低、垦地合作意识不强，导致垦地间土地资源流通不畅，在一定程度上限制了区域统筹协调发展。

创新农垦土地管理方式，形成功能清晰、分工合理、协调联动的区域发展新格局，将有利于垦地双方不断优化国土空间开发布局、共享土地资源，实现优势互补、相互合作，促进土地资源要素在更大范围、更高层次、更广空间顺畅流动与合理配置，进而带动垦地区域协调发展。

围绕管理好、保护好、利用好农垦国有土地，中央农垦改革发展文件从政策层面和操作层面对于创新土地管理方式做出了一系列规定，为全面深化国有农场土地制度改革提出明确要求。

管理好农垦土地是推进各项土地工作的重要保障。

首先，要规范收回农垦国有土地使用权行为。近些年来，一些地方政府在收回农垦土地使用权时，由于操作不规范、补偿低于当地集体土地补偿标准等原因，垦区失地现象严重，部分职工生产生活无法得到保障。

中央农垦改革发展文件明确规定，严禁擅自收回农垦土地使用权，对于确需收回国有农场土地使用权的，要经原批准用地的人民政府批准，并按照有关规定予以补偿，妥善解决职工生产生活困难，依法安排社会保障费用。土地补偿费归农垦国有农场所有。

因土地被收回而不具备失地职工基本安置条件的国有农场，各地应将失地职工纳入当地城镇职工再就业体系。具备安置条件的，在安排失地职工新的劳动岗位后，国有农场可将土地补偿费和安置补助费用于农场基本农田的建设保护和补充社会保障资金。土地出让收入可用于垦区各项事业发展，保障垦区经济社会稳定、协调、可持续。对降低地方政府收回农垦土地随意性、加大农垦土地保护力度、切实维护农垦企业和职工合法权益、增强农垦发展后劲都具有重要的作用。

其次，要实行"三严"管理。近些年来，由于农垦土地监管不严、政策执行力度不强等原因，一些地区普遍存在违规转变土地用途、不按规划用途利用土地、违规违法侵占农垦土地等行为，垦区土地特别是耕地流失严重。截至2016年底，全国农垦已登记仍被侵占的土地面积209.68万亩。

中央农垦改革发展文件明确规定，要严格执行土地用途管制制度，严肃查处擅自改变农垦土地用途和非法侵占农垦土地行为，严格落实占补平衡制度。

也就是说，农垦土地将执行更加严格的用途管制制度，土地管理部门将对不按照规划安排、擅自改变农垦土地用地的违规行为进行严肃查处；农垦将会同有关部门综合运用行政、司法等手段，对于侵占农垦土地的情况进行全面清理整顿；对于确需占用耕地的项目建设，必须严格实行占多少补多少、占优补优、占水田补水田的政策。

第三，要强化土地规划管理。目前，有的地方在编制土地利用总体规划过程中，没有充分考虑到农垦经济社会发展需要，一定程度上阻碍了垦区的发展。

中央农垦改革发展文件明确提出加强农垦土地利用总体规划及年度计划管理。具体来说，就是充分发挥土地利用总体规划的统筹管控作用，将农垦用地纳入土地利用总体规划编制并组织实施，合理安排各类用地规模、结构、布局和时序。充分考虑垦区基础设施项目和重点民生项目用地需求，科学安排新增建设用地规模，服务农垦产业发展和新型城镇化建设。

对列入国务院及相关部门批准、核准的独立选址农垦建设项目，积极安排建设用地计划指标。在编制全国土地利用年度计划时，将充分考虑农垦建设实际，合理安排相关省份用地计划指标，为垦区全面协调可持续发展提供用地保障。

加快推进农垦土地确权和保护工作是做好农垦土地管理工作的基础。其中，加快推进农垦国有土地确权登记发证，确认农垦土地使用权是保护农垦土地权益的前提。

尽管农垦自 2001 年起就开始全面推进土地使用权确权，但由于各方认识不到位、确权发证经费不足、农场自身动力不足等原因，导致土地确权发证进展不够理想。

截至 2015 年底，农垦国有土地确权发证率只有 31.5%。中央农垦改革发展文件特别强调，要用 3 年左右的时间基本完成农垦国有土地使用权确权登记发证任务，意味着全国农垦要在 2018 年底前基本完成土地确权发证工作。同时，中央农垦改革发展文件还明确了经费来源，从以前的原则上由农场承担、农垦部门在业务经费中予以安排，调整为中央财政、地方财政和国有农场三方共同负担。

强化农垦耕地保护，对于发挥农垦在保障国家粮食和农产品安全方面的作用也具有十分重要的意义。2014 年中央 1 号文件强调要加快划定永久基本农田，不断提升农业综合生产能力。农垦拥有率先划定永久基本农田的现实基础，是实现基本农田用途不改变、质量有提高的重要支撑。中央农垦改革发展文件明确要求要加快划定永久基本农田。各地要根据垦区实际，尽快合理确定永久基本农田的区位和面积，严格执行永久基本农田保护政策，确保面积不减少、用途不改变、质量有提高。

农垦土地属于国有划拨用地，市场化水平低，资源资产价值一直未充分体现。中央农垦改革发展文件在盘活农垦土地资源方面提出了一系列具体措施和做法。

一是盘活现有建设用地。随着农业产业化和新型城镇化进程的加快，农垦对于建设用地的需求不断加大，但现有建设用地多为划拨用地，开发建设受限。鉴于此，中央农垦改革发展文件明确提出，农垦现有划拨建设用地，经当地政府批准办理有偿使用手续后，可以转让、出租、抵押或改变用途；需办理出让手续的，可以采取协议方式。也就是说，农垦现有的建设用地经批准并补缴土地出让金后即由"划拨用地"变为"出让用地"。

同时，农垦现有划拨建设用地可以不通过招拍挂流程、而是通过与政府协商以协议出让的方式获得出让土地使用权。这些规定拓宽了划拨用地变为出让用地的途径，简化了办理流程，盘活了存量资源资产，有利于加快原划拨土地入市交易和开发利用，提高了土地要素的市场周转率。

二是创新农垦土地配置方式。一直以来，农垦以划拨方式获得土地使用权，为农垦经济社会发展提供了基本保障。但在实践中划拨土地不易流转，其市场化属性难以充分体现。随着改革的深化和经济的转型，农垦对盘活土地资源的需求更加迫切。

根据《国有企业改革中划拨土地使用权管理暂行规定》（国土资源部1998年8号令）的有关规定，中央农垦改革发展文件对农垦企业改革改制中涉及的国有划拨建设用地和农用地使用权配置方式做出了四种安排：

第一，农垦可以维持现有划拨方式，保留划拨用地使用权；

第二，农垦可以向县级以上人民政府土地管理部门补缴土地出让金，获得出让用地使用权；

第三，农垦土地可以作价出资（入股）的方式配置给直属独资、控股、参股企业；

第四，农垦可以与县级以上人民政府土地管理部门签订一定年限的土地租赁合同，并支付土地租金，获得承租土地使用权。

这些规定可以使农垦更加灵活地支配使用土地资源，为转变农垦土地利用方式、加快企业改革发展提供了政策依据。特别需要指出的是，上述配置方式不仅仅适用于建设用地，还包括国有农用地，这是一个重大的政策突破。

三是稳步推进土地资源资产化。土地是农垦最重要的生产资料，但其资产价值一直未能充分显化，农垦企业资产负债率普遍偏高，融资能力受到限制，市场竞争力不强。对此，中央农垦改革发展文件要求农垦要稳步推进土地资源资产化和资本化，这是深化垦区集团化、农场企业化改革的重要举措，对于放大国有资本功能，增强国有农业经济活力、控制力、影响力和抗风险能力具有重要意义。尤其在推进农垦国有农用地资产化方面开启了农垦土地制度改革的破冰之旅。

第一，允许农垦土地作价出资（入股）。中央农垦改革发展文件规定，农垦企业改革改制中涉及的国有划拨建设用地和农用地，可以作价出资（入股）；省级以上人民政府批准实行国有资产授权经营的国有独资企业、国有独资公司等农垦企业，其使用国有划拨建设用地和农用地，经批准也可以作价出资（入股）。

也就是说，符合条件的一定年期的土地使用权，可以通过评估作价、以国家股的形式注入农垦企业资本金，作价出资的国有土地使用权由农垦企业持有，可以按出让用地出租、转让、抵押担保。这项政策较好地解决了划拨用地使用权处置问题，可以快速有效盘活企业土地资产，壮大国有农业经济资产规模，提高融资和抗风险能力。

第二，**允许农垦土地授权经营。**中央农垦改革发展文件规定，省级以上人民政府批准实行国有资产授权经营的国有独资企业、国有独资公司等农垦企业，其使用国有划拨建设用地和农用地，经批准可以采取土地授权经营方式处置。

也就是说，符合条件的农垦企业集团经批准，可将所属农场及子公司的划拨建设用地和农用地使用权，统一授权给集团公司经营和管理，建立集团公司与国有农场及其子公司之间的土地资产产权纽带。集团公司取得土地授权经营管理权后，可以通过采取直接占有和运营国有土地资产、将国有土地资产交由国有农场或全资子公司等多种方式进行土地产权管理，履行出资人职责。

授权经营土地使用权对集团内部完全等同于出让土地使用权，对外处置时，则需要经土地部门批准，并补缴土地出让金。因此，农垦土地授权经营，是针对农垦企业集团内部国有土地资产产权管理所采取的一种办法，其实质是通过行政划转，使集团公司拥有国有农场及全资子公司的土地产权。这有利于农垦国有土地的集中统一管理和调度，有利于壮大国有资产规模、构建以资本为纽带的母子公司管理体系，对推进垦区集团化、农场企业化改革具有重要意义。值得注意的是，办理土地授权经营和作价出资（入股）用地手续不缴纳土地出让金。

近年来，宁夏、江苏等垦区在地方政府的支持下，在不改变土地性质、不改变土地用途的前提下，将土地评估作价注入农垦集团、转增国有资本金，壮大了垦区企业集团资产规模，有力促进了现代农业发展。如：宁夏农垦经自治区政府同意，将 229 宗、120.1 万亩土地作价出资，总地价 79.89亿元，目前已注资 56.48 亿元。江苏省政府先后分 10 批将 272 宗土地作价出资至江苏省农垦集团有限公司，出资总额达到 3.79 亿元，大大降低了集团公司的资产负债率。

第三，**有序开展农用地抵押、担保试点。**赋予农村土地承包经营权抵押、担保权能是党的十八届三中全会提出的明确要求，是我国农村土地制度改革和农村金融体制改革的重要制度创新，也是适应农业现代化发展、适度规模经营和新型城镇化的现实需要。

农垦肩负着保障国家粮食安全的重要任务，对盘活农用地资产具有现实需求。同时相对于农村，农垦土地大多连片优质且使用权长期稳定，农用地使用权抵押担保更具可行性。

而现行政策缺少对国有农用地使用权抵押担保的明确规定，部分垦区因地制宜探索开展相关业务，但标准不一、做法不同、缺乏制度保障，需要通过改革试点逐步完善。

按照中央农垦改革发展文件精神，农垦企业可以将一定年期的农用地使用权抵押担保，获得更多的资金支持。这项政策的突破对盘活农垦农用地资源，增强农用地资源效能和融资能力，推进现代农业的大基地、大企业、大产业建设意义重大。

农垦农用地使用权抵押担保试点需遵循自主申报、依法有序、坚守底线的原则。

自主申报。充分尊重垦区意愿，开展试点由省级农垦主管部门自愿向全国农垦行政主管部门申请。

依法有序。农垦农用地使用权抵押担保试点要严格遵守有关法律法规和政策要求，先在批准范围内开展，待试点积累经验后再稳步推广。

坚守底线。坚守土地国有性质和耕地红线不突破的底线，农垦农用地使用权抵押担保不得改变土地性质，不得改变土地用途。

农垦农用地抵押担保试点的主要内容包括：

赋予农垦农用地抵押融资功能。在防范风险、遵守有关法律法规基础上，赋予农垦农用地抵押融资功能，明确抵押办理程序、抵押价值评估依据等工作要点，显化农垦农用地用益物权的财产属性和资本价值，加大金融对农垦改革发展的支持力度。

创新和完善农垦金融服务。依据土地使用权的权能属性，金融机构在贷款利率、期限、额度等方面加大支持力度，鼓励金融机构发放中长期贷款，有效增加农垦农业生产的中长期信贷投入，简化贷款管理流程，切实满足农垦对金融服务的有效需求。

建立抵押物处置机制。因借款人不履行到期债务或者发生当事人约定的情形需要实现抵押权时，允许金融机构在坚持不改变土地性质和用途的前提下，依法采取多种方式处置农用地使用权，确保承贷银行能顺利实现抵押权。

要密切跟踪、监督和指导试点工作，认真总结试点经验，及时提出制定修改相关法律法规、政策的建议。

创新农垦土地管理方式是一项系统工程，必须统筹兼顾、综合施策，重点处理好以下三方面的关系。

一是依法管理与制度创新的关系。牢固树立法治意识、强化法制观念、坚守法律红线，坚持在现有法律法规的框架下，按照中央农垦改革发展文件要求创新农垦土地管理体制机制，完善农垦土地管理制度，依法管理好农垦土地。结合垦区实际，大胆探索、勇于创新，逐步破解农垦土地管理中的难题，激发土地要素活力，发挥土地对农垦改革和经济社会发展的重要支柱作用。

二是保护监管与盘活利用的关系。要始终将保护土地资源作为农垦土地管理的首要任务。全面强化规划统筹、用途管制、用地节约和执法监管；坚决落实最严格的耕地保护制度和节约用地制度，坚持耕地保护优先、数量质量并重；要对土地资产化后的使用年限、用途、监管等都作出明确规定，有效控制国有土地资产流失等风险。在珍惜和保护农垦国有土地资源的前提下，灵活运用好授权经营、作价出资（入股）、抵押担保、建设用地使用权协议转让等盘活利用方式，提高土地利用效率，增强土地效能。

三是整体推进与重点突破的关系。创新农垦土地管理方式应把握全局、统筹协调，充分考虑系统性、整体性和协同性，注重制度设计和统筹推进，以提高整体推进的效能。同时创新也是一个不断深化的过程，要以点带面、激发动力，把握好创新农垦土地管理方式的重点、时机和节奏，对条件具备的重点领域、关键环节进行突破。不宜急于求成，一步到位，应通过先行试点、积累经验、凝聚共识、逐步推开，最终实现农垦土地管理制度改革创新目标。

第八章

新时期加快农垦发展的重大任务

围绕塑造全球领先的市场竞争力、打造立足国内的资源掌控力、树立广泛深刻的国际影响力、形成长久有效的农业带动力的战略目标，将农垦打造成为国家对农业保持控制力和影响力的主力军，保障国家粮食安全和重要农产品有效供给的国家队，中国特色新型农业现代化的示范区，农业对外合作的排头兵，安边固疆的稳定器，努力形成农业领域的航母。

坚持立足国内与开拓国际相统筹。贯彻新时期国家粮食安全战略，立足国内资源禀赋和产业基础，优先保障国内有效供给、保障国内市场调控、保障国内农民利益，全面提升国内农垦产业生产和保障供给能力。同时，加快实施"走出去"战略，积极开拓国际市场，推动农垦资源和产业在全球范围布局，努力维护世界粮食安全，不断增强农垦产业国际竞争力。

坚持突出重点与多元发展相统一。以谷物、天然橡胶、奶业、种业等为重点产业，以国内基地和非洲、拉美、东南亚、中亚和俄罗斯等为重点区域，以资源集聚和资本运作为重要手段，加快推进农垦产业化、股份化、集团化、一体化和国际化建设。同时努力推进流通、仓储、加工、品牌等全产业链建设，适当促进金融、保险等其他产业发展。

坚持科技创新与经营模式创新相促进。完善以企业为主体的科技创新与运用体系，积极发展适度规模经营，以经营模式创新促进科技创新，实现科技创新与经营模式创新双轮驱动。

坚持高产高效与环境友好相协调。加快转变农业发展方式，提高农业资源综合利用效率，保障农产品质量安全；加强农业生态环境保护，努力建设资源节约环境友好型垦区。

第一节　建设大型农产品生产基地

农业是农垦的立身之本，推进农垦发展必须紧紧围绕率先基本实现农业现代化这个核心目标，以建设大型农产品生产基地为抓手，全面提升垦区农业综合生产能力。

加强农垦主体功能区建设。从产业区域分布看，农垦粮棉糖胶乳肉等产业集中在黑龙江、辽宁、吉林、内蒙古、河北、江苏、湖北、湖南、江西、新疆国有牧场等垦区以及新疆生产建设兵团。要结合实施"全国高标准农田建设总体规划"推进农垦高标准农田建设。目前农垦有高标准农田3 068万亩，只占耕地总面积的32.8%，且部分高标准农田建设水平落后于当地农村。今后，要将黑龙江、内蒙古等粮食和重要农产品主产垦区纳入国家高标准农田建设规划。重点支持黑龙江、内蒙古、湖北、辽宁、江苏、吉林、江西、湖南、河北、安徽等10个垦区建设成为大型商品粮生产基地，支持广东、广西、海南、云南等垦区建设天然橡胶和糖料基地，支持新疆、湖北、河北等垦区建设优质棉花基地，支持其他垦区根据区域比较优势建设特色农产品生产基地，着力提高农垦农业综合生产能力，切实保障国家粮食安全和主要农产品有效供给。

我国农业正在从传统农业向现代农业转变，农业生产方式、农产品种类与品质、农业效益都在随之发生深刻变化。灌溉现代化是农业现代化的重要组成部分，要求配套先进的节水灌溉技术，结合施肥、施药、农业机械化实行适时、适量的精准灌溉，逐步实现生产过程的自动化和便利化。要加快推广节水模式和技术，积极推广应用喷灌、滴灌、渗灌等节水灌溉技术，科学利用有限的水资源。认真编制垦区节水农业发展规划，因地制宜制定符合垦区特点的节水农业发展目标、总体布局、建设重点、实施步骤和保障措施。针对不同作物的生产条件、资源特点和耕作制度，探索集成一批新技术模式，推广一批成熟适用的技术，不断提高水资源利用效率，逐步增加有效灌溉面积，改善水生态环境，保障水资源可持续利用，努力走出一条具有农垦特色的节水农业道路。

第二节　大力发展农产品加工流通业

在新形势下，要强化从田间到餐桌的农业全产业链意识，积极推动一、二、三产业融合，实现"四化同步"发展。

目前，农垦一、二、三产业比重 2016 年为 24.5∶45.3∶30.2，农垦经济实现了"二、三、一"格局转变，二、三产业所占比重逐步合理，且带动能力明显增强，初步构建起了以农产品和食品加工为主导，以化工、医药、纺织、金属和非金属制造为辅助的农垦新型工业体系；以商品零售、物流配送、餐饮旅游和房地产业为特色的农垦第三产业也初具规模，尤其是农垦农产品电子商务正加快发展。

产业融合已经成为当下产业发展的新趋势，它通过产业渗透、产业交叉和产业重组等，激发产业链、价值链的分解、重构和功能升级，引发产业功能、形态、组织方式和商业模式的重大变化。

农业全产业链，包括产品链、信息链、资金链、技术链、契约链等多个链条，是一整套系统安排。全产业链的管理，涉及农业产业链的组织结构、风险控制、价值分享、信息管理、技术创新和整合发展等多个维度。全国农垦要依托农垦大型企业集团的力量和良好的二、三产业基础，以农业为依托，加大向农产品加工业、经贸流通业和农业服务业等产业延伸拓展的步伐，全面加快产地初精深加工体系、仓储物流流通体系、品牌电商销售体系建设。以产业链延伸、产业范围拓展和产业功能转型为抓手，通过新技术、新业态、新商业模式带动垦区资源、技术和市场需求的整合集成及优化重组，促进一、二、三产业之间的融合渗透和交叉重组，实现对农业生产的促进和带动。

推进农业生产全程标准化，严格农业投入品准入，强化水土治理和环境监测，建立从田间到餐桌的农产品质量安全追溯体系。2002 年，农垦系统组织实施了"农垦无公害食品行动计划"，开始尝试农产品质量追溯工作。2008 年，在中央财政的支持下，农垦在全国率先启动了农产品质量追溯系统建设项目。到 2016 年，参加全国农垦农产品质量追溯系统建设的可追溯企业达到 489 家，可追溯产品覆盖了谷物、蔬菜、食用菌、水果、茶叶、畜禽肉、禽蛋、水产、牛奶等主要农产品及种子等农业投入品和葡萄酒、水果罐头等农产加工品，总计超过 406 万吨，可追溯农产品年销售总收入达 253 亿元。同时，农垦可追溯系统建设还示范带动了黑龙江、安徽、湖北、辽宁、广西、陕西、浙江、云南等省区共计 90 个地方企业建立农产品质量追溯制度，促进了当地农业生产方式的转变和质量安全管理工作水平的提升，取得了一定的社会影响力。

鼓励农垦企业加快粮食晾晒、烘干、仓储设施和现代物流中心建设，大力发展大宗农产品产地初加工和精深加工，建设食品、饲料等专用原料基地和加工产业园区，辐射带动周边农民增收致富。黑龙江垦区、内蒙古垦区和辽宁垦区是农垦粮食主产区和主要调出地区，2016 年三垦区粮食总产量 2 380.83 万吨，占全国农垦粮食产量的 68.4%。三垦区现有粮食晒场 3 301 万平方米，烘干塔 410 座（烘干能力 1 533 万吨），仓储能力 1 288 万吨（包括危仓老库）。与目前的粮食产能相比，仓储能力和粮食烘干能力难以满足生产需要。因此，加大粮食主产垦区粮食晾晒、烘干、仓储设施建设力度，提升粮食处理和仓储能力，减少产后损失浪费，增强供给和保障能力，成为确保垦区粮食仓储工作的重点。

针对东北粮食主产垦区的产后烘干仓储缺失严重的问题，将优先在黑龙江、内蒙古呼伦贝尔和辽宁等粮食主产垦区加大粮食晾晒、烘干、仓储设施建设力度，加快"危仓老库"维修改造，切实提高垦区粮食晾晒、烘干和仓储能力。

支持垦区整合农产品加工资源，加强技术改造，提升科技研发水平和精深加工能力。农垦现有农副食品加工企业 2 600 家以上，产值 1 952 亿元，初步形成了以粮、棉、油、糖、乳、肉类、饲料加工为主的农副产品加工体系，拥有国家级产业化重点龙头企业 65 家，省级龙头企业 438 家。目前农垦农产品加工业占大农业产值比例为 40%，整体能力仍低于全国 10 个百分点，农产品产地初加工处理及精深加工能力还需要进一步提升。在粮油加工领域，垦区要支持企业改组、兼并、整合，淘汰落后工艺、设备和产品，扶强扶优 3～5 家大型龙头企业，打造粮油知名品牌。积极推进粮食精深加工，对粮食加工过程中的副产品进行资源化利用。在奶业加工领域，确保乳品质量安全，积极发展以巴氏杀菌乳为代表的优质乳制品，做强做优农垦奶业。在天然橡胶加工领域，重点强化三大垦区橡胶集团的战略联合，并与国际知名橡胶加工企业加强合作，通过合作开发掌握核心技术，加大农垦天然橡胶精深加工规模，延伸橡胶产业链，提高产品附加值。

推进农垦农产品流通网络优化布局，促进与全国流通体系的对接融合，加快发展冷链物流、电子商务、连锁经营等流通业态，并大力推进农垦企业品牌建设。

一是农垦物流体系建设。目前农垦系统物流体系建设初具规模，部分垦区初步建立了具有较大辐射范围的物流网络体系，黑龙江、上海、广东等集团化垦区已经建立了集农产品交易集散、冷链物流、仓储转运、加工配送、供应链金融等多功能的综合性物流园区。但垦区间缺乏资源的优势互补和系统整合，需加快全国布局，特别是加快以农产品运销为特色的冷链物流体系建设。下一步，要以集团化垦区的物流基础设施建设为主，打造具有农垦特色的大型综合物流企业集团和物流服务品牌。启动农垦现代流通综合示范区创建，发挥物流节点垦区的辐射作用，带动周边垦区商贸流通，布局协调产区与销区的重要节点农场，推动区域物流协调发展。鼓励农垦物流企业通过参股控股、协作联盟等形式，形成具有全球采购、配送能力的供应链服务商。支持物流企业提高网络管理软实力，提升科学管理和装备水平。探索成立中国农垦物流联盟，组建中国农垦物流集团公司，系统整合优质物流资源。

二是农垦电子商务建设。以交易天然橡胶产品为主的海南农垦电子商务交易中心成立，开启了中国农垦乃至中国农产品电子商务建设的新纪元。目前，上海、广东、黑龙江、宁夏、重庆、北京等垦区搭建了区域性电商平台。光明集团以上海及华东地区生鲜电商市场为目标的"菜管家"和"都市生活"，销售额超过 2 亿元；广东农垦打造的集社区超市、电子商务、团体销售、线上线下为一体的"佳鲜农庄"计划开设店铺超过 1 000 家；黑龙江农垦北大荒集团已开设"好特网"和"易汇网"，覆盖垦区 80% 的商品品类；宁夏农垦负责运营的"淘宝特色中国——宁夏馆"，2014 年销售额已突破 1.3 亿元；重庆农垦的"友生活"冻品批发电商平台，交易商品达千余种，2016 年成交金额达到 150 亿元。与此同时，越来越多的农垦企业开始在各大电商平台开办网店。据统计，目前已有 21 个垦（热）区所属企业在国内知名电商平台上开设网店共 132 家。虽然部分垦区立足区域特色，初步建立了区域性电商平台，但整体建设水平不一，规模不等，品牌多样，区域分散，尚需加强顶层设计，完成农垦大电商的统一整合。下一步，要大力推进以电子商务为重点的新型流通业态发展。要围绕大宗优势农产品，建立网络批发平台。要立足可追溯产品优势，有条件的垦区可以采取自建、联合、联营、联盟等形式，建立电商平台或开设网上店铺；尚不具备条件的垦区可与大型电商合作，开设 B2C 电商专营店。要适时整合各垦区电商平台资源，成立中国农垦电商联盟，开发建设全国农垦统一的电商平台。

三是农垦企业品牌建设。各垦区立足资源禀赋和区位特点，围绕特色优势产业，加快推动规模化、专业化、标准化进程，积极打造具有市场影响力的农产品，形成了一批全国或区域性的知名产品品牌。如北京首农的三元乳业、华都畜牧，天津农垦的王朝葡萄酒、海河乳业，黑龙江农垦的北大荒、九三粮油、完达山乳业，上海的光明乳业、农工商超市，江苏的苏垦米业、大华种业，江西的鸭鸭，广东的燕塘乳业、广垦橡胶，广西的农垦糖业、明阳生化，海南的海垦橡胶，重庆的天友乳业、大正畜牧，甘肃的莫高、亚盛，宁夏的西夏王、贺兰山，新疆生产建设兵团的塔里木、伊力特。农垦产品在一定程度上已成为放心产品的代名词。2016 年农垦绿色食品、有机食品、无公害农产品等"三品"品牌认证达到 1 265 个，带动农户 8.27 万户，农作物认证面积 5 936.11 万亩，认证农作物产量 2 680.27 万吨。根据各垦区自有品牌较多、部分品牌社会知名度高的特点，农垦品牌建设将采用母子品牌战略。由农业部农垦局统一打造"中国农垦"母品牌，并对该品牌进行统一管理和宣传。各垦区要利用垦区在农产品生产基地、全产业链、全程可追溯管理等方面优势，培育自己的优质农产品品牌，并根据品牌成熟度与母品牌进行整合，最终集中打造农垦优质安全农产品品牌集群，提高农垦产品整体形象和社会影响力。

支持农垦企业按照有关规定参与国家大宗农产品政策性收储。大宗农产品政策性收储，是指国家根据农产品市场价格低迷的行情，为保护农民利益对小麦、稻谷实行托市收储以及对玉米、棉花、油菜籽、食糖等实行临时收储。目前我国政策性收储的农产品品种已覆盖所有储备品种，托市收购农产品或临时收储农产品不能自由进入市场，由相关部门根据市场行情或市场需求在国家粮食交易中心公开拍卖。中央储备粮食属于国家性战略储备，是中央政府用于调节全国粮食供求总量、稳定粮食市场、应对重大自然灾害或者其他突发事件等情况，一般情况下不能动用、只能实行定期轮换。我国对大宗农产品实行政策性收储的目的，是以市场化为取向、以政府的必要调控为保障，将农产品市场价格维持在合理的价位上，既保护农民利益，又增强国家宏观调控能力，保证农产品市场稳定。各级农垦系统要及时跟踪了解垦区农产品销售情况，对发生严重滞销的农产品及时向有关部门反映情况，落实农垦企业参与国家大宗农产品政策性收储的政策。

在中央财政的支持下设立农垦产业发展股权投资基金。股权投资基金，在中国通常称为私募股权投资（简称"PE"）。从投资方式角度看，主要是指通过私募形式对私有企业即非上市企业进行的权益性投资，在交易实施过程中附带考虑了将来的退出机制，即通过上市、并购或管理层回购等方式，出售持股获利。

私募股权基金最大的优势在于完全市场化，在经济发展中具有积极作用，有助于促进国家大产业结构的调整。私募股权基金主要具有以下几种功能：一是促进行业的整合。二是作为市场重要的约束力量。私募股权基金作为主要投资者可以派财务总监、董事，甚至作为大股东可直接选派总经理到企业去。三是可以促进多层次资本市场的发展。目前，国内活跃的私募股权投资机构大致可以归为以下几类：一是专门的独立投资基金。二是大型的多元化金融机构下设的直接投资部。三是大型企业的投资基金。四是其他形式投资基金。

在政府引导和社会资本参与下，通过专业化市场化运作，重点扶持农垦企业改善生产条件、提升机械装备水平、提高农业科技能力、加强农业生产管理和重大农业灾害防控，应对市场变化，促进农垦粮食、橡胶、乳业、种业、商业物流等产业资源聚集融合，加快壮大农垦企业经济实力和产业竞争力、影响力和掌控力。鼓励各省也成立相应的农垦基金，通过基金运作，促进垦区企业打破行政区域限制，实现更大广度、更大范围的资本融合，加强联合联营，形成相互融合、共同发展的良好格局。

第三节　提升农垦科技创新能力

长期以来，农垦高度重视农业科技创新工作，将其视为提升农垦综合生产能力和现代农业生产发展水平的重要举措。农垦系统要继续加强农业科技创新和技术推广服务体系建设，进一步发挥农垦系统在良种化、机械化、信息化等方面的优势。

当前，农垦现代农业发展和农业科技应用水平走在全国前列。据测算，农垦农业现代化水平综合评价指数达到 51.89，高出全国平均水平 24.52 个百分点，农业科技贡献率达 56%。2016 年，农垦粮食单产达到 489 千克，超出全国平均水平 120 多千克。

农垦要在良种化、机械化、信息化等科技创新和农业技术推广方面继续走在全国前列。在良种化上，要保持农垦在橡胶种苗、常规水稻和小麦上的育种优势，增强玉米和水稻的两杂育种能力建设，力争在蔬菜种子、果树苗木等领域有突破。

在机械化上，除了确保垦区耕种收综合机械化率外，还要主攻重点作物、薄弱环节的机械化，着力推进水稻、玉米、棉花、马铃薯和甘蔗等重点作物生产全程机械化；推动建立标准化机务区，提高农机管理水平，提升农垦农机化的发展质量和效益，会同农机主管部门开展督导检查，加强垦区农机购置补贴资金的监管和使用。

在信息化上，一方面要优化存量应用，为信息化可持续发展夯实基础，另一方面要创新增量应用，积极运用现代信息技术发展成果，结合企业生产管理实际，推动企业信息化工作由事务性管理向生产控制、经营管理、社会管理延伸，全面提高企业信息化水平。

加强农垦科技创新能力建设，不断加大研发投入力度，强化农业科技攻关，着力解决重大共性关键技术和产品、设施装备难题，培育战略性新兴产业。要不断加强科技创新能力建设，创新和完善科研机制，多渠道争取资金支持，加强基础设施建设，提升人才队伍素质，不断提高科技进步在经济增长中的贡献份额。

在农垦战略性产业方面，要瞄准国际国内技术前沿，整合垦区内外科技资源，组建农垦相关产业科技创新中心，集中力量攻克一批关键性重大技术。粮食产业方面，重点围绕粮食生产、加工、流通、消费全产业链，开展节粮减损新设施、新技术、新工艺、新材料、新设备技术攻关，促进节粮、节能、节水等方面重大关键技术的研发和应用示范，推动新技术、新产品的研发与成果转化。

在种业产业方面，重点加强转基因、SPT、双单倍体技术、SNP 检测技术等分子育种技术的研究和应用；加强工程化育种流程信息化管理系统的开发和应用；加强新品种精准推广信息技术平台的开发和应用。

在奶业产业方面，重点加强奶牛遗传改良和繁育体系建设，加速选育出具有自主产权的奶牛新品种；加强奶牛养殖关键技术研究，建立现代高效奶业饲养管理技术体系；开展振兴奶业苜蓿发展研发与成果转化，从根本上提升乳品质量；加强乳产品加工前沿技术研发，不断改善和提升加工设备；加强奶业先进技术的熟化、组装、集成和产业化示范，加速形成农垦奶业发展的科技支撑体系。

在天然橡胶产业方面，重点加强新品种培育及其配套丰产栽培技术研发应用，逐步提高橡胶单产水平；研发适合中国植胶环境特点的橡胶树微割技术及配套施肥、土地综合利用等技术体系；加强子午线轮胎原料胶和低蛋白浓缩胶生产工艺研发创新，提高工艺标准和参数等。

要统筹人才、项目和基地建设，推动农垦企业发展方式转变，推进协同创新组织模式，组建以企业为主体的农业产业技术创新联盟，搭建农业科技创新和成果转化推广平台，加快科技成果转化。

目前，农垦系统通过实施联合联盟联营战略，有效整合系统内各行业的资源，打造了多个联盟平台。

中国农垦种业联盟。成立于2014年8月28日，该联盟是由全国各垦区内种子企业自愿组成、共谋发展、互助协作的产业联盟，第一届成员单位为来自17个垦区的50家种子企业。联盟的宗旨是研究谋划农垦种业发展战略，加强农垦种业交流与合作，提升农垦种业科技创新能力，加快农垦种业市场推广进程，提高农垦种业市场竞争能力，推进农垦种业企业、生产基地在垦区内外联合、联营。联盟的目标是要统一联盟全体成员发展共识，在同一发展战略规划的指导下，推动联盟成员资源共享、协同合作、风险共担、互利共赢，全面提升农垦种业的凝聚力、创新力、竞争力和影响力。联盟的主要工作是研究谋划农垦种业发展战略，搭建农垦种业科技合作平台，加快农垦种业市场推广进程，维护联盟成员合法权益，服务联盟成员单位，承担政府等有关部门委托交办的事务，组织开展行业公益事业以及符合联盟宗旨的有关工作。

中国农垦天然橡胶产业联盟。成立于2014年9月2日，是由广东省农垦总局、海南省农垦总局、云南省农垦总局、中国热带农业科学院橡胶所发起成立的非法人组织。联盟的目标是推动成立中垦天然橡胶产业集团，培育具有市场竞争力、资源控制力和国际影响力的农垦国际大胶商。联盟的主要任务是推动广东、海南、云南农垦实施协同、交叉、一体化战略，采取"联合联盟联营"方式，在销售、加工、种业、科技等领域开展务实合作，促进农垦天然橡胶产业资源整合和优化配置。

中国农垦乳业联盟。成立于 2015 年 11 月 18 日，该联盟是以农垦系统具有民事主体资格的乳品加工企业和规模化标准化奶牛养殖企业为主、科研院所等乳业相关单位自愿参加，共谋发展、互助协作的非营利性社会团体，在农业部农垦局的指导下开展工作。联盟的目标和宗旨是统一联盟内各成员的发展共识，凝聚联盟成员的力量，搭建信息交流与资源共享的平台，建立与政府、公众沟通的桥梁和纽带，推动农垦奶业的全面提升，打造国际一流的农垦乳业企业集群，为消费者提供优质、安全、新鲜、营养的乳制品，引领中国乳业转型升级、健康发展。

下一步，农垦系统要结合各垦区的产业发展优势和需求，对人才、项目资金、扶持政策等支持性要素进行全面统筹。充分发挥已有联盟的作用，为产业进一步整合发展、做强做大提供全方位的服务，并重点在农垦优势产业和生产链重要环节上推进组建以企业为主体的合作联盟。

同时，积极推动企业发展方式转变，探索组织模式创新，以技术创新为目标，以企业创新为主体，有效整合垦区内部和系统外部科技资源，最大限度激发企业、项目、人才等创新要素的活力，集中力量在相关产业突破一批前沿技术。以联盟为支撑，搭建若干综合性技术集成和转化应用平台，重点开展高产高效技术的集成示范，快速推动新技术的转化应用，将科技成果最大限度转变为现实生产力。

要整合种业基地和科研资源，实施联合联盟联营，做大做强育繁推一体化种子企业。农垦系统在 20 世纪 80 年代就开始商业化种子生产，现有商品种子量 5 万吨以上的垦区 12 个，万亩以上规模的粮食种子生产农场 280 个，经济作物种子种苗生产农场 96 个，遍布于全国 26 个省、自治区、直辖市；拥有各级产加销一体化种业公司 195 个，新品种试验站 340 个，种子经营网点 8 523 个。其中，农垦种业企业中资产总值在 1 亿元以上的公司有 12 家，年销售额在 1 亿元以上的公司有 9 家。2016 年，农作物制种基地面积达 405 万亩，生产各类农作物种子 14.88 亿千克，销售商品种子 10.98 亿千克，其中对垦区外供种 9.37 亿千克，种子销售总额达到 55.19 亿元，经营利润达 2.89 亿元。

目前，农垦种业存在产业发展投入不足、产品结构不合理、自主品种较少、种业资源比较分散等问题。要做好以下重点工作：

一是推进中国农垦种业联盟纵深发展。按照先易后难、先产品后资本、先局部后整体的顺序逐步推进农垦种业"联合联盟联营"发展，促进中国农垦种业联盟由松散向紧密发展，通过联盟促进没有实现种业资源整合的垦区在本垦区内加快种业产业整合；加强已实现种业资源整合的垦区与其他垦区间的合作与联合，打破区域限制，发挥各农垦种业企业的优势，解决农垦种业发展共性问题。

二是提升农垦种业的科技创新能力。以联盟为平台，以整合种子产业链要素为手段，引导具有一定实力的种业企业在农垦体系内分区域、分品种重点搭建联合研发、品种审定、品种繁育的合作平台，通过协议约定、科技资源互助、成果转让等方式实现资源共享、优势互补，提升系统内的协作水平，增强农垦种业自主研发品种能力和科技创新能力，扩大农垦种业发展的整体竞争力和影响力。

三是打造农垦种业企业的联合舰队。以市场化机制为基础，以农垦种业优势企业为主体，通过企业或垦区资产置换、股权划转、持股联盟、共同投资、重组并购、合作融资等资本运作手段，推动核心企业做大做强，打造一批区域型的种业龙头企业。同时，利用农垦发展基金，通过相互持股、共同投资、合作融资等资本运作手段，适时组建以资本为联结、集团化管理的农垦控股国际种业集团公司，统一研发、统一生产、统一品牌、统一市场，建设国家级种业航母。

要加大农机购置补贴支持力度，优先支持农垦购置大型农业机械，提高装备水平，扩大农用航空作业范围，建设标准化机务区。近年来，农垦农机装备结构和性能得到显著改善，大马力拖拉机、大型收获机、精量播种机、高速插秧机等高性能、高效率农业机械的拥有量占比大幅增加。

截至 2016 年末，全国农垦农机总动力达到 2 965 万千瓦，大中型农用拖拉机 21.62 万台，农用排灌机械 29.43 万台，联合收割机 9.41 万台，拖拉机配套农具、设施农业装备、畜牧机械均有增长。

重点要做好以下工作：

一是继续做好农机购置补贴工作。2015 年 1 月 29 日，农业部和财政部联合印发了《2015—2017 年农机购置补贴政策实施指导意见》，各垦区要根据中央农垦改革发展文件要求，统筹做好补贴启动各项工作，同时要紧紧结合农业部开展的各项农机补贴的试点工作，积极争取加入试点。

二是做好标准化机务区建设工作。要在以粮棉油糖生产为重点的、种植规模在1万亩以上的农场建设一批规模适度、实用耐久、功能齐全的标准化机务区，具体建设规模要根据不同区域、不同作物、旱田水田等特征确定。机务区要定位于现代化信息技术的指挥调度中心、农机标准化管理的应用中心、农机装备规范存放中心、新机具和新技术展示中心、农机具维修和保养中心，要突出为农机服务的功能。在建设机务区时，垦区要作为建设投资主体，同时鼓励企业、农机化组织和农机户等社会力量积极参与，共同建设和管理。机务区建成后的运营管理要坚持市场化运作，以企业作为管理主体，实行公益服务和有偿服务相结合，实现经济上自负盈亏。

三是持续提升垦区机械化发展水平。各垦区要以加快转变农机化发展方式、提升农机化发展质量效益为中心，加快发展大型农业机械和配套机具，提升农机装备数量和质量，进一步推动农垦农业机械化提档升级。尤其是要根据自身的产业结构和发展特点，加强对农机作业关键和薄弱环节的技术创新研发，突破瓶颈制约，加快推进棉花、甘蔗、马铃薯、油菜等重点作物的全程机械化。同时，要因地制宜，大力发展农用航空，扩大农用航空作业范围，增强应对灾害和应急保障的快速反应能力。

农 用 航 空

我国农业航空已有60年的历史，其作业项目主要包括人工影响天气、飞播造林种草、叶面施肥、脱叶催枯、化除化控、病虫害防治等数十项。主要包括的机型有固定翼农用飞机、旋翼农用飞机（直升机）、小型遥控旋翼飞机（无人机）三类，2016年，黑龙江垦区共有通用航空机场69处，飞机作业面积大约2 132.01万亩，其中，施肥面积175.59万亩，病虫害防治面积1 956.42万亩。黑龙江垦区至1963年就开始使用飞机从事小麦化学除草和部分灭虫作业。从1963年到1985年的20多年里，使用的飞机全部由民航局所属的航空企业提供，主要机型为"Y-5"。1985年，黑龙江省农垦总局成立农业航空实验站，即现在的北大荒通用航空公司，目前，黑龙江农垦的农用航空作业水平已达到国际水平，为全国领先，已成为全国实现农业现代化的成功实践和可复制推广的经验。随着农村土地流转加速，土地逐步集中连片，农用航空的进一步发展具备了一定的条件，相关农用航空的支持政策也陆续出台。在 2012 年财政部下发的《民航发展基金征收使用管理暂行办法》中，首次将通用航空纳入补贴范围，对企业运营的与农林业有关的飞行项目按照飞行小时进行补贴；对兴建通用航空机场、油库等基础保障设施的建设和设备的更新、改造给予支持；针对航空飞行人员的培训，对用人单位予以补贴。

要积极推进生产经营管理全程信息化，开展农业物联网等信息技术集成应用和试验示范。农垦早在 20 世纪 90 年代就已开展信息化工作，经过多年积累与发展，在信息化基础设施建设、信息系统集成应用、信息化人才队伍建设等方面取得了明显成效。财务管理信息化是农垦企业信息化起步最早、应用最广泛、可持续发展能力最强的应用领域。

垦区和集团化公司层面都实现了财务信息集中储存、资金资产统一核算，基本实现信息化全覆盖，信息技术在规范财务管理、降低财务管理成本、提高资金使用效益等方面发挥了重要作用。在生产管理信息化上，部分垦区在土地管理、农产品质量安全管理、物流管理等方面积极拓展信息化应用，在墒情监控、病虫害防治、农机作业、测土施肥、自动喷灌等生产环节构建一体化信息平台，初步实现农业生产自动化、一体化、智能化管控。在企业管理信息化上，农垦企业积极运用信息技术提高经营水平和营销能力，降低交易成本，提高交易效率，信息化成为支撑企业运营的重要手段。在社会管理信息化上，没有移交社会管理职能的垦区，为适应社会信息化发展要求，积极推进城镇信息化管理，加大信息化投入，不断提高公共服务水平，社会管理正逐步实现从传统管理模式到信息化管理模式的转变。

下一步，要充分瞄准物联网、云计算、大数据等信息技术最前沿，加强农业信息技术的试验示范和集成应用，实现生产、经营、管理等方面的全程信息化链接，提升农垦综合信息化水平。在生产上，要大力开展农业生产物联网等农业生产信息技术的试验示范和集成应用，不断提高农垦生产智能化水平；在管理上，要加快土地资源管理和企业经营管理的信息化建设，积极推进生产经营管理全程信息化，提高现代化管理水平；在经营上，要大力推进农业经营网络化建设，探索搭建全国性农产品质量追溯体系平台，实现农垦主要农产品全程可追溯，提升产品营销网络化水平。

要加强农垦农业技术推广服务体系建设，重点开展高产高效技术集成示范，加强示范基地建设，推动绿色、高效、可持续现代农业发展。目前，农垦系统已建立起高标准的自主研发的技术创新体系和科技试验示范体系，共有各级科研单位303个。其中，省级农业科学研究院2所（黑龙江农垦科学院和新疆农垦科学院），地级农业科研所77所，农场试验站800多个，从事农业科研工作的人员7770人。

一些大型龙头企业，如上海光明、北京三元、重庆天友乳业、北大荒垦丰种业、完达山、九三粮油、宁夏西夏王、海胶集团等，依靠自身力量，建立了企业技术研发中心，有的企业还建立了博士后流动站。各垦区、农场也都基本建成了以农场科技示范园区、管理区农业新技术展示区、作业站科技示范田为主的试验示范基地体系。

同时，农垦系统也已建立了以垦区和农场两个层次为主，以农场农业技术人员为主体，集生产管理、技术推广服务和部分行业管理职能为一体，以"技术专家组—农场农技推广人员—科技种植（养殖）示范户—辐射种植（养殖）户"为主要模式的农技推广服务体系，对成熟的技术能够快速有效地进行推广应用。下一步工作重点是：在国家层面，加强农垦系统基层农技推广服务体系建设，将农垦的农业技术推广、动植物疫病防控、农产品质量监管等公共服务机构纳入到全国农业公共服务体系建设之中，明确农垦农技推广体系机构的性质，切实保障农垦农技推广人员的利益，维护农垦农技推广队伍的稳定性。

在垦区层面，规模较大的集团化垦区，可以单设农业公共服务机构，承担垦区的农业技术推广、动植物疫病防控、农产品质量监管等公共服务职能。加强对重点垦区试验示范基地建设的支持力度，重点筛选、试验、推广一批高效、绿色的生产技术和产品，加强对农场应用高效绿色生产技术的项目扶持，推动各垦区绿色、高效、可持续现代农业的建设和发展。

第四节　示范带动现代农业发展

示范引领现代农业发展是国家赋予农垦系统的光荣职责。经过多年探索积累，农垦示范引领现代农业发展主要体现在三个方面：

一是以龙头企业为核心实现产业化辐射带动。通过龙头企业凝聚生产要素，采取"产业公司＋基地＋农户""农场＋专业合作社＋基地＋农户"等多种形式，带动周边农村发展和农民增收。

二是以现代农业示范区为核心实现窗口示范带动。2006 年，农垦系统就率先启动实施"全国农垦现代农业示范区"建设，全面展示农垦先进技术、标准化生产、产业化运作和可持续发展模式，并每年在全系统范围内开展粮棉油糖高产模式示范提升、畜牧业高产攻关、农机标准化示范农场创建、热作标准化生产示范等活动。自 2010 年第一批国家现代农业示范区启动建设以来，农垦系统以垦区整体推进、分级创建方式推进国家现代农业示范区建设，目前已建成黑龙江垦区、宁夏垦区（整垦区创建）、广东湛江垦区、湖南屈原管理区、大通湖管理区、西湖西洞庭管理区（管局创建）和海南南田农场（农场创建）等国家级现代农业示范区。

三是采取垦地合作的方式实现服务带动。农垦充分发挥自身农机装备、科技示范推广等发展优势，通过广泛参与农村农业生产全过程，将农垦先进的生产管理模式复制到农村，将先进农业技术应用到农村。2014 年农垦实现跨区作业 3 103.9 万亩，培训周边农民（职工）82 万人次，发放各类技术资料 196 万份，输出人才 2.85 万人、高新技术 198 项，销售种猪 28.5 万头、冻精 384 万支。

下一步，按照中央农垦改革发展文件要求，重点开展以下工作：一是以龙头企业为支撑，发挥农垦现代农业建设的示范带动作用。以推进农垦打造国际大粮商战略为出发点和落脚点，积极推进农垦主导产业横向整合和纵向延伸，形成"大基地、大企业、大产业"的发展格局，努力构建完善的生产、加工、销售产业链，把农垦建设成为在国内国际具有较强影响力和市场掌控力的现代农业企业集团，在农业科技研发和应用推广、农业产业化经营、农业"走出去"和农产品质量安全方面发挥更大的示范带动作用。

二是加强农垦现代农业示范区建设，强化现代农业建设的试验示范功能。按照农垦重要农产品区域布局分批创建国家现代农业示范区，争取到 2020 年再创建 5～10 个垦区级国家现代农业示范区。拓宽现代农业示范区建设投入渠道，提升示范区建设水平；进一步扩大示范范围，延伸主导产业链条，拓展创建内容，提升建设水平，示范带动区域现代农业发展；通过集成新技术、新品种、新装备，加强对先进适用技术的先行先试，强化集成组装，进一步提高科技应用和推广水平；完善示范区生产经营机制，发展生产标准化、专业化、服务社会化，以点带面，点面结合，梯级推进，通过示范展示、科技培训、场县共建、跨区作业、产业带动等形式，有效地带动和促进垦区和周边农村现代农业建设，将农垦现代农业示范区建设成为现代农业发展的先行区、"四化同步"的试验区、现代农业建设的展示区。

三是完善合作机制，推进垦地合作纵深发展。要加大开放力度，更加积极主动地开展垦地合作。坚持基础设施的共建和共享，深化垦区和地方各类生产要素的流动，积极主动地参与到当地的农业现代化建设中。进一步扩大代耕、代种、代收、代销等农业生产社会化服务规模，以社会化服务为载体，把农垦现代农业生产方式和经营管理模式移植到地方，提高地方农业生产的机械化、规模化和标准化水平。

第五节　促进垦区新型城镇化发展

基于国有农场的区域性、社会性、经济性特点，经过长期建设发展，以国有农场场部为依托、居住为核心、就业为主体功能的农垦小城镇已初具规模，成为当地吸纳人口、聚集产业、推动城乡一体化发展的重要载体。

目前，全国农垦总人口 1 442.7 万人，拥有 917 个小城镇，场部集中居住人口 445.32 万人。

2016 年国务院政府工作报告提出："要深入推进以人为核心的新型城镇化，实现 1 亿左右农业转移人口和其他常住人口在城镇落户，完成约 1 亿人居住的棚户区和城中村改造，引导约 1 亿人在中西部地区就近城镇化。"与国家提出的"就近城镇化"相比，农垦以其特有的企业平台创新的"就地城镇化"模式，为国家治理的现代化提供了一条可资借鉴的道路。

作为企业，农场有在种植业基础上发展农产品加工业、粮食贸易、食品经营等二、三产业，以获取全产业链利润或消除单一环节经营风险的内在需要，二、三产业的发展有利于提高大农业的利润率，引导资本向农村流动，也有利于城镇化的产业化发展。

改革开放后，全国农垦大力发展二、三产业，1978 年就确立了"农工商综合经营、产供销一体化"的发展思路，在稳定第一产业的基础上，加快发展第二产业，大力兴办第三产业。据《中国农垦统计年鉴》数据，1978 年，农垦一、二、三产业的比例为 58.00 : 31.06 : 10.94，1995 年已经转变为 42.67∶35.33∶22.00。2010 年，第二产业比例超过第一产业，三次产业比例关系演变为 34.64∶39.71∶25.66。2016 年，全国农垦实现生产总值 7 365.5 亿元，一、二、三产业结构为 24.5％、45.3％、30.2％。

农垦二、三产业比重逐年增大，促进农垦人均收入不断提高。1997 年，农垦人均纯收入为 2 785 元，高出当年全国农民人均收入（2 090.13 元）694.87 元；这一数据自 2001 年持续上升，2005 年，超出额破千元，农垦人均纯收入为 4 327 元；而全国农民人均纯收入仅为 3 254.93 元。2010 年超出额破 2 000 元，农垦人均纯收入为 8 232 元，而同期全国农民纯收入为 5 919.01元，超出额为 2 312.99 元。2016 年农垦人均收入达到 15 488 元，比全国农村人均可支配收入 12 363 元高出 3 125 元。

较高的人均纯收入，吸引越来越多的人口流入以农场场部为中心的城镇。1980 年，全国农垦总人口 1 136.93 万人，比 1978 年增长了 41.1 万人；1995 年超过 1 200 万人，达到 1 233.07 万人；2008 年超过 1 300 万人，达到 1 303.86 万人；2013 年超过 1 400 万人，达到 1 412.74 万人；2016 年农垦总人口达到 1 442.70 万人。从 1978—2016 年，农垦系统总人口共增加了 346.87 万人。

值得注意的是，农垦对于农场场部所在区域的城镇提供的公共服务，80％的资金来自农场自筹。目前，部分农场基础设施和公共服务发展相对滞后，据初步估算，供水、供暖、小区道路等七项需新增投资总额为 532 亿元。

下一步，按照中央农垦改革发展文件要求，农垦小城镇建设要纳入国家城镇化发展总体规划和地方城镇化发展规划，同步规划、同步实施。以场部城镇为中心，坚持因地制宜、合理布局、集中建设的原则，结合实施农垦危房改造工程，重点加强农场小城镇基础设施建设和公共服务设施建设，提升农场城镇功能和承载能力，实施人口聚集、产城结合、服务农场、带动周边的协同发展战略，着力打造产业发展、职工富裕、设施完善、场风文明、环境优美的农垦特色小城镇，充分发挥农垦在推进城乡发展一体化中的载体作用。

对于远离中心城镇的国有农场，中央农垦改革发展文件明确要求逐步发展成为功能设施齐全、公共服务配套的新型小城镇。在《国家新型城镇化规划（2014—2020 年）》中也明确提出，国有农场要完善基础设施和公共服务，发展成为服务农村、带动周边的综合性小城镇。建设农场小城镇首先要解决规划问题，要推动将农垦城镇建设纳入地方新型城镇化规划，与地方同步规划、同步实施、同步建设，加大公共财政对农垦小城镇公共基础设施建设和教育、医疗卫生、文化、体育等公共事业发展的投入。

对于毗邻城镇的国有农场，中央农垦改革发展文件明确要求要加大区域资源共享共建，同地方政府合作开展城镇开发建设，防止互相隔离和重复建设，推动垦地城镇融合发展。要在区域整体规划下，推动公共财政向农场倾斜，公共设施向农场延伸，公共服务向农场覆盖。中央农垦改革发展文件还提出要鼓励社会资本参与国有农场公共服务和基础设施建设。要主动打造投融资平台，综合运用产业基金、企业债券、信托投资等形式，不断拓展国有农场小城镇建设的资金来源途径。

要结合自身实际落实规划和支持政策，把农垦供水、供电、供气、小区道路等五项基础设施建设纳入地方新型城镇化或相关规划，与地方同步规划、同步实施，享受与地方同等的政策支持标准。尽快解决当前农垦生活垃圾和生活污水对土壤、水资源的污染问题。加强小城镇社区服务和便民服务的管理，在坚持市场运作的前提下，争取国家适当补贴，加强小城镇教育、医疗卫生、文化、体育等公共服务设施建设。

2016 年 11 月 17 日，国家旅游局、农业部联合发布了《关于组织开展国家现代农业庄园创建工作的通知》，目的是"推进现代农业和旅游业深度融合"。其在"现代农业庄园"前面冠以"国家"二字，并称"是创新经营模式，示范带动我国特色新型农业现代化的重要抓手"，被评论为国家新型城镇化的最新政策动向。

庄园经济发源于中世纪的欧洲，是一种集经济、政治、文化等功能于一体的自治型综合体。后经工业革命的洗礼，逐渐发展成为具有竞争力的现代农业形态。新型农业庄园模式在欧美、日本以及我国台湾等地区得到借鉴和发展。

20 世纪 90 年代，随着市场经济的发展和对农业支持力度的加大，农业庄园开始在我国兴起，并成为改造传统农业和发展城镇化的新途径。新疆"中国西部金色庄园工程"、广东龙汇庄园等较早实施农业庄园模式，均取得了明显的经济、社会和生态效益。但是，随着近年宏观经济增速放缓和资源约束日益偏紧，国内农业庄园的经营模式趋同、经济效益偏低、内部管理机制不完善、收益分配结构不合理、不适应市场需求等问题日益突出，需要进一步转型提升。

作为融合一、二、三产业的国家现代农业庄园，进一步释放了三次产业综合带动就业、推进新型城镇化的效能。据测算，一个年接待10万人次的休闲农业点可以安排300人的就业。而据有关机构统计，2015年我国休闲农业接待人次已达11亿人次。按此推算，应可带动330万人就业。2016年9月，农业部提出，到2020年，产业规模进一步扩大，接待人次达33亿人次。由此可以预测2020年休闲农业可以带动就业1000万人。

为了推动休闲农业的发展，农业部办公厅、国家旅游局办公室曾在2015年4月联合发出《关于开展2015年全国休闲农业与乡村旅游示范县、示范点创建工作的通知》，提出3年创建100个示范县和300个示范点的目标。

与在全国农村广泛试点、着重乡村旅游的做法不同，农垦示范的国家级现代农业庄园，更加强调以农业为基础，以组织化、规模化、标准化的农业生产基地为载体，努力提高优质农产品生产供应能力，不断提升现代农业发展水平。提出申报的国有农场除了适宜的区位环境和突出的旅游功能外，还必须拥有科学规划的园区和特色突出的主导产业。根据农业部农垦局的规划，到2020年，创建100个农垦国家现代农业庄园；庄园主导产业标准化生产覆盖率达到100%，良种覆盖率达到100%，农业科技进步贡献率达到65%以上；单位面积总和产值高于当地平均水平20%以上。

农垦系统将围绕产业主导型、体验参与型、科技示范型、综合开发型等类型进行全国布局。东北区包括黑龙江、吉林、辽宁、内蒙古东部的垦区，重点创建粮食农庄、生态林业农庄、草原畜牧农庄等；西北及长城沿线区包括新疆、宁夏、甘肃大部、山西、陕西北部、内蒙古中西部、河北北部的垦区，重点创建粮食农庄、草原畜牧农庄、果蔬农庄等；黄淮海区包括北京、天津、河北中南部、河南、山东、安徽、江苏北部的垦区，重点创建粮食农庄、设施蔬果农庄、水产农庄、开放农庄等；长江中下游区包括江西、浙江、上海、江苏、安徽中南部、湖北、湖南大部的垦区，重点创建粮食农庄、高效园艺农庄、水产农庄等；西南区包括广西、贵州、重庆、陕西南部、四川东部、云南大部、湖南西部的垦区，重点创建水果、油菜、生态林业、花卉、药材等特殊农庄；华南区包括福建、广东、海南垦区，重点创建热带蔬果农庄及良种、花卉、水产农庄等；青藏区包括西藏、青海、甘肃藏区、四川西部、云南西北部的垦区，重点创建高原特色作物农庄、牦牛等畜牧农庄。

第六节　引领农业对外合作

世界农业发展的突出特征就是农业跨国公司的主导作用明显增强。相比而言，我国农业产业集中度低，企业规模普遍较小，缺少真正有国际核心竞争力的大型农业企业集团。从维护国家农业战略产业安全和稳定市场保护农民利益的角度出发，从统筹国际国内两个市场两种资源的角度考虑，中国农业离不开具有控制力和话语权的大型农业企业集团的有力支撑。

农垦拥有大基地、大企业和大产业的独特优势，具备完整的现代农业产业体系，特别是实现了人才、技术、资本与市场的全面联通，是打造具有国际竞争力的现代农业企业集团最现实、最可行的载体。农垦开展对外国际合作既是企业经营行为，更是国家战略行动。农垦要以服务国家经济发展和外交大局为中心，依托垦区大型企业集团，实施大项目带动战略，稳步推进农业资源、终端市场和仓储物流网络的全球布局。

农垦对外合作规模不断扩大。目前，全国农垦已有22个垦区、在42个国家和地区设立了106个境外企业和发展项目。2016年，新增境外投资40亿元，实现境外产值近460亿元、利润15亿元。在境外建立了比较稳固的农产品生产加工基地。150个农垦企业2016年全年出口商品总额达到190亿元，占全国农垦出口商品总额的90%。

农垦对外合作领域不断拓展。已从粮食、天然橡胶等作物种植扩展到畜牧、农产品加工、仓储物流等多个领域。如广东农垦在东南亚已经形成了橡胶种苗培育、种植、加工、物流贸易等较为完整的产业体系，干胶年加工贮运能力达到130万吨。广西垦区中国印尼经贸合作区项目，基础设施建设基本完成，目前入区企业数量已达34家。

农垦对外合作形式更加多样。既有直接投资新建，也有投资收购扩建；既有独资经营，也有股份合作经营；既有中方投资自己经营，也有直接聘请外方职业团队经营；既有纯商业开发，也有借助政府援助项目合作开发。上海农垦近3年筹资100多亿元，相继控股收购了新西兰、澳大利亚、法国、英国、我国香港、意大利、以色列和西班牙8家国际知名的农业和食品企业。

　　农垦对外合作社会效益日益显现。农垦对外合作既注重经济效益、也注重服务国家战略需要。湖北、江西、重庆、陕西农垦承建的莫桑比克、多哥、坦桑尼亚、喀麦隆农业技术示范中心，均已进入合作运营阶段，示范效应和影响不断扩大。广西和云南农垦在老挝、缅甸的罂粟替代种植面积达到24.9万亩，对增加农民收入、改善生产生活条件和促进区域稳定都发挥了重要作用。

　　要适应国家对外开放新战略，立足国内产业基础，统筹规划农垦对外合作的目标区域和发展重点。新时期，深化农业对外合作，要以新型国家粮食安全战略和国家"一带一路"倡议规划为指导，按照服从国家战略需要、因地制宜、互惠共赢的工作原则，以市场为导向、企业为主体、政府支持服务为保障，以粮食、天然橡胶、油料、乳品、牛羊肉和食糖为重点，培育打造大型涉农跨国公司，重视提升对外投资合作效益，在更大范围、更宽领域、更高层次上参与农业国际交流与合作，全面提高我国农业产业的国际竞争力、影响力和市场掌控力。

　　目标区域方面。围绕国家农业对外合作规划和"一带一路"建设，加紧制定在俄罗斯、哈萨克斯坦、马来西亚、泰国、印度尼西亚、缅甸等国家合作开发的发展目标和路线图。在政府双边合作协定中，支持黑龙江、内蒙古海拉尔农垦在中俄和中蒙边境地区租种土地；支持广东、云南、广西农垦在缅甸、老挝、柬埔寨、马来西亚等东南亚国家拓展合作；支持北京、湖北农垦等具有境外投资和种植经验的农垦企业在阿根廷、巴西、新西兰等农业资源充沛、农业条件良好的国家开展多种形式的国际业务合作；支持湖北、安徽等垦区承担国家援外项目，带动农垦企业到非洲合作开展农业资源开发和农产品加工。

　　发展重点方面。紧紧围绕我国农业战略产业的发展需求，服从服务于国家外交战略，在科学分析我国主要农产品供求格局和农垦优势的基础上，加强顶层设计，做好统筹规划，进一步明确农垦农业对外合作的重点产业。以黑龙江、广东、安徽等集团化垦区为主，在东南亚、俄罗斯、非洲等适宜国家和地区，继续组织实施一批粮食、天然橡胶、棕榈油、畜牧等产业的重点合作项目，巩固和扩大境外农产品生产基地，特别是在生产基地、仓储、运销等方面抢先布局，不断完善内外相连、产销衔接、优势互补、相互促进的一体化产业格局。

鼓励农垦企业联合，以合资合作和并购重组等方式开展境外农业合作，建立生产、加工、仓储、运销体系。以增强境外资源掌控能力、服务国家外交大局为核心目标，围绕培育国际大粮商战略规划，大力推进联合联盟联营，不断加强垦区间、企业间的合作，抱团出海，形成合力鼓励多种形式的农业对外国际合作模式。合资合作即以资本为纽带，发挥不同主体在区域、资源、市场、管理等方面的优势，农垦企业与国外经营主体共同出资、共同经营、共负盈亏、共担风险。并购重组即农垦企业通过现金收购、股权收购等方式实现对海外优质农业企业的控股参股，在不断优化农垦企业集团资产价值、股权结构、治理结构的同时，实现国际资源的整合。无论采取哪种合作方式，均需围绕全产业链的思路，不局限于扩大农业生产基地规模，积极探索在仓储、加工、运销等环节的海外掌控，在打造国际大粮商的关键环节、核心路径上下功夫，逐步推进全球化产业布局和市场网络建设。

目前，农垦企业在国外开展农业开发经营活动尚未享受到国内同类企业的各项支持政策，要进一步争取农业对外合作财税保险支持政策，切实减轻农垦企业对外合作各项负担，为企业对外合作提供保障。一是避免境内外双重税费负担，给予境外生产的资源型农产品进口配额或关税优惠；二是加大对农垦跨国企业集团的金融保险支持，包括将农垦企业境外农业资源开发性重点项目和战略性项目纳入"境外农业投资开发融资保险专项安排"等制度，在贷款利率、期限、额度、补贴上给予重点倾斜；三是探索建立对外农业合作保险制度，给予一定保费补贴，设立专门针对包括境外农产品基地建设在内的农业对外投资的保险险种，帮助企业应对外汇汇率、自然灾害、政治动乱等风险。

积极支持农垦承担国家农业援外项目，利用外经贸发展专项资金、农业综合开发等现有政策渠道鼓励农垦实施农业对外合作项目。推动将国内强农政策延伸到农业对外合作项目，加大农垦对外合作专项资金支持规模，加大境外罂粟替代种植项目支持力度，探索设立农垦对外合作发展基金，用于企业资本金、企业对外投资亏损、企业开拓市场前期费用和重点农产品回运费等补贴。鼓励农垦企业承担援外农业技术示范中心、农业技术合作项目，实现与合作国的多边双赢。

加强国际先进技术设备的引进、消化、利用，不断提高农垦企业技术装备和管理水平。深化农业国际合作要在互利共赢的基础上加强对国外先进技术和管理经验的学习和吸收，不断提高农垦国际合作软实力。农垦企业在开展农业国际合作的过程中，不仅要在农业生产经营和农产品贸易方面拓展合作领域，更要在经营模式、管理方式、资本运作方式等软环境方面加强学习借鉴和吸收，不断提升农垦企业在国际竞争中的综合实力。

第七节　加强薄弱地区农场建设

边境农场是维护我国边境安全、繁荣边疆经济的重要力量，发挥着屯垦生产经营、促进民族团结、稳定边疆区域、巩固边防屏障等重要作用。截至2014年底，农垦有276个边境农场，占全国农场总数的15.5%。边境农场边境线长5 794公里，占全国陆地边界线长度的25.4%。边境农场总人口174万人，占全国沿边地区总人口的6.6%；土地面积17.1万平方公里，占沿边地区土地面积的8.7%；边境农场拥有耕地面积3 443万亩，占全国农垦耕地面积的37.5%。

边境农场分布在全国8个省区108个县（市、旗），涵盖10个垦区，276个农场中，新疆国有牧场系统68个、新疆生产建设兵团58个、黑龙江垦区38个、云南垦区28个、新疆国有农场系统24个、内蒙古垦区23个、吉林垦区19个、广西垦区11个、辽宁垦区6个、西藏垦区1个。

边境农场的主导产业包括粮食、棉花、天然橡胶、畜牧以及边贸、旅游，其中：黑龙江、内蒙古、吉林、辽宁等垦区的边境农场以粮食、畜牧业、油菜、旅游产业为主；云南、广西垦区的边境农场以天然橡胶、茶叶、咖啡、热作等产业为主；新疆生产建设兵团、新疆国有牧场系统、新疆国有农场系统的边境农场以棉花、畜牧、边贸、旅游等产业为主。

加强边境农场建设，是农场自身发展的需要，也是维护国家安全的需要。要认真贯彻党中央、国务院关于治国安邦、强化边境治理、沿边地区开发开放的一系列战略部署，按照中央农垦改革发展文件中加强薄弱地区农场建设的总体要求，坚持统筹协调推进屯垦戍边、固疆开发、稳边开放，立足农垦边境农场实际，做大做强做优边境农场特色产业，增强发展能力，改善基础设施和公共服务，增进职工福祉。编制《国家边境农场建设规划》，积极争取国家进一步加大支持，一是加大政策支持。针对边境农场产业基础条件差、发展资金短缺等问题，积极争取出台专门政策措施，加快发展边境农场特色优势产业，促进提质增效；改善边境农场生态环境，保障可持续发展；拓展农业合作领域，促进农业合作开发和边境贸易增长；扩大边境旅游，促进人文要素聚集。二是夯实基础建设。针对边境农场自然条件差、基础设施建设欠账多等问题，制定边境农场宜居工程建设等专项建设规划，争取加大投入，提高水电路房等基础设施和公共服务建设水平，大力改善生产生活条件，提升边境农场要素聚集能力，增强综合实力。

贫困农场。截至 2016 年末，农垦共有"十三五"重点扶持贫困农场 304 个，土地面积 9 520.33 万亩，占全国农垦的 16%；人口 229.93 万人，占全国农垦的 16%。2016 年重点扶持贫困农场实现生产总值 475.98 亿元，占全国农垦的 6%；人均纯收入 10 948 元，为全国农垦平均水平的 70%。

"十二五"期间，农垦扶贫开发工作紧紧围绕《全国农垦扶贫开发"十二五"规划》确定的工作思路和目标任务，结合垦区和贫困农场实际，卓有成效地开展扶贫开发，贫困农场面貌发生巨大变化，圆满完成了"十二五"规划主要目标和任务。目前，农垦扶贫开发工作基本形成了以中央财政扶贫资金为引导，各级政府强农惠农富农和改善民生等多种类项目资金共同投入，促进贫困农场经济社会发展的良好格局。

2011—2015 年，全国农垦扶贫开发投入 22.78 亿元（其中中央财政扶贫资金 18.15 亿元），实施扶贫项目 1 291 个，116 个贫困农场实现了整体脱贫。一是农场经济快速增长，经营状况持续好转。2015 年，"十二五"重点扶持农场实现生产总值 541.47 亿元，年均增长 11.19%。在第一产业稳步发展的同时，二、三产业比重有所提高，产业结构趋于优化，三次产业比重由期初的 58:23:19 调整为 51:26:23。实现营业收入 138.30 亿元，年均增长 1.15%；利润总额 0.87 亿元，实现连续五年总体盈利；资产负债率从期初的 98.60% 下降到 89.69%，总体经营情况向好。二是生产性基础设施建设得到加强，农业综合生产能力明显提高。5 年间，"十二五"重点扶持农场累计改造中低产田 86.68 万亩；修排灌渠道 1 602 公里，打电机井 1 231 眼，新增灌溉面积 38.60 万亩，改善灌溉面积 45.10 万亩。贫困农场粮豆、棉花、干胶、油料、肉类、牛奶等主要农产品产量持续增加，农业综合生产能力明显提升。三是职工收入较快增长，生活条件不断改善。2015 年，"十二五"重点扶持农场职均收入 16 321 元，年均增长 17.99%；人均纯收入

9 873元，年均增长14.29%，高于全国农垦4.91个百分点。到2015年末，全国贫困农场累计解决了65.99万人的安全饮水问题，改善了146.29万人的出行和80.43万职工的居住条件，特别是地处边疆和少数民族地区的农场交通、饮水、住房、通电状况得到了明显改善；同时修建完成了一批医疗卫生和文化娱乐场所，较大提升了贫困农场职工群众生活质量和水平。四是培养了一批富有创新精神、懂技术、善经营、会管理的技术骨干和脱贫致富带头人。2011年到2015年累计培训贫困农场干部职工40多万人次。

尽管近年来农垦贫困农场经济社会事业得到了长足发展，但总体看，贫困农场扶贫开发工作还存在诸多困难和问题。一是部分贫困农场自然生态条件差，脱贫难度大。"十三五"期间仍有304个重点贫困农场，大多数集中在相对欠发达的中西部地区，有236个贫困农场（占重点贫困农场77.63%）；在14个集中连片特困地区的贫困农场有59个（占重点贫困农场19.41%）；一些贫困农场地处边境区域、高寒山区和荒漠边缘，还有一些地处库区、泄洪区，自然环境差、生态脆弱。其中还有30万多人饮水不达标，2个农场场部、17个生产队不通电，6 000公里的场队道路需要硬化等。部分农场经营状况差，职工文化素质不高，人才匮乏。二是扶贫资金投入相对于实际需要严重不足。现在每年国家财政投入农垦扶贫资金仅5亿元左右，只能轮流安排建设项目，解决贫困农场的单个困难，难以发挥推进整体脱贫的作用。初步测算，"十三五"期间仅解决304个重点扶持农场的低产田改造、草场改良以及排灌渠道、公路、水泥晒场修建等问题，至少需要200多亿元的资金投入。三是部分贫困农场社会负担较重。2016年，"十三五"重点贫困农场办社会职能支出43.43亿元，其中农场自筹23.12亿元。

下一步，要按照中央农垦改革发展文件要求，继续坚持开发式扶贫方针，以国家扶持为引导，以转变经济发展方式为主线，加快农场办社会职能改革，着力发展现代农业，培育主导产业，加强基础设施建设，提升人力资源素质，推动贫困农场尽快走上可持续发展的良性轨道。一是进一步增加投入，不断完善促进贫困农场发展的多元化资金投入机制，逐步形成国家、地方、垦区和农场多方投入、协同推进扶贫开发的多元投入机制，尽力保障贫困农场发展的资金投入。二是深化办社会职能、农业经营体制机制等改革，减轻农场负担，不断增强贫困农场发展的内在活力。三是充分发挥农场的资源优势，大力培育特色优势主导产业，不断提升农场发展的产业支撑能力。

四是切实加强项目管理，确保资金投入和项目建设取得实效，不断提高农垦扶贫资金的使用效益。

生态脆弱区农场。湖北、湖南、江西、福建、四川、贵州等垦区，共有195个位于沿江沿湖、草原湿地和山区林区的农场。中央农垦改革发展文件提出，生态脆弱区农场的水土流失治理和生态环境保护，纳入地方政府统一政策实施范围。生态脆弱区农场，必须坚持生态效益、社会效益和经济效益统筹考虑，要重点强化生态涵养和水源保护功能，健全生态屏障体系，成为保证区域可持续发展的重要力量。要积极争取国家和地方政府支持，打破行政区划和体系条块界限，树立大生态理念，统一实施环境保护战略、政策及工程项目，走出一条绿色、低碳、和谐的可持续发展道路。

第九章

新时期农垦改革发展的战略选择

第一节　集团化联盟管理战略

围绕农垦种业、粮食、奶业和天然橡胶等主导产业的发展需求，结合各垦区的区位、资源和产业优势，以提升农垦全产业链的整体竞争力为引导，以强化各垦区横向联系的集团化战略为思路，在全国形成具有较强国际竞争力的农垦组织管理构架。

——**加快垦区集团化改革与资源重组**。推动垦区转换经营体制机制，建设大型现代农业企业集团。推进企业资源、资产、技术、人才等各类要素整合重组，集团内部的工商企业整合重组，农场间、垦区间优势产业整合重组。

——**构建以资本为纽带的母子公司管理体制**。在省级层面，有条件的垦区全部成立省级农垦集团，积极推进资源资产化、资产资本化、资本股份化，为各省垦区之间的横向联系奠定坚实的制度基础和联合通道。

——**重点完善集团管理层级**。根据不同时期和发展阶段，组建不同形式的农垦集团化联盟管理组织框架。探索构建"一个总部、两个中心"的顶层框架。"一个总部"即依托中央农垦管理布局，在全国层面成立农垦国有资产管理总部，强化对农垦国有资产保值增值与经营能力扩张提升的管理。依托农垦国有资产管理总部，组建全国农垦战略联盟管理委员会，强化管理委员会从整体上对联盟的管控，统一谋划联盟整体发展布局、平台建设、实施管理和协调服务。"两个中心"即依托黑龙江与广东两大中央直属垦区，建立南北两大中心，分别统筹负责全国农垦在南北两大片区的联合联盟联营以及业务合作统筹。

围绕种业、粮食、奶业、天然橡胶与农产品流通等战略优势产业领域，在现有联盟基础上，依托核心企业全面组建种业、粮食、奶业、天然橡胶等四大产业集团，以业务单元为主线、以产业链合作为导向进行联合运营。

——组建中垦种业产业集团。通过农垦种业企业资产置换、股权划转、持股联盟、共同投资、共同并购、合作融资等资本运作手段，加快推进农垦种业企业的联合联盟联营，组建以中垦种业集团—农垦种业集团区域中心—项目公司为骨架的三级管理架构。第一层级即中垦（联丰种业）种业集团，由垦丰种业、大华种业、皖垦种业、地神种业、塔河种业等农垦种业企业及主要垦区联合主导发起，共同组建中垦种业集团，统筹优化各垦区种业研发、基地与销售等资源配置，明确战略方向与布局。第二层级即中垦种业集团区域中心，以业务发展为主线打造两大区域中心，北方打造以黑龙江垦区、河南垦区和新疆生产建设兵团为核心的北方地区种业运营中心，以安徽垦区、江苏垦区为核心的南方地区种业运营中心。第三层级即种子企业或项目公司，包括以农作物种子经营为主的农垦企业、合资企业等，是最基本的相对独立的决策与运营单元。通过多种方式不断推进垦区间联合联盟联营的"三联"战略实施，重点推进中垦种业集团的研发平台建设，加快各成员之间资源共享，协同合作，风险共担，互利共赢。

——组建中垦粮食产业集团。以市场为导向，以联合联盟联营为手段，组建中国农垦粮食产业集团，运用国际化经营管理模式，提高经营管理效率，将农垦粮食产业集团建设成具有国际竞争力的现代农业企业集团。着力构建以农垦粮食产业集团—农垦粮食产业集团区域中心—项目公司为骨架的三级管理构架。第一层级即全国农垦粮食产业集团，由黑龙江、江苏、上海、广东、安徽等具有较大规模粮企为核心，各省农垦集团为联盟合作方，在一定时间内建立比较稳定协作关系，推动各方共享资源、优势互补、相互信任、合作运营。第二层级即四大粮食产业集团区域中心，立足于全国粮食产销格局，打造以北大荒为核心的东北粮食产业区域中心，以光明集团为核心的长江流域粮食产业区域中心，以新疆生产建设兵团为核心的西北粮食产业区域中心，以广东农垦为核心的华南粮食产业区域中心。第三层级即以粮食产业经营为主的各农场企业、合资企业，是最基本的相对独立的决策与运营单元，以现代企业的组织形式承担具体项目的运营。

　　——组建中垦乳业产业集团。构建三级管理架构，健全现代企业管理制度，不断激发内在活力。第一层级即中垦乳业集团，统筹负责集团发展战略方向、区域合作、业务重组、管理运营等；第二层级即中垦乳业集团六大区域中心，包括以完达山为依托的东北乳业运营中心、以三元为依托的华北乳业运营中心、以光明为依托的华东乳业运营中心、以燕塘为依托的华南乳业运营中心、以天友和宁夏农垦为依托的西部乳业运营中心，提高核心企业对所在区域内其他合作农垦企业的参股程度，强化核心企业在区域中心的组织协调和战略主导地位。第三层级即以各类农场企业、乳制品企业等为主的决策与运营单元，以现代企业管理制度为指导，加快农场企业化管理改革。

　　——组建中垦天然橡胶产业集团。构建以资本为纽带的中垦橡胶产业集团—区域运营中心—项目公司三级管理架构，搭建权责分明、各司其职的公司治理结构，培育市场化、现代化的农垦天然橡胶大集团。第一层级即中垦橡胶产业集团，由海南农垦、云南农垦、广东农垦联合发起组建中垦橡胶联盟，统筹负责中垦橡胶集团发展战略、海外投资与贸易、区域合作、"走出去"领域；第二层级即中垦橡胶集团区域运营中心，依托海南垦区、广东垦区和云南垦区橡胶集团打造三大区域运营中心，负责区内天然橡胶种植和初加工业务经营，统筹共享种植技术和原料供应能力；第三层级即农场企业或项目公司，包括以天然橡胶产业经营为主的各农场企业、销售公司、加工企业等，是最基本的相对独立的决策与运营单元，重点以现代企业管理制度为导向加快农场企业化管理改革。

　　——探索以契约式战略联盟组建农垦集团化管理构架。各省级农垦集团作为联盟合作方，根据协议战略目标签订合作协议，各方依据协议，在一定时间内建立比较稳定的协作关系，各自独立经营、承担民事责任，各方权利义务由协议约定。按照契约式战略联盟特点，立足农垦种业、粮食、奶业和天然橡胶四大战略优势产业，将农垦系统全盘纳入总联盟范畴，形成共同的联盟协议目标。即推动农垦发展成为国家农业宏观调控的"终极武器"、保障国家粮食等重要农产品安全和农产品质量安全"定海神针"。重点根据构建全产链的需要，通过市场方式开展合作，按照顶层战略、业务联盟、区域运营单元等三个层次进行联盟组织构架设置。

——探索以股权式战略联盟优化农垦集团化管理构架。以资源资产化、资产资本化、资本股份化、产业集团化为路径，以资本运营为纽带，开展垦区之间的股权式联盟。股权式战略联盟由各省农垦集团作为股东共同组建，拥有独立资产、人事和管理权限。具体途径包括成立合资公司和相互持股型战略联盟两种，其中，相互持股型战略联盟比共同成立合资公司更适用于涵盖合作主体众多、合作区域广泛的战略联盟。

——推进政企分开、优化组织构架、强化联合共享、建立信任机制。股权式战略联盟与契约式战略联盟集团化管理构架大体一致，也是按照顶层战略、产业集团、区域运营单元等三个层次来设置联盟组织构架。在联盟顶层战略层面维持联盟指导委员会的职能与设置不变，重点在业务联合体层面，推动各农垦企业依据自身基地、资源、市场等方面的优势与需求，按照粮食、种业、乳业和天然橡胶四大优势产业的全产业链分布格局，围绕各自产业链环节的合作需求，开展股权式合作。按照循序渐进的原则，以四大产业集团、十五大区域产业运营中心的组织构架为指导，初期推动产业链合作需求迫切、基础较好的农垦企业之间开展相互持股合作。长期发展来看，逐步提升区域产业运营中心的核心企业作用，提高核心企业对该区域内其他合作农垦企业的参股比例，强化核心企业在区域产业运营中心的组织协调和战略主导地位，将其打造成为区域产业运营中心的实体和区域业务总部。

在农垦集团战略联盟基础上，围绕全球范围全产业链的战略扩张与布局，加强农垦与产业链上下游相关的外部国有、混合、私营和外资等各类大型企业集团的产业联营，打造具有全球竞争力的农垦国际战舰联营体。

充分发挥市场配置资源的决定性作用。根据农垦主导产业的全球战略性布局，通过收购、入股、合并、联盟等多元化的方式，与各类大型企业集团建立合作伙伴关系，实现在全球范围全产业链领域的联合经营，提升自身的整体竞争力。在不同产业环节，围绕全产业链运营需求，选择不同的战略合作伙伴。

——在种业环节。强化农垦种业联盟自身竞争力的同时，按照优势互补原则，围绕种植基地的发展需求，积极与外部中种集团等大型种业公司开展战略合作，增强农垦种子供应的多样性，提升农垦薄弱品种的供应能力，更好地为下游种植与加工等服务。

——在种植领域。强化农垦种植基地的同时，通过租赁流转土地、社会化服务、订单农业等方式与垦区外部的农村地区开展合作，结合农垦金融服务的强化，极大拓展农垦直接或间接参与种植的规模。

——在加工领域。以农垦内部整合为主，兼顾外部战略合作，重点围绕下游精深加工等技术要求高、农垦现有基础薄弱、发展潜力大的领域，充分发挥农垦的基地与原料优势，与科技研发能力强的企业开展战略合作。

——在仓储物流与港口码头领域。围绕全国北粮南运的物流格局，全面打通农垦的仓储与物流通道，与中储粮等大型仓储企业建立合作伙伴关系的同时，广泛收购粮食主产区的中小粮食收储企业，在运输环节，围绕全球布局，积极与中国海运、中铁物资等大型集团开展战略合作，在港口码头环节，重点与国内沿海沿江的粮食进口、中转等重要港口的港口集团开展战略合作。

——在内部销售与贸易环节。分别与国有金融机构、具有全球影响力的电子商务公司以及国内外线下大型零售商超进行战略合作，重点打通线上、线下和资本运营等三大资金与商品流通渠道。

根据不同环节在全产业链运营中的重要性和合作程度，采取不同的合作方式，在粮源基地和仓储物流等核心竞争的环节采取并购、流转、租赁等紧密掌控型的合作或扩张方式，在种业、加工等其他一般环节采取战略联盟协议等合作方式，最终围绕提升农垦在全球范围全产业链竞争能力的需求，形成不同环节合作方式不一、紧密程度各异、相互有机衔接的农垦国际战舰联营体，有效促进产业链各环节的利润均衡分配，极大提升我国参与国际竞争的能力（图9-1）。

——推广垦地联营。围绕拓宽农垦粮食和橡胶等原料基地规模、提升原料基地掌控能力与范围，积极推广多种形式的垦地联合经营方式。鼓励有条件的农垦企业及职工走出垦区，在地方流转农地种植粮食，并与农垦企业建立稳定的订单关系。

——加强社会化服务。重点积极推广"农场社会化服务＋地方大户/合作组织"的经营方式，着重强化农场的农业社会化服务能力，完善粮食优良品种的示范引领、农业技术、农机耕种收、病虫害防治、农药化肥农资供应、谷物仓储等社会化服务，建设集各项社会化服务功能于一体的综合型现代化农场服务体系。通过提供各类社会化服务，与周边种粮大户、合作组织建立稳定的利益联结机制，以各类服务功能的强化，组织成立农场主联合

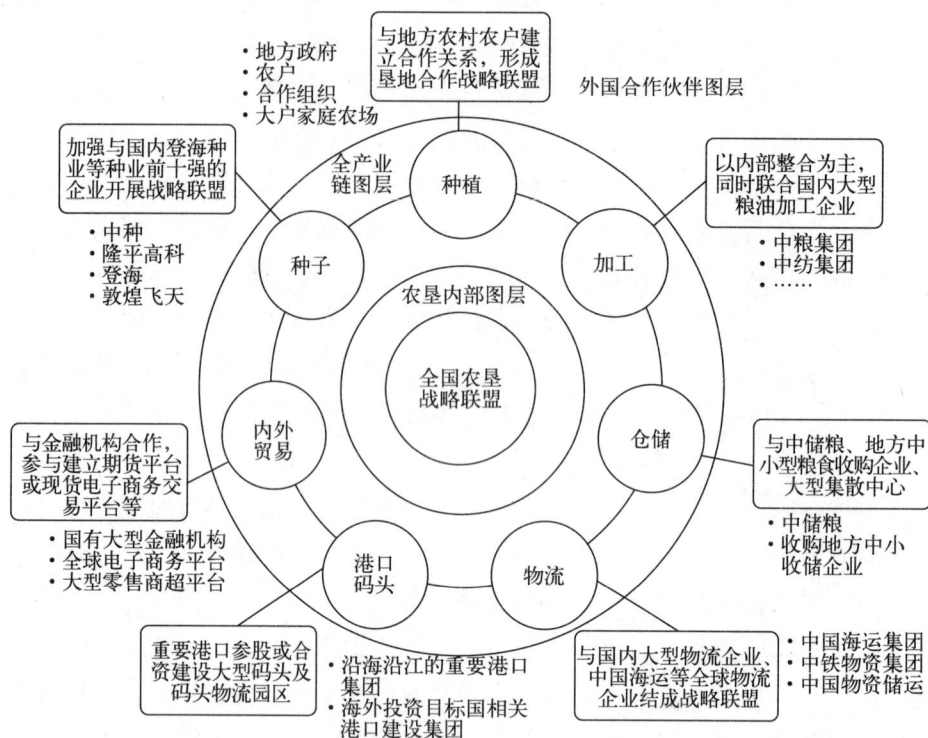

图9-1 农垦国际战舰联营体管理构架示意图

会，将最终价值突出体现在项目的仓储与收购功能方面，实现对更大范围和规模的原料来源控制。

——积极探索农场企业与农场职工、地方种粮主体之间的订单合作模式。将单个职工或合作社作为合作单元，发挥农场企业的技术、资金与市场优势，围绕种粮主体从事粮食生产对资金、生产资料等的迫切需求，通过提供资金信贷或仓储、病虫害防治、农资供应、生产资金贷款、农机化收获、技术指导等方面的社会化服务，与各类主体建立稳定的订单关系（图9-2）。

——发展奶业领域的订单农业模式。重点围绕东北、华北、华东、华南、西北、西南区域乳业运营中心，依托天津河海、广州燕塘等一批具备一定基础的区域性乳企，合理布局设计奶源基地和加工能力，重点强化农垦系统在奶源基地环节的生产组织优势，建设高品质、安全的奶业供应基地。在奶源基地经营方式方面，采取"农场＋合作社＋家庭养殖""农场社会化服

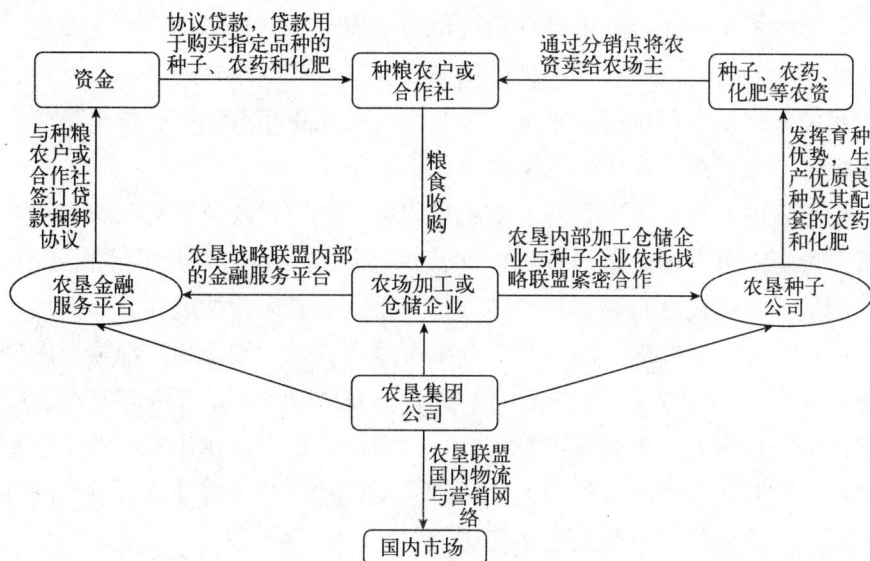

图9-2　农场企业订单经营方式示意图

务+地方规模养殖"等方式，由农场统一把分散的家庭养殖集中起来，提供一系列专业化服务，提高抗综合风险能力。

第二节　资本化市场运营战略

产融结合已经成为跨国企业成长的世界潮流，不仅为这些公司成为世界顶级企业提供了成功的发展模式，也为国家财富增长和国家经济实力增强发挥了重要作用。推动农垦围绕粮食全产业链等主营业务发展，开展相应的金融业务，促进产融结合，是壮大农垦的必然要求。

深化农垦资本运作。深化垦区集团化、农场企业化、股权多元化改革，明晰农垦国有资产权属关系，健全产权管理制度，探索农垦资本多元化运作途径，促进资源资本化、资本流动化、流动有序化，以资本运作优化联合机制、推动全产业链拓展和规模扩张。加快农垦资源资本化改革，强化金融资本对垦区集团发展壮大的支撑作用，加快提升农垦的资本运作能力。

——积极推进各垦区资金集中管理。资金管理是现代企业管理核心内容，特别是在集团外源性融资受到影响的环境下，对于加强资金集中管理，提高内部资金使用效率，防范资金链风险的诉求更加迫切。实践证明，加强集团资金的集中管控，是风险管理的重要手段，是整合集团资源、提高资金使用效率和效益的内在要求，也是集团企业实现产融结合的最基本条件。近年来我国大型国企积极推进资金集中管控，强化集团总部财务管理功能，大都实现了全集团结算集中、资金集中、信息集中。

推进农垦的资金集中管理，重点是要针对集团化改革进程较快、尚不具备条件设立财务公司的集团垦区，加快推动设立各自的资金结算管理中心，统筹管理各自企业资金。各垦区结合自身企业资金运营特点和要求、参照银行业务运作办法，办理集团成员企业资金结算、资金调拨和内部资金借贷等资金管理业务，农垦企业资金收付均通过各自农垦结算中心办理，结算中心对进出资金合规性、安全性进行审核，将农垦企业资金运作置于各垦区总部监控中。同时，实现农垦资金流动、资金配置和资金投放等决策过程的集中化，各农垦企业仍拥有较大资金使用权。

——充分发挥集团财务公司的作用。借鉴国际跨国集团产融结合的实践经验[1]，组建财务公司是充分强化集团金融服务功能的重要平台。与银行等金融机构相比，集团财务公司对集团经营状况认识充分而深刻，开展业务具有较强针对性，可有效灵活调整资产负债结构，及时引进新的业务品种，稳步扩大交易量和业务领域。

全球 500 强企业中，有 2/3 以上都设有财务公司，国内一大批国有企业集团也成立了自己的财务公司，包括光明食品集团等部分农垦企业。未来加快农垦产融结合，重点率先大力推动集团化垦区加快设立各自财务公司，按照国家现行法律法规和金融行业运行规律开展金融活动，为集团公司各成员企业提供内部金融服务，承担集团的金融服务职能、资源配置职能、资本控制职能、内部结算功能、筹资融资功能、投资管理功能、中介顾问功能。

支持各财务公司集中各自集团内部资源，为农垦集团提供产业化和特色化的金融服务提供平台，促进财务公司根据各自农垦集团的类型特征与需要，发展与之相适应的金融产品与服务，形成自身业务的专长与特色。加强各农垦集团对自身财务公司的指导和管理，通过完善公司治理结构实现集团对财务公司的有效管理，通过董事会、监事会对财务公司经营、管理行使决

---

① 王伊. 产融结合对企业价值影响的案例研究 [D]. 成都：西南财经大学，2013.

策权和管理权。

推动农垦企业并购。围绕产业链的发展推动农垦相关企业的兼并购，是"十三五"期间壮大农垦的重要任务与途径。从欧美国家的五次并购浪潮来看，企业并购重组的推进都伴随着金融市场和金融服务的支持，并随之建立起成熟完善的金融支持体系。借鉴国内外实践经验，围绕农垦兼并购的融资需求，重点推进以下服务。

——**发挥银行等金融机构的综合服务**。围绕农垦的并购战略，可以考虑与国家开发银行等银行机构建立战略合作伙伴关系，并将其打造成为农垦并购金融集成整合平台，针对各类并购项目推出"设计、推动、实施、服务"于一体的并购金融全产业链综合服务。

银行机构在对农垦的并购交易中综合运用各种资源，为农垦企业提供寻找交易对手、设计交易结构和融资结构等方案内容、协助尽职调查与估值等并购交易全链条的顾问服务。并针对并购项目后续融资提供综合性解决方案，广泛运用并购债券、并购基金、并购夹层融资和并购后整合融资等组合融资，满足客户的多元化并购融资需求。

在并购过程中，国家开发银行可探索帮助农垦企业直接发行债券融得资金，或设计股权融资结构、引入 PE 基金提供股权融资，为企业设计并购结构化融资、信托及资产管理计划等夹层融资模式以融得资金。并购交易完成后，帮助农垦企业设计以国家开发银行及投资银行融资产品为主、其他融资产品为辅的再融资方案并推动实施，以提升并购交易的价值。在农垦的企业并购过程中扮演推进器和整合平台的角色。

——**鼓励发展兼并购贷款**。当前并购贷款对于并购主体和被并购主体的要求都较高，且贷款所需时间较长。需进一步放宽并购贷款的适用条件，参照项目融资的行业资本要求，适当提高并购贷款占并购金额的比例上限，允许贷款融资占到新建项目总投资额的 50% 以上，在有效防范风险的前提下合理确定并购贷款利率，贷款期限可延长至 7 年。

按照循序渐进的原则优先开展并购结构相对简单、产业和战略关联度高、并购方资金实力雄厚的优质并购贷款。鼓励采取银团贷款方式，合理分散信贷风险，引入信托计划、委托贷款等方式扩大兼并重组资金来源。

引入资产证券化融资，将农垦企业各种流动性较差的资产，分类整理为一批批资产组合出售给特设载体，再由特设载体把买下的金融资产作为担保发行资产支持证券，收回购买资金，盘活非流动性资产，提高资产运行效率。

——探索建立农垦大粮商股权投资基金。充分发挥资本市场配置资源的作用，发展私募基金和股权融资，撬动农垦内外部间联合，农垦股权投资基金以市场化运作方式投放到农垦企业的技改、科技研发产业化、产业重组、企业并购等方面，促进农垦内外部联合与资源优化配置，推进企业股权多元化，完善企业法人治理结构。

基金重点投向加快垦区间或垦区与外部企业间在粮食、橡胶、乳业、种业、商业物流等优势产业资源的聚集重组和联合联营等领域。在基金的组织管理方面要高效，搭建专业化的管理运营团队，具备健康的投资理念和成熟的投资技能；建立良好的投资退出机制，探索在地方产权交易市场转让或区域性股权市场挂牌转让等途径；形成完善的投后管理架构，投资参股不以控制企业生产经营为目的，通过股东会、董事会等机构，协助参股企业完善内部治理、提高决策能力和水平，在更高业务合作层面形成合力。

——探索开展兼并购债券融资。相比并购贷款、股权融资、定向增发新股融资等方式，运用债券为并购活动服务相对更具优势。从国际并购融资的经验来看，债券是国外成熟市场并购融资的主要方式之一，特别是高收益债券，为并购活动提供了大量融资。近些年国内金融机构也在积极尝试"类并购债券"业务，我国债券市场已具备了发行并购债券的基本条件。

围绕农垦企业的并购项目，积极探索开展并购债券融资具体模式，在债务融资工具制度框架下，拓宽资金募集用途，允许募集资金用于并购重组，并针对并购交易的特殊性作出适当调整；开发专门的以企业并购为目的的高收益债券。

以风险控制为首要原则，对于用于企业兼并重组的债券融资工具，设计保护投资者利益的特别条款。协助引入证券公司、私募基金、国外金融机构等具有一定风险偏好和认可兼并重组价值的机构投资者，作为兼并重组债券融资工具的投资者。针对并购交易特点进行创新设计，为优质农垦企业备案并购票据的长期专用额度、设立循环融资安排，采用私募发行方式。

推进农垦资源资产化改革。盘活用好国有农场土地资源，赋予国有农场土地资本权能，是拓宽农垦融资途径的重要基础。

——积极稳妥推进资源资产化。对农垦企业改革改制中涉及的国有划拨建设用地和农用地，按需要采取国有土地使用权出让、租赁、作价出资（入股）和保留划拨用地等方式处置。省级以上政府批准实行国有资产授权经营的国有独资企业、国有独资公司等农垦企业，其使用的原生产经营性国有划拨建设用地和农用地，经批准可以采取作价出资（入股）、授权经营方式处置。有序开展农垦国有农用地使用权抵押、担保试点。

——建立全国农垦资源产权交易市场。鼓励农垦专业合作社、职工通过资源入股、股份合作等方式，参与企业决策，分享企业收益。推进国有农场探索土地资源资产化、资本化，赋予国有农用地抵押、担保权能，开展国有农场存量建设用地在符合规划和用途管制的前提下直接入市交易试点。

——拓宽农垦贷款抵质押物范畴。建立完善供应链融资模式，针对农垦农业全产业链大多数环节企业规模小、风险大等特点，进行金融产品创新和融资方案设计，促进供应链核心企业及上下游关联企业建立合作机制，探索"捆绑互保，风险抵押"模式，共同分担融资风险，缓解农垦企业全产业链发展担保缺乏、抵押不足等融资问题。创新质押范围，有效拓展融资渠道。因地制宜扩大农垦企业的贷款抵押担保物范围，探索开展设施棚舍、大中型物质装备、水域经营权抵押贷款，整合利用农产品订单收益、农业补贴收益、农业保险理赔收益、农村土地承包经营权预期收益等，开展各类权益质押贷款。

——积极推行农垦企业股权质押。允许企业股权出质登记，盘活农垦企业的存量资本。探索加工企业专利等知识产权质押贷款，拓宽企业融资渠道。完善各类质押贷款的监管，保障重点建设的资金需求，禁止贷款用于有价证券、股票、期货等高风险的投资经营活动。

——探索开展仓单质押融资模式。针对农垦下游加工与仓储企业原料收购时间集中、流动资金季节性需求大等特点，探索建立开发性金融机构、农垦物流企业和加工企业风险共担机制，引导农垦企业按照标准化要求，把农产品原料、加工制品作为标准质押物，开展仓单质押融资。

——建立严格的仓单质押操作流程并规范仓单的使用和管理。受金融机构委托，农产品批发市场加强质押物库存监管，充分发挥批发市场产品集散、渠道销售和价值实现等功能，保障产品变现能力，有效防范质押商品的融资风险。

——积极开展融资租赁业务。现阶段银行借款等间接融资方式无法有效满足众多企业中长期发展资本的需求，融资租赁作为兼有融资和融物双重职能的新型金融工具，在促进企业技术改造、降低企业负债率、盘活企业资产存量、促进消费、提高企业产品竞争力等方面具有独特的优势。强化农垦的金融服务能力，要积极推进各农垦集团的融资租赁业务发展，立足大农业，通过开拓农田水利基础设施、新农村建设、新兴农业等市场领域，发展以工程设备、新型生产设备等为标的物的融资租赁业务。

创新融资经营模式。在产品组合、交易结构、租金安排、风险控制等方面不断改进创新，丰富经营内容，创新盈利模式，提升服务水平。通过保险、上市、发债、信托等方式拓宽租赁企业融资渠道，增加中长期资金来源，降低融资成本，规避资金风险。

——探索资产证券化等方式盘活租赁资产。创新融资模式，通过设立融资租赁产业基金等方式，加强与银行、信托等金融机构的合作，吸引各方面资本投入。加强内控制度建设，建立风险评估机制，强化资产管理能力，积极稳妥发展业务。

——因地制宜探索涉足互联网金融。随着几年来互联网金融的蓬勃发展，互联网金融不断成为大型企业集团产融结合的新方式，互联网金融模式大致包括支付、网络小贷、众筹、理财产品销售以及在线金融服务平台等。供应链金融/小额贷款应当是产业集团目前最容易切入互联网金融的一种模式，可以通过参股投资互联网金融企业的方式，将自身的产业链实践与金融产品设计相结合，拓展移动互联网、大数据和运营业务。可以充分利用互联网金融平台为企业上下游公司提供增值服务，巩固企业在产业链的核心地位。围绕农垦的联合联盟联营战略，可通过参股或者并购互联网金融企业等方式进入互联网金融，或推进多个股东参股投资互联网金融平台，依托产业链上下游紧密的业务管理，形成相应顺畅的金融链条，提高资金利用效率，增强战略伙伴之间的合作紧密性。

加强风险管控。产业资本与金融资本快速聚集和扩展过程中蕴藏着潜在风险，金融领域的系统性风险向产业领域渗透和窜动，仅靠产业公司传统的风险管理体系难以抵御。构建严密的风险管理体系，加强农垦的公司治理机制建设，根据金融企业特点和监管要求，在农垦不断完善的治理结构基础上，建立符合农垦实际的管控模式和法人治理结构，探索金融、市场等与大粮商业务协调、风险隔离的互动机制，形成立体、交互式的风险管理组织体系。

在具备条件的集团化垦区的董事会下设风险管理委员会，负责组织制定风险管理制度和内控制度协助各业务部门构建风险管理流程和指标体系，负责对农垦企业衍生品业务和金融风险进行评估和控制。不具备条件的农垦企业设立风险管理机构履行相同职责。推动各集团化垦区逐步形成风险管理委员会、风险管理团队、业务部门等三级风险管理组织体系，坚持集体领导集体决策、自控与他控相结合的原则。最终形成业务部门风险数据整理到垦区集团公司层面的风险数据研究，再到垦区集团董事会的风险决策三级监管，保证风险实时可控（图9-3）。

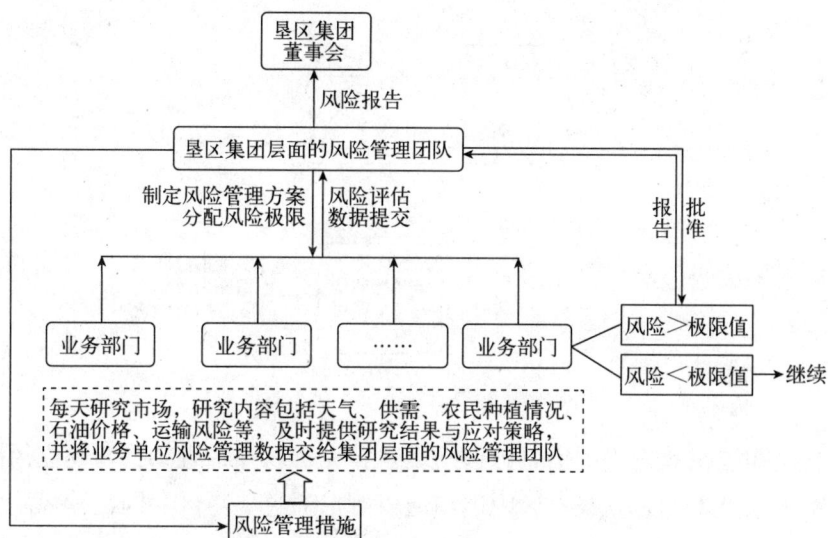

图9-3　农垦风险管理组织体系示意图

借鉴嘉吉等国际粮商的风险管理经验，积极开发商品期货、场外衍生品、指数化产品、天气衍生品等多样化的工具和方法满足农垦大粮商的多元化风险规避要求。

一是加强农垦与农业科研机构合作，强化农垦对农业生产气候等自然条件的监测能力，重点积极开发天气衍生品新型金融衍生合约，将天气风险分割和重组转移天气风险。构建天气衍生品合约基础指数，将天气变量（如气温、降雨量、降雪量、霜冻、风力等级等）进行量化处理，合约的交割采用货币形式，即一定的指数变化对应一定的货币支付。

二是积极开发期货产品，丰富风险管理工具。当前我国期货市场已进入良性循环，交易品种日益丰富，以券商基金、QFII、私募基金为代表的机构投资者参与其中，期货市场具有的套期保值、价格发现、资产配置、套利和投资等功能，在广泛的领域内得到应用。充分利用农业期货的价格发现、套期保值等方面的作用，有效防范国内外农业市场波动风险，重点培育建立一支农垦高素质、国际化的期货研究操作团队，从事期货、衍生品等高风险业务（图9-4）。

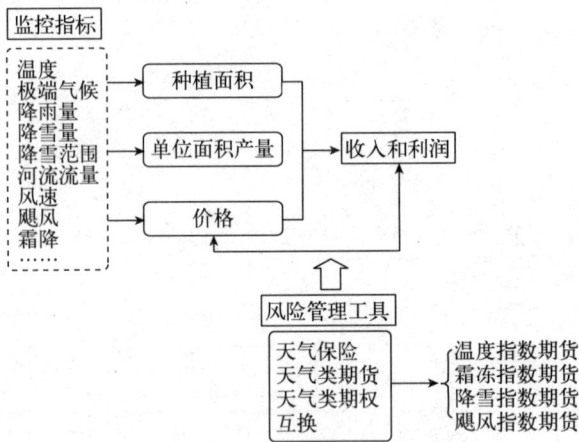

图9-4　农垦风险管理工具示意图

三是构建高效完善的信息传递网络。在完善农垦治理结构、建立风险管理组织体系基础上，健全农垦内部沟通机制，通过各垦区共同组建风险管理委员会等组织，强化各层级的信息沟通交流，形成固定的沟通交流制度，同时重视改善非正式的沟通渠道，加强各成员的交往频度与深度。应用先进信息化技术，强化农垦系统信息传递的快速、准确性。同时将农垦在风险管理上的经验和技术与供应链上的战略合作伙伴分享，减少来自合作伙伴的风险冲击并加强合作稳定性。

第三节　流通与贸易升级战略

围绕培育具有国际竞争力的农垦，加快建设比肩国际四大粮食的全球农产品采购、运输、仓储与销售供应链系统，不断提升农垦的全产业链掌控力与竞争力。

——着力强化农垦国内农产品的仓储与流通能力。遵循南菜北运、南糖北运、北粮南运、西果东运、西杂东运等农产品流通格局，加快建设一批产地仓储基地、区域农产品中转枢纽、销地农产品交易中心，创新流通方式，提升流通效率，显著增强农垦流通支撑能力。

——着力强化农垦在全球的农产品运输能力。重点在全球粮食等战略农产品出口大国建设产地仓储体系、港口中转枢纽，显著增强全球农产品的采购与运输供应能力。着力强化垦区间的联合联盟联营，充分发挥农垦内部不同类型主体作用，着力打造四大农产品流通供应链，构建竞争有序、业态多元、互动高效的农垦农产品流通体系。

到 2025 年，组建中垦流通产业联盟且联盟综合实力不断增强，结合四大产业集团发展，在全球形成年 6 000 万吨的粮食经营与仓储、运输能力，形成强大的海外采购、运输与贸易体系；建成北京、上海、广州、重庆等特大城市菜篮子产品供给保障中心，发展成为大城市菜篮子安全供给保障的主力军。

充分发挥农垦内部不同类型主体作用，着力打造四大农产品流通供应链，构建竞争有序、业态多元、互动高效的农垦农产品流通体系。

首先，加快建设以批发市场为骨干的农产品供应链。加快农垦以批发市场为核心的农产品供应链建设，关键是要通过入股、并购等方式，实现农垦在全国农产品批发市场领域的迅速布局，提升农垦对全国批发市场体系的参与度和竞争力。

——在全国重要流通节点和优势农产品区域，通过参股、并购或新建等方式，推进农垦全国性的农产品批发市场建设，形成 3～5 处农垦企业深度参与的、具有国内外影响力的农产品集散中心、价格形成中心、物流加工配送中心和国际农产品展销中心。

——重点打造区域性信息中心与物流集散中心。发挥农垦生产基地优势，在全国农产品优势产区内部，通过参股、收并购、新建等方式，加快参与建设与壮大一批区域性农产品批发市场，打造区域性的农业产业信息中心和物流集散中心。发挥农垦订单和产后集散等社会化服务优势，完善垦地合作机制、增强合作力度，围绕农垦生产基地，大力建设一批产地集配中心和田头市场，开展预冷、分级、包装、干制等商品化处理及交易活动，提升农产品流通"最后一公里"和上市"最初一公里"组织化水平，实现农产品产后"存得住、运得出、卖得掉"。

——加强农垦农产品批发市场建设。围绕三级农产品市场体系建设，积极推动农垦成为全国公益性农产品批发市场的重要主体，充分发挥农垦批发市场稳定市场价格、保障市场供应和食品安全等公益性功能。加大政府的支持力度，探索采取政府回购、政府股权投资、建立基金等方式，支持农垦公益性农产品市场建设。

其次，加强以终端零售为补充的农产品供应链建设。按照打造生产商、供应商并重的农垦国家大粮商要求，重点发挥市场区位条件较好的垦区优势，强化农垦的终端零售能力。以农垦具备原料优势的生鲜产品、绿色食品为重点，围绕终端零售加快整合优化原料生产、采购、加工与销售整条供应链资源，打造农垦以终端销售为补充的农产品供应链。

重点在北京、上海、广州等东部沿海大城市或中西部大城市，依托农垦现有基础，建设一批以直营店、超市、社区店为代表的终端零售体系。一方面，实现零售店70%以上产品从农垦自有的直采基地直接采购，实现"短链"流通，推动农垦蔬菜水果等生鲜农产品低成本直接进入社区，从源头把控产品质量，确保产品品质，缩短流通环节、降低流通成本、提升运营效率。另一方面，充分发挥首农、光明等绿色加工食品的品牌优势，推进现有品牌食品与生鲜农产品在终端零售环节的共建共享，提升市场消费对农垦产品的信赖感。

第三，大力发展以第三方物流为核心的农产品供应链。近些年，农垦农产品周转量逐年增大，为节省物流成本，农垦大力建设自己的物流体系，新疆、黑龙江、海南、广东等大型垦区建立了自己的第三方专业物流公司，扩展运输、仓储、配送、信息和增值服务。但从全国农垦范围来看，第三方物流尚不健全，且布局相对集中在大型垦区，基础设施条件较差。

——加快发展农垦第三方物流。第三方物流是提升农垦农产品流通能力的关键支撑，未来重点是要加快农垦企业分离外包物流业务，促进农垦内部物流需求社会化，支持从农垦企业内部剥离出来的物流企业发挥专业化、精益化服务优势，加快发展第三方物流，积极为社会提供公共物流服务。

——引导传统仓储、运输等农垦企业采用现代物流管理理念和技术装备，提高服务能力，形成一批具有较强竞争力的农垦现代物流企业，扭转"小、散、弱"的发展格局。加快培育农垦农产品综合加工配送企业和第三方冷链物流企业，围绕农垦物流体系建设的全国布局，建设形成一批具有集中采购和跨区域配送能力的农产品低温配送和处理中心。

——推动农垦物流企业的联合，建设中垦第三方供应链管理平台，为农垦加工与销售企业提供供应链计划、采购物流、入厂物流、交付物流、回收物流、供应链金融以及信息追溯等集成服务，全面提升农垦企业的供应链管理服务水平。

第四，积极建设以电子商务为平台的农产品供应链。随着现代信息化技术在农业发展中的广泛应用，各垦区电子商务平台也如同雨后春笋建立起来，成为农垦农产品营销的平台和牛鼻子。从整个农垦来看，电子商务平台存在力量分散、规模小、基础薄弱等问题，还没有得到有效整合，交易品种单一、影响力小，不具备市场话语权，对整个产业的影响力和作用没有得到充分发挥。

——深入推进农垦"互联网＋农业"大战略。利用互联网技术完善电子商务平台体系，健全配套服务与设施，提高农产品流通效率和市场价值。遵循统筹兼顾、虚实结合、鼓励发展、规范管理原则，进一步加大农垦全国性电子商务平台体系建设力度。

——加快淘宝特色农垦溯源馆等涉农电子商务平台建设。扶持有条件的农垦骨干批发市场发展网上交易，着力解决农副产品标准化、物流标准化、冷链仓储建设等关键问题，发展农垦农产品个性化定制服务。

——强化基础数据采集与发布，加快搭建面向社会的农垦物流信息服务平台。整合仓储、运输和配送信息，开展物流全程监测、预警，提高物流安全、环保和诚信水平。

——建立农垦全国性农产品信息统一发布平台。建立健全市场信息深度挖掘与预测预警工作机制，整合涉农信息服务资源，增强对主要农产品市场价格监测预警能力，建立、编制、发布农垦农产品交易指数、价格指数和统计数据。

第五，推动组建中垦农产品流通联盟。围绕全国农产品的大流通格局，立足各垦区的产销优势，充分发挥东部和大城市垦区的市场与终端销售优势，以及中部、东北等地农垦的农业资源优势，积极推进市场销售平台＋农产品供应基地的农产品产销流通合作，着力推动各垦区组建中垦农产品流通联盟。

　　——在各垦区农产品流通合作基础上，率先推进广东、重庆、上海、海南、广西、云南、甘肃等垦区共同组建中垦农产品流通联盟，通过发起专业化、现代化程度高的中垦冷链、中垦物流等农产品物流企业，布局全国农产品大流通市场，打造全国农垦物流产业的联营平台，从而整合全国农垦优质资源，提供顺季节的农产品供应，解决全国市场的消费需求。从长远发展来看，随着流通联盟的发展壮大，不断吸纳其他垦区企业持续加入，最终形成成员、体系和功能均较完整的联盟。

　　——建立仓储加工联合与共享机制。打破原料基地、仓储与生产加工等资源的行政地域界线，在更大区域范围内重新优化配置资源，使分散在不同垦区最具比较优势的生产力有机结合，更加高效完成生产过程，提高产品在更广区域范围的竞争力。

　　——重点在各产业区域中心层面进行整合。在种业、奶业、粮食和天然橡胶四大产业集团内部，按照产业市场与区域两大维度，以产业集团的区域中心为基本单元进行联合与共享，分区域设置区域指导委员会；在区域内部对各垦区的原料基地、仓储物流和加工等资源与设施进行整合优化，科学规划设计区域加工能力、仓储容量和原料基地规模，使各垦区产业环节的自身优势有效叠加，共享供应链合作成效，大幅降低生产成本，最大化实现区域经营的规模经济和范围经济。

　　第六，不断增强农垦市场掌控力和贸易竞争力，强化农垦重要批发市场的价格形成能力。加快构建农产品批发市场公平交易对价格的形成机制，转变传统的对手交易方式，通过拍卖交易和期货交易加快推动交易价格的公开化。

　　——提升农产品交易与市场服务能力。有条件的市场应在推进农产品质量等级化、包装规格化、标识规范化的基础上，探索、创新适用于市场所经营农产品的一对多、多对多交易方式，尝试拍卖、中远期、期货等多种集中竞价交易方式。在促进公平交易的同时，完善农产品价格形成机制，分析形成价格指数，指导农产品生产。尚不具备发展拍卖和期货交易的产地市场，应完善电子结算系统、信息处理和发布系统，通过建设硬件设施、健全保障制度，逐步推进结算信息公开化，为推广公平交易提供基础。

　　——增强农垦对全球主要农产品贸易影响力。以整合农垦的国内外农业资源一体化开发为契机，形成国内外主要粮食品种的仓储、物流、加工、贸易等方面一体化开发，形成种植、加工、贸易一体的全球化布局，在与国际大粮商的同台竞争中不断提升竞争能力。

——在全球范围内打造粮源、仓储、物流和贸易一体化的农垦营销能力体系。以更合理的价格向世界各国和各地区的消费者提供高品质食品，通过完善的全球产业链和营销网络为世界各国和各地区提供综合性的粮食安全解决方案，进而塑造自身内在最佳的市场竞争能力。

——加强农垦在全球粮食市场布局。全面进入东南亚等世界粮食主产区的种植与收储、加工与贸易等关键环节，按照最优贸易距离原则，在全球布局建设种植基地和仓储体系、加工点和贸易中心，通过收储方式直接或间接掌控全球规模以上的粮食产量，在粮食供需出现异常的时期，能依靠巨大存储容量有效平抑世界粮食产品的价格波动，稳定粮食供应。

——加强重点农产品价格掌控能力。重点针对稻谷、橡胶等战略性农产品，合作推动建立由现货市场、中远期交易市场和期货市场组成、产区市场与销区市场有机协调的市场体系，强化现货市场和中远期市场的有效支撑，发挥期货市场价格发现和风险对冲的社会功能，完善期货交易制度，积极引入各类海外投资者参与，提升期货价格的权威性，依托农垦将我国打造成优势战略性农产品国际价格形成中心，有效提升我国对主要农产品国际价格的掌控能力。

第四节　品牌整合提升战略

把品牌建设作为参与全球农业竞争的重要战略，努力打造以品牌价值为核心的中国农垦品牌。打造完善的农垦食品质量安全追溯体系，铸造出较高的品牌认知度与美誉度，塑造优质、安全、绿色的中国农垦品牌形象。从国家、产业、市场与农垦等多个维度，进行品牌价值与定位谋划。

一是丰富农垦品牌的核心理念体系。农垦品牌理念体系涵盖了农垦的品牌使命、愿景、核心价值观和品牌精神等层面，其中，农垦品牌使命是品牌理念体系的内在核心、存在前提与方向引领，是农垦存在与发展的价值、意义、理由与依据。

农垦的品牌使命：重塑农垦在保障国家粮食安全与现代农业引领的地位与作用，以领先的资源整合与资本运营能力提升农业产业价值，保障国家稳定、经济发展与民生安全，兼顾质量与效益，引导中国农业产业进步，推动中国现代农业健康、高效、友好、可持续发展，建设农业强国。

农垦的品牌愿景：成为中国农业安全保障与宏观调控的新抓手，中国现代农业发展的新引擎，涉农一、二、三产业融合发展的新标杆，优质可信赖农产品生产与供应的新平台，中国现代农业的国家品牌。

二是提升农垦品牌的价值定位体系。遵循农垦发展历史的延续性，从政治性与经济性相结合、国家属性与消费属性相结合、理性与感性相结合的角度，充分体现农垦发展的包容性、引领性和责任感，高度提炼中国农垦品牌的核心价值。

农垦的品牌战略定位为中国现代农业的开创者与引领者、中国农业全产业链整合的笃行者。围绕品牌战略定位，按照打造可信赖的、美好的品牌要求，将农垦品牌核心价值聚焦在"责任、创新、可信赖和开放"四个方面。

三是推动核心价值要素不断细化与延伸。促进核心价值的落地实施，重点围绕"责任、创新、可信赖、开放"的价值点，延伸打造十二种品牌形象。

"责任"价值要素延伸重点体现在国家战略保障、民生供应安全、现代农业引领三大方面。

"可信赖"要素价值延伸重点体现在全产业链、安全优质、协助共赢三个方面。

"创新"要素价值延伸重点体现在科技、模式和价值创新方面。

"开放"要素价值延伸重点体现在资本、资源与市场三大领域的开放。

当前，中国农垦旗下拥有首农、光明、北大荒等众多全国知名品牌，但品牌间自成体系，母子品牌割裂，无法相互借势发展，子品牌强势发展，母品牌借势不足。各垦区在品牌管理上缺乏行之有效的手段与方法，品牌溢价不足，众多品牌无法有效转化为企业的品牌资产，消费者感知度总体较弱，需要进一步规范整合，形成强大的品牌资产。

四是推动建立完善五级品牌架构。强化顶层设计，构建与中国农垦改革发展路径相适应的品牌构架体系，确立中国农垦品牌体系管理办法，逐步提升中国农垦品牌核心竞争力与产业领导力。

重点实施多元化的集团品牌架构，协同解决集团、产业、产品等不同层级品牌间的关系。规划期内，立足于农垦品牌建设现状，以设立中国农垦母品牌、联盟品牌、企业品牌为突破口，着力构建母品牌、联盟品牌、集团品牌、企业品牌、产品品牌五级品牌体系架构。

具体而言，针对全国农垦层面建立中国农垦公共品牌，引领整个农垦的品牌舰队前进，为各次级品牌提供品牌势能支持，为农垦系统内部企业获取资源提供有效担保功能，营造良好外部经营环境。

五是整合产业集群品牌。围绕农垦的种业、粮食、奶业、天然橡胶四大战略行业，对业务相关性高的产业集群进行品牌整合，分别创设中垦种业、中垦粮食、中垦奶业、中垦橡胶四大联盟品牌，以联盟品牌传达专业形象，强有力地驱动顾客对旗下产品的信赖、偏好，为相关产品提供强有力的营销助推，驱动市场认同和购买。

通过建立联盟品牌，让农垦旗下众多企业变得品牌层次分明，农垦联盟对各级品牌的管控能力增强。依托联盟品牌，在农垦现有集团企业的基础上，加快整合集团品牌、企业品牌和产品品牌，其中，强化集团品牌对联盟品牌、企业品牌之间的枢纽联系，短期内保持联盟、集团两个层级，从长远来看，逐步将集团品牌与联盟品牌进一步压缩统一；企业品牌将进一步彰显行业属性，提示产品生产的背景信息，强化专业性；产品品牌强调描述、修饰产品特征，建立产品的个性化识别，增进同特定顾客的有效沟通。

六是因地制宜强化各级品牌关系。依托农垦战略联盟的长远目标、资源条件、农垦内部各方品牌市场影响力对比、文化同源性、品牌定位一致性等因素，分层次逐步推进农垦战略联盟中的品牌资源整合，建立高效的农垦品牌作用体系。

立足当前农垦品牌建设现状，考虑到各垦区间品牌影响力、品牌收益和品牌责任等差异，短期内在中国农垦母品牌与联盟、集团、企业和产品品牌之间，大多采用隐身品牌架构，弱化母品牌的统一作用。

逐步强化联盟品牌与其下级品牌之间的关系，在联盟品牌与各次级品牌之间按照复合品牌和背书品牌的形式与旗下品牌联系起来，使得联盟品牌输出"实力雄厚、顾客利益至上、富有社会责任感"等形象，产生对下属品牌的强大营销助推。在农垦现有的集团、企业与产品品牌之间，短期内维持现有品牌管理层级，长期内逐步弱化各省级垦区集团品牌，强化企业与产品品牌。

七是实施品牌推介与国际化扩张。发挥农垦的政治、体制等优势，实施大集团联盟主导、民族精神支撑、国家形象辅助的品牌推介与国际化扩张路径。在理顺农垦五级品牌架构基础上，规范中国农垦品牌体系的视觉整合及宣传推广，通过自上而下、内外联动的方式，逐步向品牌利益相关者传递农垦品牌形象与内涵价值。

加强农垦品牌营销推介，加强农垦品牌宣传推介和市场开发，制定中国农垦大粮商品牌宣传年行动计划，利用媒体广告以及博览会、招商会、网络营销、专题报道、展销会和公共关系等多种促销手段，进行农垦品牌的整合宣传，注重品牌产品包装创新，不断提高公众对品牌形象的认知度和美誉度。支持策划举办、参加各类重大论坛与展会，为生产者、消费者、经营者以及学者搭建交流与对话平台，重点举办"中国农垦企业家峰会"，参加全国农产品交易博览会以及国际国内特色产品展销会，以"农垦产品——绿色、优质、安全、可追溯"为主题，重点宣传推介农垦品牌产品。

创新品牌营销方式，重点发展农业电子商务、直销配送、门店体验等营销模式，实现线上线下结合，建立长期稳定的销售渠道。鼓励支持农垦企业按照"统一规划、统一形象、统一推介"的原则，在埠外开设集展示、销售、电商和品牌宣传为一体的农垦品牌产品展示展销体验店。

八是创新农垦品牌监管机制。通过强化行业自律、加大市场监管、增强政府引导等举措，为农垦品牌创建与培育营造有序的市场环境。探索构建"中国农垦母品牌＋联盟＋集团＋企业"的品牌组织管理模式，不断提升农垦品牌的行业自律能力。

强化产品品牌保护和监管，加快建立产品品牌目录制度，分层次、分类别梳理编制企业品牌和产品品牌目录，实行品牌动态管理。加强品牌商标管理，保护注册商标专用权，规范市场竞争秩序。建立中国农垦母品牌、联盟品牌使用的授权和监管办法，完善市场准入和退出机制。

强化农垦管理部门、农垦企业对农垦品牌的监管与维护，组建中国农垦品牌管理委员会，设立分委会，统筹农垦品牌战略规划和实施进程。建立品牌危机应对机制，组成品牌危机处理领导小组，建立危机善后处理机制，有效控制危机蔓延，稳定品牌形象。

九是全面推进农垦农业标准化生产。加快制定农垦统一的农产品与食品标准体系，并与品牌体系相衔接，对接国际标准、国家标准、行业标准和生产需要，以产品为单元，围绕投入品、生产、加工、包装、贮运、标识等全产业链，分别完善制定相应的生产技术规范和操作规程，夯实农产品质量安全的标准基础。

加快建设一批农垦农产品标准化示范基地，深入实施农垦粮棉油糖高产模式示范提升行动，形成适合当地的一批高产高效生产标准和模式，做好对新模式试验示范和成熟模式的推广应用工作。开展滴灌等节水技术的推广和应用，针对不同作物、生产条件和耕作制度，集成推广一批适合垦区实际的旱作节水技术模式。扶持和引导农垦专业化公司、农场、农场职工等率先实行标准化生产，以点带面，带动地方全面促进农业标准化发展。

十是完善农副产品质量安全追溯体系。围绕打造中国农垦品牌、建设全国性电子商务营销中心等战略需求，不断加强农垦质量安全追溯体系建设，健全农垦农产品质量追溯制度框架，完善农垦农产品质量追溯系统运行机制，规范生产经营行为，全面提升农垦农产品质量全程监管和保障能力，形成包括农产品生产、加工、流通过程中的种植（养殖）、采收（出栏）、储藏、加工、包装、仓储、运输、销售等环节全程化质量追溯链条，覆盖产品全生命周期的监管范畴。

加快推动移动互联网、物联网、二维码、无线射频识别等信息技术在生产加工和流通销售各环节的推广应用，强化上下游追溯体系对接和信息互通共享。逐步打造一批能体现农垦系统管理优势、在国内外市场具有一定竞争力的农产品质量追溯企业群体，推出一批涵盖农垦优势产业的质量可追溯优质农产品。积极推进农垦追溯体系与国家、地方各级农产品质量追溯信息平台对接，实现垦地监管信息互联共享，贯通检测、认证、预警、评估、执法、追溯、标准化等全要素，提升监管水平。加快农垦可追溯农产品电商平台建设工作，并与阿里巴巴等大型电商系统对接，充分发挥好农垦系统在我国农产品质量追溯制度建设方面的示范带动作用。

第五节　科技创新驱动战略

瞄准世界农业技术最前沿，坚持引进消化吸收再创新和集成创新，通过整合垦区内外科技资源，加快推进农垦科技协同创新体系建设，将农垦作为全国农业科技体制改革创新的先锋队，依托农垦产业集团加快实现农业科技的农科教、产学研一体化发展，为农垦全产业链全球化竞争提供强有力的科技支撑。

到 2025 年，组建粮食、种业、奶业、天然橡胶四大战略产业科技创新中心，四大产业集团科技研发投入经费占销售额的比重提升至 12%，达到全球领先跨国企业的研发投入水平，储备一批先进的科研成果与专利技术，推动农垦占领农业战略产业高端环节，不断提升科技对农垦的支撑保障水平。

针对农垦大粮商全产业链运营的重大关键技术问题，建立和完善科研联合协作制度，促进跨学科、跨行业、跨部门、跨区域的单位和科研人员之间开展联合协作，打破条块分割，形成农垦科技"一盘棋"的良好局面。

一是建立科技研发联合与共享机制。加快整合垦区内外科技资源，重点围绕中垦种业、粮食、奶业和天然橡胶四大产业集团发展，联合组建成立中垦种业研发中心、中垦粮食全产业链研发中心、中垦奶业研发中心、中垦橡胶研发中心等四大合作研发平台，充分发挥各自优势，共同搭建研发队伍，分别针对各产业链的关键环节进行科技创新，加强联合研发，整合集结各种资源，节省研究成本，分摊风险，增强研发能力，提升技术支撑能力。重点瞄准世界农业技术最前沿，坚持引进消化吸收再创新和集成创新，力争农垦的科技创新能力总体上达到发达国家跨国企业水平，力争在农业重大基础理论、前沿核心技术方面取得一批达到世界先进水平的成果，占领全球农业战略产业高端环节。

二是着力强化研发平台支撑体系。围绕农垦四大产业研发平台的高效运转，统筹搭建资讯、人才以及成果交易三大支撑体系。

积极搭建辐射支撑全联盟的知识与资讯公共支撑体系，对农垦各级集团、公司的研发中心进行统筹定位与合理区分，推动各农垦集团按照研发费用分担、研发成果共享的模式进行联合研发，发挥研发成果的规模效应，不断放大技术创新的协同优势。

积极构建联盟研发创新的人才储蓄支撑体系，将农垦遍布国内外不同研究领域的专业实验室整合成为区域性研究院，以为企业提供技术支持为主要方向，将研究院打造成为国家级研究平台，吸引优秀人才加盟，精准把握世界科技发展前沿，依托人才储备平台，形成农垦联盟的人才和技术"蓄水池"，为联盟科研创新与发展提供雄厚人才支撑。

积极打造联盟的技术与成果交易公共支撑体系，由联盟统一制定技术交易相关制度规定，为联盟内部各级研发机构、成果需求单位、市场开发单位之间进行沟通提供服务，推动联盟内部技术有偿转让与交易，激发内部企业研发动力，促进研发成果转化和高新技术产业化。

三是深化农业科技体制改革。完善成果转化激励机制，制定促进协同创新的人才流动政策，增强科技转化应用能力。

加快推进农垦公益科研体制改革，深化农垦科技体制改革，遵循科技发展规律，完善科研立项、评价、投入与联合协作机制，提高科技管理与资源利用效率，以管理创新促进农业科技创新。

重点加快农垦科研机构改革，按照事业单位分类改革和科技体制改革的要求，坚持农垦科研公益性特征，深化完善农垦科研机构改革，进一步明确农业科研机构的职能定位，建立健全现代科研院所制度，完善院所长负责制，规范人员聘用和岗位管理，建立适合农垦科研单位特点的收入分配机制，调动科研人员积极性。

以农垦各级科研机构或院校为依托，大力推进共建协作，鼓励科研机构与农垦企业共同组建研发机构，引导企业与科研院所联合，共同开展新品种、新技术、新工艺研发。建立完善以知识产权为核心的利益分配机制，激发科技创新、推广及应用主体的活力，促进农垦科研单位和院校的科研人员向企业流动，形成政、产、学、研、企紧密结合的研发体制，以及产业技术服务、科技创新、成果转化的联盟服务体系。

创新科技成果转化与应用机制。充分发挥农垦技术与成果交易公共支撑体系的作用，完善成果与专利交易政策咨询、成果供需发布、价值评估、交易、技术熟化及成果升级改进等服务，引入金融机构和中介服务机构，创新金融产品，为科技成果中试、产业化提供投融资支持，以市场化机制促进科技成果转化应用。践行大众创业的理念，鼓励农垦科技人员在职创业，以科技创业带动科技成果转化应用，实现科技的市场价值，提高成果转化率和科研投资效率。建立健全知识产权保护机制与开发利用规则，建立涵盖科技成果转化全过程的风险防范和控制体系，协调市场主体之间知识产权的利益分配，简化维权程序，降低维权成本。

完善农垦科技推广体系建设。重点围绕农垦农业种植、养殖生产对技术服务的需求，进一步完善垦区、农场两层次的农技推广管理服务机构体系，建设一批高标准农业科技试验示范基地，搭建一支兼职与专职相结合的农垦农技推广服务队伍，推广不同形式的"技术专家组—农场农技推广人员—科技种（养）植示范户—辐射种（养）植户"农技推广服务方式。积极争取中央对农垦农技推广体系建设的支持，将农垦农业技术推广机构纳入全国农业公共服务体系建设，按照垦地相同待遇，将垦区纳入"一衔接，两覆盖"为主的政策支持范畴。全方位创新开展农业技术培训，充分利用系统内外资源，以新理念、新知识、新技术为培训重点，加强对农业生产经营管理人才的培训。要创新培训方式和途径，加快建设垦区农场卫星远端接收站点，充实和完善培训内容，充分利用卫星网、互联网等现代信息载体，针对各级生产管理部门、基层农牧（团）场的生产技术人员和农场职工，高频次、全方位、宽领域地开展农垦农业技术远程培训，为加快培育农垦提供人才保障。

四是构建农垦信息化支撑体系。遵循国家信息化战略指导方针，围绕大粮商经营管理效率提升、市场竞争精准等需要，加快构建农垦信息化支撑体系，为打造农垦提供信息化支撑。

加快农业生产信息化融合。积极推进农业生产智能化，大力推进物联网等现代信息技术和农业智能装备在农业生产领域的应用，引导垦区集团、农场企业、农场职工等新型农业经营主体探索信息技术应用模式。构建农垦统一的物联网平台，并与各垦区农业物联网应用系统平台相对接，在粮食、乳业养殖、天然橡胶、种业基地等领域建设一批物联网数据采集点，在主要农作物生产、加工、管理、服务等环节提升物联网应用水平。

建立农垦信息化经营管理平台。构建农垦统一的管理服务信息平台。围绕农垦的组织管理架构改革，共同构建覆盖农垦的信息服务体系，将现有的分散信息平台纳入并进行有效的集中和统筹，促进单个应用系统建设转向农垦统一的体系平台建设，由农垦统一把服务体系建设与后续运营维护和使用结合起来。信息服务体系构架主要根据四大业务板块行业和管理特点，按照模块化思路进行协同建设，打破各区域、各产业链环节之间各自为政的现状，加强区域、环节之间的沟通和交流，促进产业链的协同运营。选择共性核心问题作为共享信息平台重点服务，有效降低成本、增强管理的标准化和透明度。

加快搭建农垦云平台。以打通农垦农业全程数据链为重点，以综合配套服务、农产品电子商务服务为主线，以形成农垦的核心数据资源为使命，加快构建农垦统一的云平台。采用云计算、大数据等主流技术，坚持以应用为主导，以数据为核心，以共享为重点，以协同为要旨，构建农垦大数据平台，实现各垦区各类农垦企业平台的互联互通、资源共建共享；构建大数据中心，提升数据采集分析处理能力，打造农垦的核心资源，全面提升数据规模、品质和价值，形成建立在核心资源基础上，全产业链全球数据资源大汇聚的局面；构建基础性应用，强化体系、模式建设，促进信息服务、电子商务服务协作协同，打造全国服务"一盘棋"。分析和挖掘核心数据资源，打造一系列有影响力的数据产品。

第六节 人才培育支撑战略

按照"思考谋划全球化、管理运营本土化"的思路，从农垦的跨国经营人才队伍、高层管理人才队伍、生产运营人才队伍三大层面，全面加快构建与农垦全产业链全球化运营相适应的人才队伍体系。着力加快建立农垦国际高端人才的引进与管理制度，促进农垦跨国投资企业管理的人才本土化；着力建立科学的优秀高层管理人才激励机制，搭建符合农垦企业文化、具有国际竞争力、持久稳定的高层管理团队；全面加快推进农垦新型职业农工培育，形成一批农垦基层企业生产运营的职业经理人骨干队伍。逐步在全球范围实现对农垦的人力资源最佳配置，实现以最有效的人才培育与管理方式促进企业发展。

到 2025 年，逐步构建起具有较强竞争力的农垦人才队伍体系，建立符合现代企业制度要求的农垦经营管理人才选用和管理机制，构筑起农垦特殊的人才队伍优势，发挥人才对事业发展的保障支撑作用。提高农垦管理队伍的国际化水平，围绕农垦在全球的投资与运营管理，加快培养引进适应打造农垦大粮商需要的职业经理人队伍，制定国际化经营人才培养计划，通过"人才引进"和"人才送出去"两条腿走路的办法，整合全球人才资源，确保农垦海外投资项目顺利开展。

——建立与国际标准接轨的人才聘用机制。聘请有国际经验、有行业影响力的人才作农垦集团的独立董事或董事。重视提拔在不同文化背景下受过教育的优秀人才进入集团中高级管理层。加强农垦国际化人才的培养，启动农垦国际化民营企业家与管理人才培训专项，加强与哈佛大学商学院、伦敦商学院等大学的合作，针对高层经营管理人员，重点开展全球视野和跨国经营管理能力、国际经贸知识等方面的培训；聘请拥有广泛国际视野、丰富跨国并购经验的世界级并购顾问与培训中介机构，实施"区域专家培养项目"，每年从各产业集团公司中分别选派 20～30 名基层管理人员到世界各国学习当地语言、文化及风土人情，为推动农垦国际化发展奠定基础。

——**推进农垦跨国运营的管理人才本土化**。围绕农垦跨国投资企业管理运营的本土化战略，率先推进管理人才的本土化建设。利用管理人才本土化，在东道国树立农垦跨国公司"本地企业"的形象，更好地适应当地相关政策，更好地维持跨国企业经营的连续性和稳定性，减少进入当地市场的障碍，进一步降低生产经营成本。充分利用当地研究开发能力、投融资手段和机构，开发出合适的商品和服务，占领本地市场。促进农垦跨国公司更便利地获取当地资源、融入当地社会与文化，构筑进一步发展平台。通过推进农垦管理运营的管理人才本土化，有效利用全球范围内的知识管理，建立农垦的世界性庞大知识库，迅速在全球范围内获得竞争优势。

——**搭建有国际竞争力的高层管理队伍体系**。加快培育垦区集团高级职业经理人。着眼于全面提升企业经营管理人才的能力素质，以培养造就具有世界眼光、战略思维、创新创业精神的优秀企业家为引领，推动省级垦区集团的经营管理人才职业化、专业化、国际化，创新人才开发模式，建立健全符合企业经营管理人才特点的培养开发体系。积极与国际跨国公司、知名院校建立战略合作关系，选送优秀经营管理人才到境外培训。依托国家"青年英才开发计划"，推进农垦应届毕业生海外定向跟踪培养，造就一批未来农垦企业发展所需的高素质、专业化、国际化经营管理人才。

——**打造一批有影响力的专业运营团队**。围绕农垦全产业链运营的关键环节，重点在期货、资本运营等关键环节，打造一批熟悉国际规则、实践经验丰富、具备国际竞争力的专业研究服务团队，服务于整个农垦企业的市场化运营。重点加快组建农垦大粮商期货研究咨询团队，聚焦玉米、大豆、棉花、天然橡胶、糖料等重要农产品领域，提升农垦企业利用期货进行风险防范的能力；加快组建农垦产业投资基金管理运营团队，推动农垦产业集团的资源整合升级，助力农垦产业集团在全球范围的兼并购，促进农垦不断拓展业务规模；加快组建农垦金融产品服务的研发与管理运营团队，增强农垦产业发展的金融服务能力。

——建立优秀高层管理人才的激励机制。创新农垦优秀人才队伍建设机制，创新农垦系统人员选拔任用机制，建立健全组织选拔、市场配置和依法管理相结合的人员选拔任用制度，推进农垦企业经营管理人才市场化，形成职务能上能下、人员能进能出，符合现代企业制度要求的经营管理人才选用和管理机制。建立绩效激励机制，建立健全以岗位职责为基础，以品德、能力和业绩为导向，考核评价结果与人才培养、使用、激励相挂钩，充分体现科学发展观要求的企业经营管理人才考核评价机制。

——全面加快推进农垦新型职业农工培育。加快培育一支具备良好素质和务农技能的新型职业农工人才队伍，主动适应"互联网＋"时代，利用各级农广校渠道，通过卫星视频教学等手段，把农垦建成培养高素质农业经营管理人才和新型职业农工的大基地。

——强化农垦职业农工教育培训体系建设。充分利用全国农垦系统两所省级农业科学研究院、77所地区级农业科研所、800多个农场试验站等教育平台与资源，切实改善培训设施条件，推进"空中课堂""固定课堂""流动课堂""田间课堂"一体化建设。在统筹利用各类公益性科教机构参与职业农工教育培训的同时，鼓励垦区集团、农垦企业等社会化教育培训机构，搭建专业化、多元化相结合的新型职业农工培育平台，充分发挥各类标准化种植与养殖基地、现代农业园区的实训作用。

——推进不同层次的农垦人才教育培训。围绕农垦全产业链从田间生产到市场运营对人才的需要，满足不同层次、不同类型的培训需求，既立足培养垦区内人才，又辐射培养农村新型职业农民，既培养农场及周边农民中的人才，更要把大学生列入培养对象，不断提高培训的质量水平，加快不同层次的农垦人才教育培训。坚持生产精英型农工分产业、专业技能型农工按工种、社会服务型农工按岗位来确定培训内容，突出"务农技能"这个核心内容，重点培训良种良法、病虫害防治、农机农艺融合、贮藏保鲜、市场营销等现代农业技能以及经营管理理念。优先把具有一定文化基础和生产经营规模的农户培养成现代农业发展所需的新型职业农工。

——加快农业职业经理人队伍的培训建设。针对农业经营人才缺位的现状，整合利用农垦农教资源，加快推进农业职业经理人培训，将农垦打造成为培育全国农业职业经理人的大基地、大学校。加快推进农垦万名职业经理人培训行动计划，开展对垦区现有企业经营者职业经理人的培训和素质提升，学习现代企业运营的必备知识和先进企业的管理经验，同时要在垦区构建一体化的职业经理人市场，培养和选拔专业化经营管理人才。建立农垦企业职业经理人选拔机制，切实加强对职业经理人的管理，建立完善职业经理人进入和退出机制，加大对职业经理人建设工作的领导。开展优化职业经理人利益机制试点，使职业经理人享受工作收益、项目收益和股权收益等多元利益。加强农垦系统专技人才队伍建设，引进农垦系统专技人才，鼓励大中专毕业生到国有农场就业。建立健全农垦系统专业技术人员知识更新机制，加强继续教育和职业培训，真正使农垦成为职业农民的大学校。

第十章
新时期农垦改革发展的保障措施

第一节　加强党的领导和建设

坚持党的领导、加强党的建设是我国国有企业的独特优势。必须毫不动摇坚持党对农垦企业的领导，毫不动摇加强农垦企业党的建设。农垦各级党组织要切实履行对深化农垦改革的领导责任，始终把握坚定的政治方向，坚持问题导向和底线思维，抓好顶层设计和全程把关，不折不扣贯彻执行党的路线方针政策。

加强基层党组织建设。农垦各级党组织要严格落实党建工作责任制，把农垦改革与党的建设紧密结合，保证党组织机构健全、党务工作者队伍稳定、党组织和党员作用有效发挥。

坚持党管干部原则。加强农垦企业领导班子建设，建立健全适应现代企业制度要求和市场竞争需要的选人用人机制。把加强党的领导和完善农垦企业公司治理统一起来，明确农垦企业党组织在公司法人治理结构中的法定地位，探索加强企业基层党组织建设的长效机制，创新党组织发挥政治核心作用的途径和形式。

履行党风廉政建设"两个责任"。农垦各级党组织要切实承担好、落实好从严管党治党责任，加强党性教育、法治教育、警示教育，引导农垦干部职工坚定理想信念，自觉践行"三严三实"要求。严肃党内政治生活，严格执行民主集中制，加强农垦企业领导人员日常管理，注重抓早抓小、抓苗头抓预防，坚决防止失之于宽、失之于软。强化对主要领导履职行权的监督约束，完善责任追究机制，充分发挥纪检监察、巡视、审计、监事会等监督作用，严厉查处利益输送、侵吞挥霍国有资产、腐化堕落等违纪违法问题。

第二节　落实地方和部门责任

农垦是复杂的经济社会系统，推进农垦改革发展是一项复杂的系统工程，任务重、难度大，农垦部门要凝心聚力，勇挑重担，充分发挥能动性。同时，必须要形成推动农垦改革发展的强大合力，重点要落实地方和部门责任，形成齐抓共管、协同推进的良好局面。

一是实现"一个同步实施、两个全面覆盖"。"一个同步实施"就是针对农垦被忽视和被边缘化的问题，强调一视同仁、公平待遇，在地方政府编制经济社会发展规划、土地利用总体规划、新型城镇化发展规划及公共服务体系等规划时，将农垦纳入其中并同步组织实施。"两个全面覆盖"就是针对垦区在惠农、民生建设等政策落实方面经常出现的"慢半拍"和"挂空挡"现象，强调加强衔接，适度倾斜，加大对农垦的资金投入，实现国家强农惠农富农和改善民生政策全覆盖。

各级地方党委和政府要把推进农垦改革发展放在重要位置，加强组织领导，坚持问题导向和底线思维，强化统筹协调，切实抓好落实，确保垦区经济持续健康发展和社会和谐稳定；要牢固树立政治意识、大局意识和使命意识，把思想和行动统一到中央的决策和部署上来，从国家战略的高度和经济社会发展的全局出发，把推进农垦改革发展作为"三农"工作的一件大事要事，科学谋划、精心组织、攻坚克难，全力推进农垦改革发展，确保各项政策措施落到实处，不断开创农垦事业发展新局面。

各部门要按照职责分工，落实有关政策措施。积极支持在若干垦区先行试点，总结经验，加快推进。一是在规划衔接上加强协调。国家发展改革委要做好规划衔接，安排相关建设项目时加大对农垦支持力度。要确保农垦公平享受国家各项政策支持，必须将农垦纳入同级经济社会发展规划并同步实施，不能以任何理由将农垦排除在外。

二是在财政支持上加大投入。财政部要根据农垦管理体制和改革发展需要，稳步加大对农垦投入，将农垦全面纳入国家强农惠农富农和改善民生政策覆盖范围。

三是在金融扶持上加快创新。金融资本是农垦改革发展的重要支撑。农垦企业要加强资本运作能力，充分运用资本市场融通资金，助推农垦改革发展。金融证券等部门要支持符合条件的农垦企业上市融资，并积极鼓励农垦企业通过债券市场筹集资金，运用金融手段推进农垦改革发展。

第三节　切实转变农垦管理职能

农垦管理部门是管理改革发展稳定等各方面事务的组织机构，主要履行行业指导管理、拟定实施发展规划、监管所属企业资产财务、协调落实政策、开展经济社会统计等职能，是保障农垦实施国家战略、贯彻国家战略意图的重要力量。农垦管理部门主要有两类，集团化垦区在改制为企业集团的同时，保留省级农垦管理机构牌子，承担垦区行政和社会管理职能；非集团化垦区省级设有行政或事业性质的农垦管理机构，主要履行行业指导和服务职能。转变农垦管理职能、加强部门能力建设是推动农垦改革发展的必然要求。

加强能力建设。农垦管理部门加强自身能力建设，进一步强化责任意识、问题意识、攻坚意识，以钉钉子的精神抓好工作落实，确保完成各项改革任务。围绕培育具有国际竞争力的现代农业企业集团，以强化忠诚意识、拓展世界眼光、提高战略思维、增强创新精神、锻造优秀品行为重点，加强干部职工队伍和企业家队伍建设。

转变管理职能。农垦管理部门要找准职责定位，强化责任担当，进一步发挥好推进农垦改革发展的职能作用。农垦管理部门的职能定位要从"管生产"向"管资本"转变，大胆探索履行行业指导管理、国有资产监管的新方式新方法，形成统筹协调、规范运转的农垦管理体系。按组织程序推荐任命农垦企业负责人，加强企业负责人薪酬和业务费管理，建立健全激励约束长效机制。

落实监管责任。各级政府不得擅自解散、下放、撤销国有农场，国有农场合并、分设、调整等体制变动，须征求上级农垦管理部门意见。同时，农垦管理部门要勇于担当，切实把行业指导管理、国有资产监管等职责落实到位。

目前，黑龙江和广东两个中央直属垦区，实行"部省双重领导、以省为主"的管理体制。垦区的财政预算、部分基建投资和国资监管等由中央部门负责，干部管理、党的关系和其他各项工作均由所在省党委政府负责。

中央直属垦区是农垦事业发展的中坚力量，发挥着先导和示范作用，中央有关部门和省政府要加大对中央直属垦区的支持和领导，统筹推进垦区建设和发展，统筹中央和地方两个方面的积极性，厘清中央部门和省级政府的职责，建立权责统一、管理规范、决策民主的制度体系，有效落实党风廉政建设主体责任和监督责任，完善权力运行约束监督机制。中央直属垦区主要领导干部任免、管理机构设置及人员编制、重大体制改革、资产处置等事项，须按照职责分工征求国家有关部门意见。

第四节　加强农垦人才队伍建设

加强农垦人才培养，提高人才综合素质，对推进和深化农垦改革发展具有重要意义。

围绕农垦现代农业发展、培育国际大粮商等任务，加强农垦人才培养。一是形成覆盖农垦系统的人才培养网络体系，通过专题培训、干部轮训、联合培养等多种方式，着力提高农垦干部的理论水平和业务能力。二是探索垦区间人才流动和人才交流模式，通过垦区间挂职锻炼、组织垦区间互访考察等方式，推动垦区间优秀管理人才的交流合作和能力提升。三是重点培养中高级职业经理人，为农垦企业向公司化、现代化、国际化转型升级提供人才支撑。

同时，鼓励各垦区结合自身实际制定人才引进专项措施，对于具有企业管理能力和技术能力的高层次人才予以一定的待遇保障。引入现代企业职业经理人制度，力争打造一支懂技术、善管理、具有市场意识和企管经验的专业化农垦企业管理队伍。支持通过股权激励等方式引进管理和科技人才。

农垦要整合各类培训资源，充分利用现代信息化手段，建设全国农垦远程教育培训平台，大力实施新型职业农工培育工程，造就一支热爱农垦、献身农垦的高素质干部职工队伍，为农垦事业发展及农业农村经济发展提供强有力的人才支撑。

一是统筹规划，创新机制，切实加强新型职业农工培育工程的顶层设计。从教育培训、认定管理和扶持政策三个方面建立培育体系，特别是要把培育新型职业农工与新型经营主体"二型"融合，促进新型职业农工加快成长。科学选拔培育对象，通过逐步完善自愿报名、农场推荐、择优选拔等程序，把具有一定文化基础和生产经营规模的农户培养成现代农业发展所需的新型职业农工。大胆创新培育方式，尊重农工的学习特点，利用好普及性培训、职业技能培训、农民学历教育等多种培育形式，采用集中授课、远程教育、网络培训、现场教学等多元化培育方式。完善师资队伍，优化培育环境，切实提高培育效果；带动盘活培育主体，统筹利用好农广校、农业职业院校、农机化学校、农技推广服务机构、农业科研院所等公益性培训机构，以及农垦企业、农业合作社等社会化培训资源。

二是科学谋划，稳步实施，探索加大新型职业农工培育工程的政策扶持。积极争取出台扶持职工教育培训的政策措施，逐步建立起政策项目与职业农工技能水平相挂钩的制度，有效推进新型农工培育进程。在生产扶持方面，新增项目重点向从事粮食生产、有科技带动能力和生产经营实力的新型职业农工倾斜，逐步将新增补贴从收入补贴向技术补贴、教育培训补贴转变。在金融信贷方面，要持续增加农村信贷投入，建立担保基金，解决新型职业农工扩大生产经营规模的融资困难问题。在农业保险方面，要扩大新型职业农工的农业保险险种和覆盖面，争取给予保费补贴等优惠。在社会保障方面，要探索争取新型职业农工与城镇职工享受同等的养老、医疗等待遇。

三是落实责任，强化联合，推动形成新型职业农工培育工程的工作合力。发挥各垦区优势，推进教育培训机构合作共赢，不断强化教学资源和师资力量，改善设施条件，创新培育模式，着力构建普及性培训、职业技能培训、农民学历教育"三位一体"的新型职业农工教育培训体系，逐步形成大协作、大联合、大培育的发展格局。加强新型职业农工和新型职业农民培育情况的跟踪问效，加强督导检查，及时掌握培育计划制定与执行、培育制度体系建设、职业农工档案管理应用、培育效果等情况，总结和推广经验，发现和解决问题，不断提高培训工作的标准化、系统化、科学化水平。加大新闻宣传力度，广泛宣传农垦系统教育培训的经验做法和新型职业农工的先进事迹，塑造农垦系统新型职工队伍和新型职业农民的良好形象，营造良好的社会环境和舆论氛围。

第五节　加强以农垦精神为核心的文化建设

农垦精神伴随着农垦事业发展的全过程，通过一代代农垦人传承弘扬，不断赋予其新的时代内涵，成为农垦事业发展的不竭动力。改革开放以来，农垦人克服困难、敢为人先，不断推进农垦体制机制和各个领域的改革创新，铸就了农垦事业新辉煌。农垦精神必将继续弘扬，汇聚起推动农垦改革发展的强大精神力量。

"艰苦奋斗"，要农垦人富而思源、富而思进，居安思危、励精图治，永远不忘农垦人胸怀全局、奉献社会的光荣使命和责任；要农垦人知难而进、共克时艰，充分利用有限的资源和条件，积极实施联合联盟联营战略，打造具有国际竞争力的大型现代农业企业集团。

"勇于开拓"，是站在新的历史起点上，明确当代农垦人肩负的时代责任、历史使命和远大目标，激发改革的勇气和创新的动力；就是要求立足经济全球化和我国改革开放大局，以更高的起点和更宽的视野，谋划农垦发展大业；就是要求解放思想，敢于打破常规、突破惯性，运用改革的智慧、发展的思路、创新的方法去解决问题，重塑农垦伟业，再创农垦辉煌。

农垦精神是我国社会主义文化的一个重要组成部分，在长期历史发展中独具特色。一是具有鲜明的时代性。"艰苦奋斗、勇于开拓"的农垦精神是农垦人用心血凝聚的核心价值观，既是老一代农垦人拓荒建设的真实写照，也是新一代农垦人奋发有为的力量源泉。二是具有极大的包容性。农垦开发建设汇聚了复转官兵、支边青年、城市知青、知识分子和当地百姓等多方力量，体现了汉族和边疆少数民族的多民族团结。在形成和发展过程中，农垦精神与军旅文化、知青文化、本土文化和民族文化相互融合、不断创新发展。三是具有广泛的群众性。农垦本质上是一个生产经济体，除个别垦区有专业的文艺团体、文化机构外，农垦文化建设主要依附于经济建设，深深扎根在垦区广阔深厚的土壤，来源于基层群众的日常生活和生产经营活动。

【农垦精神】

农垦精神是农垦人在长期的垦荒、开拓、建设、改革和发展过程中创造并积累的巨大精神财富，主要体现为农垦人高度的政治觉悟、崇高的思想境界和奋发向上的精神风貌。它是过去几十年农垦开发建设取得伟大成就的精神动力，也是今后农垦事业不断走向胜利的重要法宝。

1986 年 2 月，王震同志在为《当代中国·农垦事业卷》撰写的卷首语中精辟地指出："什么是中国农垦创业者精神呢？我以为最主要的，一是艰苦奋斗，一是勇于开拓。在今天，坚持和发扬这种精神，对推动我国农垦事业以至整个社会主义事业的进一步加速发展仍是非常重要的。"1990 年 6 月，王震同志在全国农垦农工商工作座谈会上讲话指出："艰苦奋斗是农垦系统的光荣传统和全民族的宝贵精神财富，今天我们面临建设社会主义现代化强国的历史使命。过去靠艰苦奋斗，从现在到下一个世纪建成中等发达国家的水平还要讲艰苦奋斗。要教育青年一代继续发扬艰苦奋斗、勇于开拓的传统，把老一辈开创的农垦事业一代一代发展下去。"1991 年，国务院在批转农业部《关于进一步办好国有农场的报告》中将农垦精神明确表述为"艰苦奋斗，勇于开拓"。

同时，在长期艰苦创业的历程中，一些垦区也锤炼形成独特的精神财富，如"自己动手、丰衣足食"的南泥湾精神，"热爱祖国、无私奉献、艰苦创业、开拓进取"的兵团精神，"艰苦奋斗、勇于开拓、顾全大局、无私奉献"的北大荒精神。这些同样是农垦精神的重要组成部分，是成就农垦事业的精神支柱，既是农垦人的"传家宝"，也是中华民族精神文化的绚丽瑰宝。随着时代的发展，农垦精神要不断赋予新的时代内涵。

围绕构建核心价值体系，不断提高农垦职工的思想道德水平。社会主义核心价值体系是兴国之魂，是社会主义先进文化的精髓，决定着中国特色社会主义发展方向。要创新形式方法，切实加强社会主义核心价值体系的宣传和教育，以弘扬民族精神、时代精神和农垦精神等为主题，广泛开展世界观、人生观、价值观的宣传教育，统一指导思想和认识，坚定共同理想信念，激发爱国、爱垦区、爱企业的热情，凝聚精神力量，培育知荣辱、讲正气、做奉献、促和谐的良好风尚，形成团结奋斗的共同思想基础，同心协力推进农垦事业更大发展。

着眼提升竞争力，加强农垦企业文化建设。企业文化是企业核心竞争力的关键所在，要从实际出发，进一步确立企业战略目标和经营理念，建立完善企业价值观体系；大力倡导改革创新，将企业文化建设和现代企业制度建设结合起来，形成科学的企业行为规范；加强企业形象设计，培育企业核心品牌，通过企业文化建设有力推动企业品牌战略实施；加强员工培训，大力开展丰富多彩的企业文化活动，不断提升干部职工文化素质，更加有效地凝聚和增强促进企业发展的精神动力，全面提升农垦企业文化软实力，增强农垦企业市场竞争力。

突出特色，积极开拓农垦文化产业。依托军垦文化、知青文化、民族文化、农耕文化等农垦特色文化积淀，积极实施农垦文化开发战略；加快垦区文化产业建设，建设一批文化产业项目，培育一批文化创意企业。依托垦区独特的自然、人文景观，发展农垦特色文化旅游产业，打造文化产业链，多方式、多途径推动农垦文化产业跨越式发展，培育新的经济增长点。

后　记

　　为便于社会各界全面理解《中共中央 国务院关于进一步推进农垦改革发展的意见》，我们组织编写了《打造中国农业领域的航母——新时期农垦改革发展理论与实践》一书。

　　全书共分十章，比较系统地回顾了农垦事业的发展历史，分析了农垦事业的理论基础和实践基础，阐述了新时期农垦的战略定位，并对今后一段时间农垦改革发展的重点举措、重大任务、战略选择、保障措施作出勾画。

　　本书资料数据一般截至 2016 年，个别情况由于未做新的统计调查，仍引用前几年的数据。

　　在本书付梓之际，感谢所有关心本书、为本书作出贡献有关同志。

　　限于编者水平和资料占有的不足，本书还有一些错误和遗漏，敬请广大读者批评指正。

编　者

2017 年 8 月

图书在版编目（CIP）数据

打造中国农业领域的航母：新时期农垦改革发展理论与实践/王守聪主编．—北京：中国农业出版社，2018.1（2019.9重印）
ISBN 978-7-109-23494-9

Ⅰ.①打… Ⅱ.①王… Ⅲ.①农垦工业-经济改革-研究-中国 Ⅳ.①F323

中国版本图书馆 CIP 数据核字（2017）第 268179 号

中国农业出版社出版
（北京市朝阳区麦子店街 18 号楼）
（邮政编码 100125）
责任编辑 闫保荣

中农印务有限公司印刷 新华书店北京发行所发行
2018 年 1 月第 1 版 2019 年 9 月北京第 3 次印刷

开本：700mm×1000mm 1/16 印张：13.25
字数：220 千字
定价：40.00 元
（凡本版图书出现印刷、装订错误，请向出版社发行部调换）